山东省社会科学规划研究项目资助　项目编号：17CSHJ03

老年人的社会支持研究

LAONIANREN DE SHEHUIZHICHIYANJIU

赵立新 著

中国政法大学出版社

2024·北京

图书在版编目（CIP）数据

老年人的社会支持研究 / 赵立新著. -- 北京 ：中国政法大学出版社，2024. 8. -- ISBN 978-7-5764-1704-3

Ⅰ. D922.74

中国国家版本馆 CIP 数据核字第 2024NP2178 号

出　版　者　中国政法大学出版社

地　　　址　北京市海淀区西土城路 25 号

邮寄地址　北京 100088 信箱 8034 分箱　邮编 100088

网　　　址　http://www.cuplpress.com (网络实名：中国政法大学出版社)

电　　　话　010-58908586(编辑部) 58908334(邮购部)

编辑邮箱　zhengfadch@126.com

承　　　印　固安华明印业有限公司

开　　　本　720mm × 960mm　　1/16

印　　　张　18

字　　　数　300 千字

版　　　次　2024 年 8 月第 1 版

印　　　次　2024 年 8 月第 1 次印刷

定　　　价　89.00 元

目　录

第一章

进行制度创新，增强养老保障能力

制度化是社会现代化的重要内容之一，现代社会治理必须走制度化之路，完善的制度能起到事半功倍之效果。创新是社会进步的不竭动力，制度创新更是社会保障改革和发展的关键因素。增强国人的养老保障能力需要制度创新。

一、反哺式养老储蓄制度

（一）反哺式养老储蓄制度的设计

反哺式养老储蓄制度是责任人（主要指子女）在就业后按年收入的一定比例出资转入父母在银行的养老金个人账户，所有权归父母，并可由父母在达到退休年龄后才能使用的制度。该制度的设计主要包括以下方面：

第一，缴纳反哺式储蓄金的责任主体主要是子女，包括亲子女和养子女。

第二，缴纳反哺式养老储蓄金的时间安排，从子女开始独立就业之日算起，缴纳截止时间为父母的死亡年龄。所谓独立就业是指子女有资格、有能力参与社会经济活动，在社会上获取劳动机会并依法取得劳动报酬。

第三，反哺式养老储蓄金要每年缴纳一次，缴纳的最低标准为责任人年收入的5%，多者不限。郑板桥曾有这样一句名言：如果一个子女能拿出父母对子女的1/10的心对待自己父母的话，那么他就是天下最大的孝子。因此，年收入5%的标准并不高。

第四，责任人缴纳的反哺式养老储蓄金是子女增强父母养老能力，保障父母养老安全的一种途径，必须定期足额缴纳到指定银行的父母养老金个人账户。

第五，这笔养老金旨在增强父母的养老能力，父母拥有所有权，但是只能在达到法定退休年龄时方可按月提取。

第六，反哺式养老储蓄金是一种长期储蓄，是一种积累。在被赡养人达到退休年龄以前的一段时间里，这笔储蓄金可以按照社会统筹的原则运作；在被赡养人达到退休年龄后，储蓄金可由被赡养人自主支配。

第七，以社区为单位，组建反哺式养老储蓄制度的监督机构，专司监督反哺式养老储蓄金的缴纳工作，根据养老账户所在银行反馈的养老储蓄金缴纳情况，对尚未履行此项义务的各户子女予以催缴。如果催缴有困难，还可以向法院等法律部门争取援助和支持。

为了保证反哺式养老社会保险金的正常运行，还必须做好以下工作：

第一，确定责任人年收入的标准。责任人为城镇居民的，可以按照其年工资收入执行。对于从事农业生产的子女来讲，各地收入情况差异很大，不要说省与省、市与市、县与县有差异，即使是镇与镇、村与村也存在差别。为此，应该参照所在县的年人均收入水平，每年为父母储蓄的养老金最低不得少于该县年人均收入的5%。

考虑到子女刚就业时经济收入水平较低的实际情况，可以设计一个随工作年限而递增的投保运作机制，规定责任人在工作的前5年可以适当减少储蓄的费用，以减轻经济压力，但5年之后要根据当前收入水平补交投保费用。

第二，搞好居民养老金个人账户的整合工作。个人养老金账户是信息化社会管理社会工程的工具，目前中国有企业职工基本养老保险个人账户、企业年金个人账户、城市居民个人养老储蓄账户、农村居民养老保险个人账户等。无论钱来自政府补贴、雇主缴费或个人储蓄，一旦进入个人账户，都属于养老金范畴，其运营规则和安全要求是一致的，应当尽快整合，在良好的治理环境下投资运营。

第三，设置专门的管理机构，专司反哺式养老社会保险金的征收。养老是所有居民的需要，是老百姓自己的事，完全可以自我管理。因此，可以街道、社区为单位，通过自我组织，成立一个专门的管理机构，由大家信任的管理人员专门监督辖区内反哺式养老储蓄金的缴纳。

第四，做好立法工作，把反哺式养老储蓄制度纳入法制轨道。有关养老相关法律已经存在，但是法律规定还是比较笼统，需要进一步细化。比如，1996年10月开始实施的《老年人权益保障法》[1]，对老年人被赡养的权利

---

[1]《老年人权益保障法》，即《中华人民共和国老年人权益保障法》。为表述方便，本书中涉及法律文件均省去"中华人民共和国"字样，全书统一，后不赘述。

作出了规定，子女对老年人的赡养具有不可推卸的责任。2001 年《婚姻法》第 21 条规定："父母对子女有抚养教育的义务；子女对父母有赡养扶助的义务。……子女不履行赡养义务时，无劳动能力或生活困难的父母，有要求子女付给赡养费的权利。……"但是，赡养父母的义务、责任并没有具体化，更谈不上量化，缺乏具体的标准，致使在评判赡养人的责任履行状况时没有明确的依据，进而给解决赡养纠纷带来困难。基于此，应该把责任人的赡养义务细分若干年，并按照年份以反哺式养老储蓄的方式回报父母。

（二）反哺式养老储蓄制度设计的背景

1. 当今老年人的健康储备严重不足，需要比较稳定的经济支持

老年人的健康储备主要从老年人的健康状况反映出来，老年人慢性疾病的患病情况和老年人健康自我评价可以被作为老年人健康状况的主要评价指标。1982 年至 2002 年"中国城乡老年人口状况一次性抽样调查"基本数据显示：66 岁~70 岁老年人患慢性病的比例是 60%，75 岁以上患慢性病的比例为 61.2%。在老年人健康状况自我评价方面：66 岁~70 岁组老年人回答"很差"和"较差"的占 22.1%，回答"一般"的占 48.1%，回答"较好"和"很好"的占 29.8%；75 岁以上年龄组老年人回答"很差"和"较差"的占 33.7%，回答"一般"的占 45.9%，回答"较好"和"很好"的占 20.4%。[1] 显然，老年人的健康状况不容乐观，而且随着年龄的增大，健康状况会更差。值得注意的是，老人整体健康状况还与其经济状况密切相关。根据北京市的调查资料：在经济困难的老年人中，身体健康的仅占 22.6%，较健康的占 44.7%，不健康的占 32.0%。城市经济困难的老年人中不健康者占 34.3%，农村经济困难的老年人中不健康者高达 50.4%。[2] 健康状况较差意味着更大的经济供养压力和困难。

2. 传统家庭养老的基础动摇，约束力下降，子代养老的责任感淡薄

养老是一种代际抚育和赡养行为，这种抚育和赡养关系在不同的社会背景下又形成了不同的模式。在礼俗社会主要是家庭养老，而在法理社会则主要是社会化养老。值得注意的是，完善的道德机制是礼俗社会家庭养老的伦理基础。在礼俗社会，养老主要是一种道德责任，更多是通过道德约束履行

---

〔1〕　全国老龄工作委员会办公室、中国老龄协会编：《中国老龄工作年鉴（1982 年—2002 年）》，华凌出版社 2004 年版，第 560 页。

〔2〕　苏保忠：《中国农村养老问题研究》，清华大学出版社 2009 年版，第 84 页。

的。孝是我国传统社会基本伦理之一，父母为子女的成长承担全部责任，子女为父母提供养老保障，这是天经地义的事情。千百年来，家庭养老在我国养老保障中一直发挥着基础性作用，具有深厚的社会心理基础。另外，宗族力量作为一种世俗力量对养老的约束力下降。在我国农村社会，宗族势力始终是一种特殊的重要社会力量，它在稳定农村秩序、协调宗族内部以及农村内部各种关系中发挥着"准政府"功能，家庭纠纷包括养老问题往往先由"本家人"以及宗族来处理。由于具有切实的利益关联和信仰认同，这些非正式的组织力量常常会取得外部组织力量（村委会、法院、地方政府等）所无法达到的效果，这在一定程度上弥补了正式组织外部监督的缺陷。所以，农村老年人可以利用宗族在养老保障中的监督、激励作用实现养老目标。[1]然而，在从礼俗社会向法理社会的转型过程中，道德约束力、传统习俗约束力下降，家庭养老也受到冲击，下一代对上一代的赡养责任虚化，养老的道德问题凸显，农村尤为突出。[2]偷工减料的薄养、生时不供养死后祭泥土的假养甚至明目张胆不养的现象时有发生，而且有愈演愈烈之势。"过去是养儿防老，现在是养老防儿"，这就是养老道德基础动摇、养老问题日益凸显的写照。

3. 面子文化导致子代养老责任虚化，供养不到位

面子首先是与脸面、尊严、名声联系在一起的。父慈子孝、长幼有序，尊老爱幼，家庭和美幸福是人们的期望，因而自古以来有"家丑不可外扬"之说。其次，面子也有情面之意，就是讲感情、重道义，保留一点含蓄，不轻易把事情说明白，把问题提出来，即使是对有错在身的人也不轻易给予批评、指责。在中国，家庭养老是传统，养老责任主要是依靠道德约束力进行的，养老更大程度上是靠自觉、凭良心去做的事情，虽然也有法律法规把养老责任上升到法律的高度，但是文化的惯性是不容易克服的，几千年传承下来的习惯迄今仍在延续。作为父母，对待子女可以说尽心尽力，故有"可怜天下父母心"之说；而作为子女，对待父母的态度则不尽相同，尽心尽责的有之，马马虎虎的有之，虚情假意的有之，弃而不养的也有之，特别是转型社会，道德滑坡，人心不古，养老责任不恰当履行的现象愈演愈烈。在这里，

---

〔1〕 王亚柯、杨震林：《转型期中国农村养老模式研究》，载《信阳师范学院学报（哲学社会科学版）》2002 年第 3 期。

〔2〕 周绍斌、赵福炎：《农村养老需要强有力的道德支撑》，载《西北人口》2001 年第 4 期。

养老的道德基础动摇是一个因素，但面子文化的作用也不可低估，作为父母，受面子文化的影响更大，在子女不及时履行养老责任时不轻易向子女张口索要，在子女不恰当履行甚至不履行养老责任时也往往出于面子的考虑不声张，以便维持一个所谓一团和气、家庭和美的外在局面。此时的虚荣心既苦了自己，也助长了不肖子孙的不孝行为，致使赡养纠纷不断，家庭矛盾恶化。

4. 社会养老金缺口巨大，保障能力严重不足

社会养老保险制度是现代社会规避养老风险的基本途径，但由于经济、历史等诸多方面的原因，我国的社会养老保障制度还存在不少问题，短期内难以满足养老的需要。一方面，养老金缺口巨大，支付压力沉重。世界银行2005年5月份提供的研究数据是9.15万亿元。显然，这是让我们"谈老色变"的数据。人口研究中心的预测数据显示：2030年前后，我国60岁以上的老龄人口将增至4亿人左右，到2050年，我国60岁和65岁以上的老龄人口总数将分别达到4.5亿人和3.35亿人。离休人数增长快于参保人数的增长已成为一个不可抗拒的现实。而仅为15%的养老保险覆盖率更是加剧了我们对养老的恐惧。[1]另一方面，养老保障水平低，无法形成有效的养老支持力。保障水平低的状况在农村尤为突出。1992年我国在全国范围内开始推广《县级农村社会养老保险基本方案（试行）》，该基本方案在养老金筹集上体现了国家、集体和个人相结合，但它的出发点是不给国家财政增加负担，强调"以个人缴纳为主"，集体补助为辅，国家仅仅给予政策支持。各地实践证明，农村社会养老保险缺乏社会保障应有的"福利性"和"社会性"，国家由于财力有限，无法对农村的社会保障投入太多，养老保险的基金只能依靠集体和个人，而大多数的集体却又无能力也不愿对农村的养老保险进行补贴，这样农村社会养老保险实际上就变成了农民自己缴费的商业型保险，基本不具备社会化养老保险的含义。由于我国农民的收入水平很低，多数农民没有参保的能力，养老保险的覆盖面过小，有一些农民虽然也有投保，但投保的标准普遍较低，甚至有选择两元标准投保的现象，基本上对养老不能起到任何的保障作用。从养老保险在地方的实践情况来看，只有北京、上海、天津、广东、江苏、山东、福建等几个经济比较发达的省市，养老保险有较好的发展，在其他的大部分地区养老保险都停滞不前，甚至出现倒退的现象，以至于有学者认为

---

〔1〕《中国养老金缺口到底有多大？》，载 http://biz.163.com，2005年11月11日访问。

该方案的推行是不成功的。[1]2023 年 3 月 27 日，财政部发布了 2023 年养老金调剂情况，有 14 个省出现了养老金预算赤字，养老金缺口高达 2440.44 亿元人民币。

5. 商业养老保险市场发育迟缓，难以形成足够的养老力量

众所周知，社会保险是国家的基本保障制度，追求"广覆盖，低水平"的目标。单纯依靠社会保险显然是不足以维持退休前的生活水平的。商业养老保险作为社会养老保险的补充，是以合同的形式将存款与领取方式和年限都提前固定下来的一种储蓄模式，它帮助人们在几十年的准备过程中不间断地为自己的养老金账户注入资金，并且中途不被挪用。在养老金的筹措途径选择上，储蓄和社保依然是最主要的，合计占比超过 65%。紧随其后的是投资，比例为 18.8%，而选择商业养老险的则仅占 10.3%。[2]也就是说，商业养老保险由于其本身和外在环境等诸多方面的原因，尚未得到居民的认可，商业养老保险市场发育还很幼稚。

（三）反哺式养老储蓄制度设计的依据

1. 法律依据

2020 年 5 月 28 日第十三届全国人民代表大会第三次会议表决通过，2021 年 1 月 1 日生效的《民法典》对父母与子女的抚养和赡养关系、义务以及不履行义务应付出的法律责任作出了明确规定。《民法典》第 1067 条规定："父母不履行抚养义务的，未成年子女或者不能独立生活的成年子女，有要求父母给付抚养费的权利。成年子女不履行赡养义务的，缺乏劳动能力或者生活困难的父母，有要求成年子女给付赡养费的权利。"第 1068 条规定："父母有教育、保护未成年子女的权利和义务。未成年子女造成他人损害的，父母应当依法承担民事责任。"第 1069 条规定："子女应当尊重父母的婚姻权利，不得干涉父母离婚、再婚以及婚后的生活。子女对父母的赡养义务，不因父母的婚姻关系变化而终止。"第 1070 条规定："父母和子女有相互继承遗产的权利。"第 1071 条规定："非婚生子女享有与婚生子女同等的权利，任何组织或者个人不得加以危害和歧视。不直接抚养非婚生子女的生父或者生母，应当负担未成年子女或者不能独立生活的成年子女的抚养费。"以上条文明确了子

〔1〕 彭希哲、宋韬：《农村社会养老保险研究综述》，载《人口学刊》2002 年第 5 期。
〔2〕 张潇：《九成人担忧养老储蓄和社保式重要途径》，载《新快报》2009 年 11 月 7 日。

女对父母的养老责任是一种法律责任，如果不恰当履行，必须承担相应的法律后果。

1996 年 10 月开始实施的《老年人权益保障法》，同样对老年人被赡养的权利作出了明确的规定，子女对老年人的赡养具有不可推卸的责任。在必要的情况下，老年人可利用法律的武器来维护自己的合法权益。该法第 1 条规定："为了保障老年人合法权益，发展老龄事业，弘扬中华民族敬老、养老、助老的美德，根据宪法，制定本法。"该条明确了本法的立法宗旨。第 10 条规定："老年人养老以居家为基础，家庭成员应当尊重、关心和照料老年人。"该条明确了家庭成员在赡养老人方面承担主要责任。第 14 条第 1、2 款规定："赡养人应当履行对老年人经济上供养、生活上照料和精神上慰藉的义务，照顾老年人的特殊需要。赡养人是指老年人的子女以及其他依法负有赡养义务的人。"该条明确了子女为主要赡养人，并须满足老人经济供养、生活照料和精神慰藉方面的需要。第 19 条第 1、2 款规定："赡养人不得以放弃继承权或者其他理由，拒绝履行赡养义务。赡养人不履行赡养义务，老年人有要求赡养人付给赡养费的权利。"该条明确了不履行赡养义务的赡养人应负有法律责任。第 28 条规定："国家通过基本养老保险制度，保障老年人的基本生活。"该条表明，建立养老金制度是保障老年人基本生活的基本途径，这为建立反哺式养老储蓄制度指明了方向。第 75 条规定："老年人与家庭成员因赡养、扶养或者住房、财产等发生纠纷，可以申请人民调解委员会或者其他有关组织进行调解，也可以直接向人民法院提起诉讼。人民调解委员会或者其他有关组织调解前款纠纷时，应当通过说服、疏导等方式化解矛盾和纠纷；对有过错的家庭成员，应当给予批评教育。人民法院对老年人追索赡养费或者扶养费的申请，可以依法裁定先予执行。"这条其实确定了赡养人对被赡养人的赡养行为是有组织保证并受到监督的。

除了《民法典》和《老年人权益保障法》之外，地方政府也有相关的地方法规、条例和执行方案，虽然有所不同，但在立法精神和维护老年人的权益方面是一致的。这些法律法规、条例方案共同构成了建立反哺式养老社会保险金制度的法律基础。

2. 理论依据

（1）社会交换论和代际交换理论。社会交换理论是 20 世纪 60 年代兴起于美国进而在全球范围内广泛传播的一种社会学理论。这一理论主张人类的一切行为都受到某种能够带来奖励和报酬的交换活动的支配。因此，人类的一切社会活动都可以被归结为一种交换，人们在社会交换中所结成的社会关系也是一种交换关系。布劳把社会交换界定为："当别人作出报答性反应就发生、当别人不再作出报答性反应就停止的行动。"个体之所以相互交往，是因为他们都从他们的相互交往中通过交换得到了某些需要的东西、某种报酬。布劳认为，在微观结构中，人与人的交往是直接的，而在宏观结构中，人与人的交往有大量是间接的，成本与报酬的联系是远距离的。换言之，布劳的社会交换包括人们现实的、直接的、个体之间的交换，也包括预期的、间接的、代际的交换。基于以上分析，我们完全有理由认为，养老就是一种社会交换。

首先，养老是一种代际交换。从人口结构角度看，任何一个社会的人口群体都是由少儿人口、劳动年龄人口和老年人口三部分组成的。他们在人类经济、社会活动中占有不同的地位，在代际交换中扮演不同的角色。这些不同年龄角色的个人所占有的"资源"不同，所提供的产品和劳务也不同，同时他们对社会产品和劳动服务的需要也不同。而这些需求又不能在不同时期完全靠自己的劳动生产来满足，因此就只能通过在代与代之间不同阶段相互交换各自所能提供的产品及服务来解决，这就是代际交换。代际交换是一种广泛的社会交换，交换双方在一定程度上都是给予者或接受者，从而构成了互惠原则。养老的代际交换关系有广义和狭义之分。广义的代际交换关系是与社会化大生产相适应的血缘代际交换关系、业缘代际交换关系和地缘代际交换关系。狭义的代际关系是指由婚姻血缘关系决定的，家庭中同代人或几代人之间的相互传递与交往。[1]从一个家庭的生命周期来看，家庭成员可以被划分为父代与子代。从社会结构来看，一个社会也可以被笼统划分为父代与子代。因此"家庭养老"是一种狭义的代际交换，"社会养老"则是一种广义的代际交换。家庭养老与社会养老的共同本质为代际交换，代际交换为人类自身的繁衍和人类社会的存在与发展提供了前提条件。

其次，代际交换在不同的社会背景下有不同的模式。养老是一种代际抚育和赡养行为。这种抚育和赡养关系在不同的社会背景下又形成了不同的模

---

〔1〕 刘立国：《农村家庭养老中的代际交换分析及其对父代生活质量的影响》，载《南方人口》2004 年第 2 期。

式。费孝通先生由此提出了"接力"模式和"反哺"模式。"接力"模式是指甲代抚育乙代，乙代抚育丙代，是一代一代接力抚育的过程，它流行于西方国家。"反哺"模式是指甲代抚育乙代，乙代赡养甲代，乙代抚育丙代，丙代赡养乙代，是一种下一代反哺上一代的反哺模式。反哺模式中，下一代对上一代的赡养是在家庭内部实现的，子代对父代的赡养义务是显现的，而"接力"模式则是在家庭之外进行的，子代对父代的赡养义务不像中国那么显现。但是，如果从宏观社会的角度而不仅仅从家庭的角度观察代际抚育和赡养关系，那么即使在西方国家，子女同样对其父母有供养义务。[1]

（2）投资-收益理论。美国哈佛大学教授 H. 莱宾斯坦引进了经济学理论和概念，进行家庭规模的成本-效用分析，考察家庭生育决策，建立了生育的微观人口模型，是最先进行微观人口经济学研究的学者之一。莱宾斯坦认为，抚养孩子是需要成本的，分为直接成本和间接成本，直接成本是从怀孕到抚养孩子成人的各种费用，间接成本是指父母为抚育一个新增孩子所损失的受教育和带来收入的机会，又称为机会成本，包括损失的工资，受教育、流动、工作的机会以及消费水平下降、时间损失等。莱宾斯坦认为，孩子的效用有多种，诸如消费效用、劳动-经济效用、经济风险效用、老年保障效用、维持家庭地位的效用、对家庭的扩大和维持做贡献的效用等。莱宾斯坦指出，家庭规模可以通过父母对孩子的取舍来实现，父母对孩子的取舍是通过对孩子的成本及效用的分析、比较、计算来决定的。莱宾斯坦在《超经济人》一书中建立了"边际孩子合理选择模型"。他认为，人们的行为并非必须通过效用最大化模型，即通过付出最小成本获取最大限度效用这样一种经济人行为方式来实现，而是通过合理选择来实现。其中，孩子所具有的养老保障效用是父母决定生养孩子的重要影响因素，把孩子视为一种养老资源是父母理性选择的依据之一。

芝加哥大学教授 C. 贝克尔在吸收莱宾斯坦有关微观经济学的研究基础上最先用西方经济学关于消费行为的理论分析家庭人口的生育行为和决策，创建了孩子数量和质量替代理论。贝克尔把孩子视为一种"耐用消费品"，即是给父母带来心理收益的耐用消费品，但孩子不是购买的而是由家庭自己生产的，同样需要成本。他提出了孩子净成本的概念，净成本既反映了孩子的成

---

[1]　于学军：《中国人口老化与代际交换》，载《人口学刊》1995 年第 6 期。

本花费，又反映了家庭从孩子身上获得的收益，它是家庭生育决策重点考虑的衡量指标。"质量孩子"就是花费昂贵的孩子，父母之所以愿意在孩子身上高支出，是因为，父母可以从追加的支持费用中获得追加的效用。对于生养孩子的数量和质量选择，贝克尔认为，家庭效用最大化是家庭行为的基本准则，即在市场商品和孩子之间所做的收入分配和选择能使父母得到最大限度的满足。可见，这与莱宾斯坦的合理选择原则有所不同，不过，对孩子的成本与收益的对比是他们共同考虑的内容，也是决定生养孩子与否或者多少的基本思路。

澳大利亚人口学家卡德威尔在1982年出版的《生育率下降理论》一书进一步阐述了自己在1976年提出的代际财富理论。卡德威尔强调，在生育率高低的背后蕴藏着人们对"生育率与家庭经济利益之关系"的判断，在不同的社会历史条件下，"代际财富流"流动的方向决定了人们的生育数量。人口转变的基本问题是代际两种流向的财富流的净差额问题。一种是由父母流向孩子的财富流，另一种是由孩子流向父母的财富流，两者之间的净差额就是净财富流。在传统社会，净财富流是由孩子流向父母的，在现代社会财富流是流向子女的。卡德威尔认为，孩子是一种真正意义上的投资。在买卖土地的地方，农民只有两种投资的途径，即土地和孩子。最好的投资形式通常是这两者的结合。当土地并非完全归己而属社区所有，或者存在无主荒地时，高生育率就会成为唯一明智的投资。[1] 这表明养育孩子对父母来说是有利可图的。孩子抚育费用少，将来回报大，父母则会有更多收益。这种财富流向助长了高出生率。现代社会，由于生产方式、生活方式、保障方式和社会文化的变化，代际财富流的流向发生了逆转，长辈在子女身上的花费远远大于所得，财富流开始单向向下，多生育成了一种不经济行为，于是人们倾向于少生育。

总之，从经济学角度来看，父母对子女的抚养和教育是一种人力资本投资，通过子女对人力资本投资的回报获得家庭养老保障。在某种意义上，这种家庭内的财富代际转移应该是一个双向的过程，任何一方的输出残缺对家庭和社会都是一种不经济。

（四）推行反哺式养老储蓄制度的意义

反哺式养老储蓄制度把基于代际交换而产生的赡养人的赡养责任制度化，

---

〔1〕 ［澳］约翰·C. 卡德威尔：《人口转变论新议》，载《人口与发展评论》1976年第3、4期。

符合法理社会人类行为的基本原则，对于转变居民养老观念、从根本上规避养老纠纷、建设和谐代际关系、家庭关系意义重大。

第一，建立反哺式养老储蓄制度顺应社会发展趋势，符合法理社会要求。德国社会学家滕尼斯在1887年提出了"礼俗社会"和"法理社会"的概念。"礼俗社会"也称"公社社会"，人们的行为主要受道德、习俗和传统的约束。"法理社会"也称"社团社会"，人们的行为主要受正式规章和法律法规的约束。如果说道德约束是礼俗社会主要约束的话，那么法理社会下人们的权利和义务关系便主要是通过法律来规定的，在这种约束下，人们的责任变得制度化、法律化，而且利于社会监督。

养老也是一种责任。传统社会，孝道是天下子女履行赡养责任的重要保障，而在现代社会，仅以孝道观念来支撑赡养行为与时代要求不甚合拍。当今社会正处于从礼俗社会到法理社会的转型中，道德约束、传统习俗约束力下降，家庭养老也受到冲击，下一代对上一代的赡养责任虚化，传统家庭养老面临危机。立足法理社会，建立反哺式养老储蓄制度，把下一代虚化的养老责任制度化、法制化，是完善养老制度的重要一环。

第二，反哺式养老储蓄制度可以把子女对父母养老的法律责任和道德责任制度化、法律化、明确化，有利于减少代际之间的纠纷或冲突。众所周知，在西方国家，代际抚养和赡养关系是接力式的，养老主要是通过与子女签订财产转移的退休合同来寻求保障，代与代之间的供养关系更明确地表现为一种交换。在中国，代与代之间的供养关系是反哺式的，父母养育了子女，子女理应赡养丧失劳动能力的父母，这是天经地义的事情，而且圣主明君把它上升到了一个很高的道德责任，以至于成了中国传统文化的核心要素，千百年来一直传承下来。历史的实践证明，这种道德传统在维系中国家庭养老的过程中发挥了非常重要的作用。目前，中国农村养老基本上仍以家庭养老为主。但由于道德支持力下降而法律约束机制尚未形成，养老纠纷、养老矛盾频发。主要表现有：一是因互相猜忌而产生两代纠纷。在传统家庭养老中，子女不能定时定量供给养老金，父母碍于亲情、脸面又难以主动向子女索要，时间一长就容易产生纠纷甚至冲突。2011年2月在山东临沂开展的一项立意调查发现：子女基本上能够尽赡养义务的占被调查者的44%，因赡养问题而争争吵吵的占36%，不尽赡养义务的占17%，因赡养产生纠纷或起诉的占3%。山东东营农村的一项调查发现：老人与子女因养老近两年发生纠纷的家庭所占比例为 51.4%，基本无纠纷的占 48.6%。二是"生时不供养死后祭泥土"的"假养"。三是偷工减料，怠慢老人的"薄养"。四是明目张胆的弃养、不养。以上问题产生的原因很复杂，诸如子女不孝不愿厚养，子女太忙无暇厚养，子女给钱父母不愿要等，但是关键原因是制度资源短缺，没有建立解决子女养老问题的可以量化的制度安排。相反，如果子女对父母的反哺式养老储蓄金采用制度化运作，子女的养老责任就会自动明确，不养、假养和薄养问题也会自然而然消除。

第三，反哺式养老储蓄制度可以作为居民养老金资源的一个重要组成部分，有利于增强居民养老的能力。社会养老保险是我国居民养老基本来源，但是由于经济发展水平的限制，我国社会养老保险的目标是广覆盖、低水平，社会养老保险的支持力不容高估。商业养老保险是社会养老保险的补充，但是其尚未得到百姓的认可，市场发育还比较幼稚，因此商业养老保险对养老的支持力也很有限。个人投资需要有较强的规划意识和市场分析能力，而且具有较大的风险，不是什么人都能做到。而受养儿防老观念的影响，人们储蓄养老的意识并不强，而且个人储蓄存在较大的随意性和可变性，当很多人意识到应该为自己储蓄养老金的时候可能已经为时已晚。反哺式养老储蓄制度既可以把子女对父母的赡养义务制度化，还可以充分发挥储蓄对养老的支持功能。

第四，反哺式养老储蓄制度有利于推动养老的社会化进程。责任人对被赡养人的养老储蓄大致可以分为两个阶段——60 岁以前养老储蓄和 60 岁以后的养老储蓄。60 岁以前责任人对被赡养人的养老储蓄，已不再是一个传统的家庭养老问题，而是一个具有社会保障性质的社会养老问题。因为，这笔养老储蓄金可以由社会保障机构统一调配运作，有社会统筹的内涵，这就使得私钱带有了社会性。

最后，反哺式养老储蓄制度有助于在全社会形成一种尊老、敬老的良好社会风气。一方面，反哺式养老储蓄制度把子女对父母的养老责任制度化、具体化，便于操作，便于解决赡养中存在的责任问题；另一方面，该项制度约束的普遍性、透明性以及因熟人社区参与组织管理而具有的较强的可监督性可以增大子女的压力感，增强子女养老的责任心和义务感，督促天下子女主动规范自己的养老行为，从而形成一种尊老、敬老的良好养老风气。

总之，社会不同，人类行为的规则也不同，从礼俗社会到法理社会，人类行为包括养老也从主要受道德、习俗的约束转向了受法律法规约束。我国目前正处于社会转型中，养老问题是涉及民生的一个重大问题，备受关注。在养老金筹集多元化发展的今天，建立反哺式养老储蓄制度，把赡养人的养老责任法律化、制度化是法理社会的需要，也是规避养老纠纷、化解养老冲突、解决养老问题的有效途径。

二、以土地换保障制度

以土地换保障开始于征地补偿或安置，是为工业化用地和城市化建设服务的，随着城市化的发展，大量农村土地被征收或征用，早期只是根据一定时期内单位农地农产品的收益来给予农民一次性补偿（土地补偿费和安置补助费的总和不超过土地被征用前三年平均年产值的 30 倍），农民失地即失业，生活质量下降是非常普遍的现象。这样不仅引起了农民的强烈不满，更不利于对农民权益的长期保障。为了解决这一问题，各地政府纷纷采取了"保险安置"的方法。

2007 年，成都统筹城乡综合配套改革试验区，探索和实践通过货币补偿的方式支持和鼓励郊区农民自愿放弃宅基地以及土地承包经营权，按照人均 35 平方米建筑面积的标准安置至中心城镇周边设施完备的新型社区居住。附着物参照征地有关规定进行补偿。安置补偿结束后，将原来的宅基地复垦为农业用地。2008 年成都市试行"三保障，两放弃"的土地流转模式，即农民自愿放弃土地承包权，以此换得市民身份、就业机会、居住和其他公共服务等"三保障"，这基本上是以土地换保障的起点。

（一）以土地换保障的社会背景

1. 现有土地政策的弊端日益凸显，农地改革势在必行

以家庭承包责任制为核心的农村土地制度推行四十年以来，其成绩是有目共睹的。时至今日，它的局限性也日益凸显起来，已经成为推进城市化的重要制约因素。这主要表现在：第一，承包地基本上是按照人头平均分配的，不论面积大小和土地肥瘦，只要拥有农村户口便可以获得承包土地的资格。因此，农地分割细碎，规模经营难以实现。第二，虽然农民拥有的只是土地的经营权，但是由于农民社会保障的缺失，土地作为农民最基本生存条件的保障功能并没有改变，许多农民即使转移到非农产业部门或者搬迁到城市，依然不愿意放弃土地的经营权。因此，农地的利用率、生产率不断下降。第

三，虽然通过家庭承包取得的农地经营权可以依法采取转包、出租、互换、转让或其他方式流转，但是由于土地产权模糊、主体缺位、操作无序、组织化程度较低、市场机制不完善等原因，农地流转并不流畅，并且很难实现农地的集中式流转，种田大户、农场经营难产。

2. 农民的社会保障严重缺失

首先，中国是个典型的二元社会，长期以来农村和城市沿袭不同的社会管理机制，农民在社会地位上明显处于劣势，这集中表现在农民的社会保障一直落后于城市，不少保障内容严重缺失，随着经济发展和社会转型的推进，农民的社会风险也在增大，因此无论是从关注农民这个弱势群体，还是从还农民一个公平的国民的待遇，抑或是从规避社会风险、促进社会稳定方面，都需要我们建立健全农村社会保障制度。其次，随着我国户籍管理制度改革的深入发展，大批农村剩余劳动力在利益的驱动下向乡镇企业和小城镇聚集，向大中城市流动，在我国特殊的城乡制度之下，逐渐形成了一个亦工亦农、非农非城的特殊劳动群体——农民工群体。一直以来，非农非城的身份使他们被排斥在社会保障体系之外，这些群体大多受雇于个体私营企业、包工头、三资企业，他们所从事的绝大部分是苦、脏、累、险和有毒有害的工作，劳动时间长，强度大，劳动条件相当恶劣，经常遭受工伤、疾病的困扰，却常常缺乏劳动合同的保障。最后，在城市化进程中农民的失地情况越来越严重，而且失地农民的补偿工作、社会保障工作存在不少漏洞，从而导致用地方和失地农民的纠纷频发。一方面农民需要社会保障，另一方面，农民可以依法让渡土地经营权。土地是农民的最后一道保障线，是农民生存和发展的基础，也是农民进城发展的本钱。农民追求文明生活，想进城，但是农民也是理性人，也会做成本和收益的估算，谁也不会把土地经营权低廉地甚至无偿地让渡他人。反之，如果土地经营权作为农民的财产可以依法流转并从中受益，那么农民进城的速度将会加快。

3. 城市化已经成为不可逆转的发展潮流

"城市是人类生活的亮点""城市是21世纪中国经济发展的主要动力"，世界各国的发展经验表明，经济发展水平和城市化水平呈正相关关系，即经济发展水平越高，其城市化水平也越高。世界城市化的经验还表明：当一个国家工业化处于中期阶段时，该国的城市化会出现加速发展的趋势。而目前我国正处于工业化中期阶段，因此我国城市化的发展速度只会提高不会降低。

按照中国科学院设计的城市化发展目标（即 2050 年城市化率达到 76.29%），中国的城市化增长率必须达到 0.8%，显然这需要得力的措施以推进城市化的发展。

4. 土地是农民的最后保障

土地是农村社会的根本，农民的生产和生活都与土地密切相关，农村的各项经济社会制度也都是在其基础上建立起来的，社会保障也同样如此。对于欠发达地区的绝大多数农民来讲，农业收入是他们的主要收入，土地是他们栖身世间的主要资源，是他们的最后一道保障线。在改革开放以前，农村的社会保障是以集体经济为基础的"集体保障"。随着家庭联产承包责任制的推行，农村的社会保障就变成了以家庭为单位的"土地保障"。在新时期城市化的背景下，必须通过土地的合理流转来实现农业的产业化经营，让土地专司农业生产，这样就必须解决农民对土地保障作用的依赖，这种依赖必须交由社会来完成，以"社会保障"代替"土地保障"。基于此，建立完善统筹城乡的社会保障体系就尤为重要了。

（二）承包地换保障的制度设计

土地换保障有两种方式：其一是承包地换保障；其二是宅基地换保障。承包地换保障就是指对达到一定年龄（男性为 60 岁，女性为 55 岁）的农村老年人，在自愿的基础上，允许其将承包地返还给国家以换取最低生活保障费用的方法。它主要有下列特点：

第一，"承包地换保障"主要用来解决农村老年人的老年保障问题。首先，人作为生产者是有条件的，特别是农业生产劳动对人的体力的要求更高，农村老年人可能由于体力衰退等原因而难以适应农业生产的需要，他们需要保障。其次，随着农业生产经营方式的转变，集约型农业不断发展，对农业劳动者的技能要求越来越高，年轻力壮的劳动力较年老的劳动力更容易适应这种农业生产。最后，农地经营最终要适应社会化大生产的发展趋势，走联合经营、合作办农场之路以提高农业生产的规模效益。这也需要土地的集中和合并，需要一部分人返还承包地。

第二，"承包地换保障"是以自愿为原则的。土地承包权是农民依法获得的，它理应受到法律的保护，农民兄弟有权力决定承包地的去留问题。当然，男性 60 岁，女性 55 岁只是返还承包地年龄的最低下限，如果承包人想推迟返还时间也可由他个人自主决定。

第三，"承包地换保障"的目的是让农民获得与城市居民一样的最低生活保障。农民耕种土地与工人在工厂做工一样，都是就业。城市居民失去工作是失业，可以享有最低生活保障；农民因身体等原因失去土地（返还承包地），与生产资料分离，也是失业，理所当然也应该获得最低生活保障。

当然，"承包地换保障"要顺利实现还需具备一系列条件：

（1）彻底免除各种类型的农业税，真正减轻农民负担，让耕种土地的农民确实有利可图。只有这样才能保证农民扩大耕种面积的积极性，进而实现农业生产的社会化和经营的规模化。

（2）建立科学、合理的承包地返还和再承包机制，避免返还土地的撂荒。

（3）建立相应的土地返还管理机构，专司农村承包地的合法返还，并负责确定相关方的权利和义务关系，负责合同的签订。

需要指出的是，以土地换保障的人员主要是针对达到一定年龄，身体状况难以适应繁重的农业劳动的农村老年人。随着中国城市速度的加快发展，可能还有相当一部分在城市打工的青年农民愿意终身放弃承包地，以获取社会保障。从未来的发展趋势来看，这也具有可能性，但是社会保障覆盖面的扩大也必然会加重财政负担，因此各地政府要依据财力状况，逐步放宽"承包地换保障"的年龄下限，避免一哄而上。

（三）宅基地换保障

宅基地换保障其实就是宅基地的市场化运作。

随着我国城市化的进程，大量的农民迁往城镇工作，出现了很多空心村，农村土地的无偿使用和流转机制不健全更加剧了农村大量宅基地的闲置。有关资料表明：目前全国 2.4 亿亩村庄建设用地中，"空心村"内的老宅基地闲置面积约占 10%~15%。这显然是一种浪费。为了合理地使用土地，以及加快我国城市化进程，应当建立农村宅基地的市场化运作。

目前，农村宅基地确权工作已经完成，下一步就是推动建立农村宅基地市场，形成合理的价格体系，使价格在农村宅基地的配置中发挥基础作用。宅基地补偿价格的高低，在很大程度上决定了农民是否愿意放弃宅基地，各地政府必须坚持"农民得到实惠的原则"，合理确定宅基地补偿价格和住房出售价格。为了鼓励农民到市镇购房，建议宅基地的补偿价格应该根据当年所在市镇商品房用地的平均出让价格进行确定；对宅基地上的建筑物则按实际评估价另行核算；政府为农民提供经济适用住房或按建安成本价出售的商品房。

三、农民养老金投保匹配制度

（一）社会背景

在我国，农民的养老保险属于城乡居民养老保险的范畴。2011 年，《国务院关于开展城镇居民社会养老保险试点的指导意见》决定在我国全国范围内启动城乡居民养老保险试点，在 2012 年基本实现城镇居民养老保险制度全覆盖。随着试点工作的发展和推广逐渐取得成效，依据《社会保险法》，国务院决定在总结新农保和城居保试点经验的基础上，整合这两项制度，建立统一的城乡居民养老保险制度，采取"社会统筹与个人账户相结合"的制度模式。

从 2019 年 1 月 1 日起，城乡居民基本养老保险个人缴费政府补贴执行如下最低标准：缴 200 元补贴 35 元，缴 300 元补贴 40 元，缴 500 元补贴 60 元，缴 700 元补贴 80 元，缴 1000 元补贴 100 元，对于参保人员当年没有缴费，之后再进行补缴的，补缴部分不享受政府的缴费补贴。鼓励有条件的农村集体经济组织、其他社会组织、公益慈善组织、个人对参保人员缴费给予补助和资助。建档立卡贫困人口、低保对象、特困人员及二级以上重度残疾人等参加城乡居民基本养老保险的，由政府为其代缴 100 元的养老保险费；贫困人员和缴费困难群体自行选择缴费档次缴纳城乡居民基本养老保险费，按规定享受相应的缴费补贴。

总体上看，农民养老投保存在三个突出问题：第一，养老金参保档次低，养老金收入处在低水平；第二，传统家庭保障、自我保障意识根深蒂固，投保犹豫；第三，对养老投保的预期价值缺乏信心。外在表现就是投保积极性不高，所以养老金制度改革依然任重道远。

（二）养老金投保匹配制度设计

养老金投保匹配制度是指对进行养老投保的农民依据其投保的数额，按照一定比例予以匹配的制度。在这里，匹配的费用由国家承担，确切地讲，匹配费用从社会保险税中抽取。当然，对农民养老投保的匹配会存在反对意见，笔者对此难以苟同，因为过去工业发展优先于农业发展，农民是工业原始积累的受害者和贡献者，当今社会是反哺农业社会，政府理应负担这部分费用；从社会公平的角度看，对农民采取养老金匹配制度实际上也是对农民兄弟多年来丧失平等国民权利和利益损失的一种补偿。另外，这种制度也有利于尽快建立起一元化的社会保障体系。

政府配额应该以养老投保数额为依据，可以考虑确定 40% 的标准。对一个农民来讲，如果全年养老投保数额为 200 元，那么政府匹配额为 200×40% = 80 元。当然，政府的匹配标准也不无差异。政府可以根据地方经济发展水平和养老需要进行微调，对于欠发达地区，养老投保的匹配标准可以适当提高，如确定 50% 的比例。这样做，一方面可以增强贫困地区的养老能力，另一方面也可体现再分配的社会公平性。

值得注意的是，在我们国家，经济主体具有多元化的特点。除了国家、政府要承担社会保障的主要责任外，集体经济也必须承担一定的责任，这样才能体现国家、集体、个人有机结合的保费筹集原则。如果我们把政府匹配称为一级匹配，那么集体对养老投保者的匹配即为二级匹配。所谓二级匹配是指养老投保人所在的集体依照投保人的养老投保数额，按照一定比例予以追加匹配的制度。如果一个农民养老投保每年为 200 元，集体匹配比例为 20%，那么集体匹配额就为 200×20% = 40 元。当然，由于全国各地集体经济发展差距巨大，难以确定统一的标准，各地可以根据其集体经济发展水平自行确定。这样，在保证社会养老金积累的同时，也可以鼓励当地农民积极兴办集体经济。

为了保证投保配额机制的运行，政府应做好以下工作：

第一，在农业银行建立养老金专用个人账户，办理养老金全国通用卡，以"身份证号+养老金号"作为全国通用卡号，全国联网，一卡在手走遍神州，无论农民迁移到哪里都可以使用。

第二，养老金专用个人账户在账面上一定要明确体现个人缴纳部分、政府一级匹配部分和集体经济二级匹配部分的差别。

第三，完备养老金卡的继承和转账程序，落实养老金的所有权和继承权。如果遇到意外伤亡，养老金可以依法转让给他人（如继承人等）。合法财产得到法律的保护，对调动农民投保积极性大有好处。

第四，在养老金费用的管理和发放上，以乡镇为单位进行管理和发放，把农业银行作为养老金费用的专职管理机构，设立养老金管理专柜，专司养老金的管理和发放。

第五，以立法的形式明确管理机构的权利和责任，保证农村养老金一定要专款专用，严禁任何部门以任何理由挪用，坚决杜绝养老金方面的违法犯罪行为的发生。

第六，制定投保标准和领取标准时要充分考虑投保人的年龄差别，体现灵活性。不同年龄的人养老投保标准和领取养老金标准的确定要广泛征求相关专家的意见，在调查研究的基础上加以拟定，由省一级人民政府或人大统一确定。结合目前实际，要注意以下几个方面的问题：一是不同年龄段的个人养老金的缴纳期限和领取标准。由于欠发达地区社会养老刚刚起步，建议采取"新人新办法，老人老办法"，即已过 60 岁的老人养老保障费用的缴纳和领取，其个人或家庭愿意一次性交清的，政府应给予相应的养老金一级匹配，集体也可以根据目前的经济状况予以二级匹配，并且允许其即刻享受按月领取养老金的权利。如果没有达到 60 岁，则实行缴纳一年政府给予一年匹配的方法，按照缴纳年限的多少制定养老金的领取标准。二是要根据欠发达地区农村的实际情况制定养老金的标准。在制定养老金标准上要特别考虑该地区的收入水平和消费水平，按照欠发达地区农村老年人满足其最基本生活费用的最低标准计算。

四、以房养老制度

（一）以房养老的含义

以房养老有广义和狭义之分，广义上的以房养老是指房屋产权人将房子作为养老的保障，通过出售、出租或遗赠等方式获得养老金或其他养老服务的一种方式。狭义上的以房养老即住房反向抵押贷款业务，俗称"倒按揭"，是指房屋所有人将自己的房产抵押给相关金融机构，由金融机构根据房屋的市场评估价值定期向房主发放养老金。在此期间，房主仍可住在原有房屋内，待房主去世后，金融机构对该房产进行处理，通过出售、出租等把房产变现，扣除养老金本息后的"剩余价值"将交给房主继承人。[1]不论是广义的还是狭义的"以房养老"，都是将房屋作为换取养老服务的工具，"将房主离世时固化在房产上的剩余价值盘活变现，并在有生之年消费掉，实现房产在个人生命周期中的合理优化配置"。[2]广义上的以房养老形式多变，实际操作差异

---

〔1〕 柴效武、岑惠：《住房抵押贷款与反抵押贷款的异同评析》，载《海南金融》2004 年第 7 期。

〔2〕 薛亨微：《"以房养老"模式的理性分析——基于温州的调查》，载《湖北经济学院学报（人文社会科学版）》2014 年第 5 期。

较大。本书将重点探讨狭义的以房养老。

（二）以房养老的国内外发展概况

1. 国外以房养老的发展

以房养老最早产生于荷兰，后来不同国家根据本国国情进行了一系列探索与创新。

美国以房养老业务是针对 62 岁以上的老年群体开展的，最早产生于 20 世纪 60 年代，当时是作为个案进行处理的。20 世纪 70 年代，美国老年人口不断增加，经济发展使房屋自有化率提高，一些学者开始在理论层面研究住房反向抵押贷款。1987 年，《国家住房法案》的提出在法律层面上规定了住房反向抵押贷款的目标。2000 年以来，美国国会和政府对住房反向抵押贷款给予大力支持，使其迅速发展。目前，美国已经发展出了几种不同的以房养老产品，用于满足不同条件和需求的老年贷款者。其中，由政府担保的以房养老产品受到广大消费者的认同，占到市场份额的 95% 以上。近几年，基于其完备的社会保障体系和发达的金融市场环境，美国的以房养老模式已经成了国际上发展最成熟、成功的模式，但有效需求不足、私人部门竞争较少等问题也是存在的。

新加坡的以房养老业务则显得较为单一。目前，新加坡只有职总英康公司提供全国的以房养老贷款业务，其设计的以房养老产品主要针对 60 周岁以上且拥有私人房产的老年人。众所周知，由于新加坡拥有完善的中央公积金制度，其 80% 以上的房产是政府的组合房屋，私有房产较少，因此这项业务对于大部分老年群体来说都是不适合的。同时，由于没有规定无追索权保证，老年人对该项业务始终抱有担忧，尤其是近年来新加坡楼市低迷，一旦贷款本息超过房产价值，则贷款机构可能向老人或其继承者追索差额。最近几年，新加坡完善了原来的以房养老业务。2006 年 3 月，由政府供给的组合房屋也被纳入了住房反向抵押贷款范围，这大大扩大了符合条件的申请者的范围，促进了新加坡住房反向抵押贷款业务的发展。

英国、加拿大、日本等国也都根据各自的国情设计了一系列"以房养老"模式，如英国推出的家庭收入计划、加拿大推行的 CHIP 模式，以及日本政府主导型与民间机构参与型共同存在的双重以房养老模式等。这些模式有的取得了显著的成效，前景甚好，有的则因各种因素而夭折。

总的来说，发达国家的以房养老业务已经较为成熟，但仍存在不少问题，最为明显的是有效需求不足。据统计：2010 年底，美国以房养老的成交量不足 50 万份，仅占美国 3500 万老年家庭的 1.43%。[1]另外，缺乏私营机构的竞争，产品设计不全面等也是制约"以房养老"发展的重要因素，但无论其最终效果如何，都是政府或民间金融机构通过释放固化在房产上的价值来应对养老难题，从而完善养老服务的一种努力。

2. 国内以房养老的发展

2003 年，反向贷款抵押业务在国内首次提出，提倡让拥有自主房产的老年人自愿参保，享受"抵押房产、领取年金"的保险服务。[2]2006 年，赖明等人提交了"60 之前人养房，60 之后房养人"提案，以房养老第一次进入全国人民的视线。紧接着，上海推出以房养老，其交易规则是：老年人把房子交给公积金管理中心，老人依旧享有居住权，公积金管理中心每月定时给老人发放养老金（扣除房租），待老人过世后，管理中心把房子进行变现处理，所得资金扣除所支付的养老金本息，剩余部分归老年人的继承人所有，但是这项业务在推出 2 年后即因为申请者少而遭遇停办。2011 年，中信银行在全国最先推出住房反向抵押贷款业务，但仅仅规定了 10 年的贷款期限，以及 55 岁以上，至少拥有 2 套房产，按月向银行偿还利息或本金等要求，让这项业务有些尴尬，成交量甚少。中信银行上海分行消费金融部产品经理潘沈格表示：到目前为止，没有客户签约该项业务。2013 年 9 月 6 日，《国务院关于加快发展养老服务业的若干意见》提出，"开展老年人住房反向抵押养老保险试点"，这是以房养老首次由国务院常务会议正式提出，其目的是探索符合国情、满足老年人不同需求的养老服务产品，以构建多元化、多层次、以需求为导向的养老服务体系。

总体来看，尽管南京、上海等地的试点工作都有其创新性，将老年人的房产资源与养老服务相结合，但由于条件苛刻以及许多细化的配套措施跟不上，大都无疾而终。

（三）推行以房养老的主要困难

以房养老能够帮助部分老年人盘活固定资产，提供晚年生活资金保障，但在推行的过程中也遇到了很多难题。本书认为，以房养老陷入困局的原因

---

〔1〕 王净净、谢丽丽：《以房养老——虽小众但必不可少》，载《学理论》2014 年第 32 期。

〔2〕 刘雅丹：《住房反抵押贷款的借鉴与完善》，中国政法大学 2013 年硕士学位论文。

可从以下几个方面来分析：

1. 养老观念固化

在我国社会，"家观念"的情结根深蒂固，房子作为"家"的载体，承载了人们太多的情感，房子既是一种物产上的延续，也是一种亲情的延续。在大多数人看来，自己辛苦了一辈子，到老了，却又不得不通过抵押房产来换取养老服务，这不仅是情感割舍的问题，也会让老人产生一种挫败感，折射出的是中低收入群体深深的无奈。另外，我国传统思想一直推崇"养儿防老"的观念，代际遗产与养老的隐性契约天经地义。对于老人来说，如果去世后不把房产留给子女，会遭受世俗的偏见，被认为"不正经"。对于子女来说：一方面，父母依靠抵押房产来养老，会让人觉得他们不够孝顺；另一方面，在人们的传统观念中，房屋在法律上是老人的，实际却是全家共同的财产，若老人离世后房产由其他机构来处置，对子女来说也是一种"损失"，尤其是在当今房价上涨、住房压力增大的社会环境下，容易诱发老人与子女之间情感与财产的冲突，成为破坏家庭和谐的动因。因此，以房养老会对传统养老思想造成巨大冲击，其推行在我国受到了由传统养老观念引发的认同阻碍。正如中国社会科学院世界社保中心主任郑秉文所言，试点不成功的最主要因素是我国传统文化中的置业、储蓄与住房反向抵押在观念上的冲突。[1]

2. 法律与政策滞后

一项政策的落实若想取得较好的成果，必须有健全的法律体系作保障和相应的配套政策作支持。住房反向抵押贷款业务较为复杂，牵涉机构众多，需要法律保障的内容也很多，而以房养老在我国发展十余年来，虽然政府多次鼓励社会力量参与该实践，但我国以房养老产业发展的宏观环境还没有构建完整，既没有相应的法律法规对这一养老产业进行规范，也没有颁布具体的配套措施来引导其发展。其后果是：

第一，各部门或机构之间协作能力较差，出现了混业经营的现象，没有一家具有公信力的机构主要负责该项业务。孟晓苏说："现在全国案例更多的是倒按揭的变形，并不是真正意义上的'以房养老'，因为保险公司一家都没有参与到其中来。"[2]这是因为，被大多数人认可的以房养老的运作机

---

〔1〕 牛建宏：《推进"以房养老"还须循序渐进》，载《人民政协报》2013年9月24日。
〔2〕 牛建宏：《推进"以房养老"还须循序渐进》，载《人民政协报》2013年9月24日。

构——银行和保险公司，前者不具备房产处置权，后者则没有抵押贷款的资质。

第二，对于利益受损时的申诉仲裁、风险担责等问题，都没有具体的法律或政策来规范。以房养老的服务对象是老年群体，是社会的弱势群体，老年人预防风险、维护权利的意识相对薄弱，容易上当受骗，不管是对金融机构而言还是对老年群体而言，一旦利益受损，如何申诉？谁来担责？这些具体问题的不明确使得贷款双方都不敢轻易地参与进来，陷入一种观望和畏手畏尾的状态。

第三，相关金融和保险机构顾虑重重。现行的住宅建设用地使用期为70年的政策，多数老年人离世后房屋的剩余使用期限已经不多，如果推行以房养老，这部分房屋产权将在老人离世后归相关的金融和保险机构所有，那么金融和保险机构用所剩不多的年限来补偿养老金支付成本，对于他们有限的给付能力而言是个考验。另外，我国2007年《物权法》明确指出，住宅建设用地使用期满后将"自动续期"，而根据《城市房地产管理法》，"经批准准予续期的，应当重新签订土地使用权出让合同，依照规定支付土地使用权出让金"，这就意味着续期并不是无偿的，否则土地将由国家收回。这些问题使金融和保险机构在被投入以房养老的过程中承担了一定的风险，大大降低了其开展业务的积极性。

可见，无据可依成了发展以房养老产业的最大阻力。

3. 市场风险较大

以房养老是金融养老的方式之一，其市场化运作的特点使它比其他养老模式具备了更多的不确定风险。银行和保险机构在接受老年人的以房养老申请时，需要根据申请者的预期寿命、房产估价与利率浮动来确定贷款额。

具体来说：首先，个体的寿命期限差异较大，要充分考虑老年人生活方式、医疗卫生条件和心理健康水平等影响因素，评估过程较为复杂。其次，房产估值要综合考虑房产价格的中长期走势、房屋质量以及房产所处地段等因素，其中最为重要的房产中长期价格走势是受市场调控的。目前，我国房产市场的价格走势并不稳定，金融交易市场也不规范，给评估造成了很大的困难。同时，我国商品房的质量欠佳，大部分房屋因质量问题而存在贬值风险。最后，利率浮动也是由市场进行自主调节的，预期利率的细微波动，若经过数十年的积累，差异都是非常大的，利率不稳使房产抵押在操作中的风险加大。再加上我国的评估机制并不完善，总体评估水平较低，因此贷款额的确定存在着许多潜在的风险。对于金融机构来说，"倒按揭"与"正按揭"不同，其风险随着时间的延长而逐渐加大，在评估时要谨慎地在机构利益和养老主体的利益之间寻找平衡点，既不能因为贷得少而让老人觉得吃亏，又不能因为贷得多而让机构受损。但事实上，这个平衡点是很难把握的。

4. 产品单一，业务复杂

目前我国设计推行的以房养老产品比较单一，对于房屋价值具有较高的要求，难以满足不同层次需求的老年群体。因此，发展十余年来，成交量甚少。另外，以房养老业务的运行过程比较复杂，现实中不易操作，而老年人因年龄偏大，理解与接受新事物的能力较差，许多老年人不愿耗费精力去了解并申请住房反向抵押贷款，使以房养老并没有受到普遍关注。

（四）以房养老发展建议

要增强老年人保障能力，以房养老是一个重要选项。结合以房养老实践及其问题，发展以房养老必须完善相关制度，走制度化之路。

1. 完善法律法规，提供法律保障

完备的法律规范体系是以房养老顺利开展的必要条件。以房养老之所以能在一些发达国家成功开展，是与其完备的法律体系、健全的金融市场和有效的政策支持分不开的。20 世纪 80 年代，美国就通过《全国住房法案》制定了房产价值转换抵押贷款保险计划，从法律层面上规范了该项业务的实施，促进了住房反向抵押贷款业务在美国的发展。因此，我国应当尽快修订并完善土地产权、房屋产权等方面的法律法规，针对房产抵押、遗产税等完善立法，从法律层面明确住房反向抵押贷款双方的权利与义务，完善相关的申诉仲裁与担保机制，为以房养老产业的运作提供必要依据和基本保障。

2. 加强政府引导，规范交易市场

以房养老作为一项社会公共事业，由政府牵头符合其发展的长远目标，经验表明，有效的政策支持能促进以房养老的快速发展，反之则不然。就具体措施而言：首先，政府应该在政策方面给予主动支持，如对参与以房养老业务的主体双方实施税费优惠政策，减免其缴税金额，鼓励与支持该模式的运行与推广。其次，政府应加强对相关金融市场的监管，规范房地产和金融交易市场的秩序，采取适当的措施调控房价，为以房养老产业的发展与推广保驾护航。再次，当金融机构在发展业务的过程中遇到风险时，容易出现资金短板现象，政府应该在必要时给予金融机构一定的资金补偿与支持，当金融机构出现破产情况时，政府应该补偿贷款者的利益损失，主动承担养老服务中的兜底责任。最后，在政府的引导作用下，各相关机构应该形成合作机制，协调一致，充分发挥各自的功能与优势，共同规避风险。

3. 丰富产品种类，满足不同需求

以需求为导向是市场化运作的灵魂，一项成功的养老服务产品必须具备多样性，以满足老龄人口的不同要求。在美国，发展较为成功的三种以房养老模式分别针对不同房屋价值的贷款者，且三种产品的最高贷款额度也根据房屋价值有所不同。这样，在推行相关服务时，使得不同的老年人能够根据自身的实际状况，选择最符合本身利益的服务产品。我国的以房养老产业要想获得长远发展，也要充分考虑老年群体在年龄结构、房产价值、家庭环境等方面的差异，设计出不同的养老服务产品，提高有效需求，扩大产品覆盖率和市场规模，推动产业的持续发展。

第二章

改革老龄政策，努力实现养老公平

深度人口老龄化凸显了老年人问题。对于"未富先老"的我国而言，老年人问题更是表现出了前所未有的多方位，多层次、复杂性和长期性等特征。老年群体属于弱势群体，依靠自身努力很难解决这些问题，必须依靠政府力量，制定政策并实行政策倾斜，才能保护老年人的合法权益，不断提升其生活质量和生命质量，实现共享社会发展成果的目标。

一、中国老龄政策的产生和发展过程

政策是国家、政府为了实现其所代表的阶级的利益而对一个时期所制定的实现目标以及行动准则、路线以及具体的实施措施，并以权威的形式将其标准化。老龄政策则是指一个社会为了应对人口老龄化，由国家、政府和其他社会权威组织和机构制定的，对老年人群体的利益进行维护和保障的行为规范。

相比于其他政策，老龄政策存在以下特征：首先，明确的年龄标识，只针对老年人群体，而不涵盖其他群体。其次，以老年人的经济、福利问题的解决为核心，突出福利性。最后，具有动态性。老龄政策并非一成不变，随着社会的变化而变化，不同的时代有不同时代的老龄政策，从而体现出了老龄政策的差异性和多样性。

老年人虽然是弱势群体，但是老年人在政治、经济、文化、医疗、保障等方面享有尊严和各项权利，这些权利不应该仅仅流于形式，更不应该被忽视、被漠视。然而实际生活中，人们常常忘记惠及老年人，社会上对老年人的歧视与不公正待遇无处不在。老龄政策作为社会保障的导向性文件对于维护老年人利益而言是十分必要的。在十九大上，习近平总书记将老龄事业的发展方向进行了明确，提出要积极应对人口老龄化，构建养老、孝老、敬老政策体系和社会环境，推进医养结合，加快老龄事业和产业发展。总之，保护老年人权益需要老龄政策。

实际上，在我国老龄政策相关的一些意识形态或者活动于 1949 年前就已经存在，不过在新中国成立后，政府才以制定政策的方式去统一解决老年人的权益问题。总体而言，老龄政策发展历程如下：

第一阶段：从新中国成立至 1977 年，是政策的起步期。这段时间里，国家所出台的不少政策文件都有涉及关于老龄问题解决措施的内容。比如说，1954 年《宪法》就对老年人的权益保护以法律的形式进行了权威性的规定。退休制度在 1955 年 12 月的国务院关于退休处理的相关文件中得到了首次建立，不过该制度只是针对国家工作人员的。为了增加城市人口的普惠范围，国务院于 1958 年进行了关于工人、职员两个群体的退休处理相关文件的出台，自此，退休制度也面向城市普通人口。在农村，我国也有相应的养老保障制度。比如说，关于五保户的供养，就在 1960 年进行了相关文件的颁布。此时，老龄工作在城镇、农村两个地区的开展很不平衡，而且差距也在与日俱增。[1]老龄政策在 1966 年至 1976 年因"文化大革命"的影响呈现出停滞甚至倒退的景象。新中国成立后改革开放前，"老龄政策"虽然没有在我国的政策性文件中被明文提出来，但老龄工作实际上也有发展，只是缓慢得可以忽略不计，因为此时政策的关注点在人口的控制上，这也是出于政治原因。但是，为后期老龄政策的调整和完善积累了经验，是之后我国老龄公共政策体系建设的基础。

第二阶段：从 1978 年到 1999 年，是政策调整期，也被称为"形成期"。在此期间，老龄政策有了实质性的发展。老龄工作在十一届三中全会 1978 年的召开下得以走入正轨。在此期间，以下发生的事件对我国老龄事业产生了重大影响。首先，首次老龄问题大会于 1982 年在维也纳召开，我国在其影响下，从上到下进行了老龄工作机构的设立，特别是专业负责机构，即全国委员会的成立，这是一大进步。自此，使老年人的生活、医疗有了保障，身心健康是我国政府制定相关政策的目标，老龄工作也渐趋专业化。全国人民代表大会常务委员会于 1996 年表决通过了《老年人权益保障法》，使老龄工作、

---

〔1〕陈功等：《中国老龄政策的发展、现状和未来走向》，载《中国老龄科学研究中心 2003 年度优秀论文集》。

政策在政府工作中的地位以法律形式得到了确定。

第三阶段：从 2000 年到 2017 年，是快速发展时期。首先，国务院从战略的高度，对老龄工作的开展方向（包括指导思想、方针等）在相关文件中进行了确定，强调各级政府应在其工作中要对老龄工作加以重视，并使其落实。老龄事业十五规划文件在 2001 年出台，它也是老龄事业方面首部发展规划，这意味着老年事业也属于国民经济、社会发展的一部分。2001 年到 2005 年是该计划的第一个时期，在这个阶段，从五个方面进行老龄事业的开展：经济扶持、医疗保障、照料服务以及精神文化生活和权益保障，各级部门的老龄工作都围绕着这五个方面展开。我国于 2002 年 4 月参加了第二次世界老龄大会，这次政府所派出的代表团是高规格的，在会上，代表团与各国政府共同就老龄化的相关问题进行了探讨，并达成了包括《政治宣言》在内的两个文件，我国承诺对于老龄化问题要积极应对，并致力于最终解决，且制定相关对策。"十一五"规划提出，对于老龄化政策，要大力进行研究，这意味着老龄工作是我国政府工作的主要内容之一，政府对该问题逐渐重视并下定决心解决我国老龄化的不断加快问题。[1] 之后的每个"五年计划"都或多或少地涉及老龄政策的相关内容，老龄政策体系进入了实际性的研究。全国老龄办公室在 2006 年制定并出台了加强基层老龄工作的相关文件，全国人民代表大会常务委员会在 2012 年表决通过了《老年人权益保障法》。在老龄工作方面，我国制定的相关政策有大约三百个，足以表明老龄工作在政府工作中的地位。[2]

第四阶段：从 2017 年至今，是新时代老龄政策趋于完善时期。社会主要矛盾变化，2017 年党的十九大宣布中国已经进入社会主义新时代，生产力发展不平衡、不充分与人民追求美好生活之间的矛盾成为中国的主要矛盾。千方百计满足亿万人民美好生活的追求成了摆在党和政府面前的历史任务和神圣使命。与此同时，中国人口形势正在急速变化，人口老龄化快速发展。2021 年中国 65 岁及以上人口比例首次突破 14%，达到 14.2%。可以认为，中国已经从老龄化社会步入老龄社会，或者说，中国已经进入深度老龄化社会。

面对人口老龄化挑战，政府先后出台了多个老龄政策，以推动养老服务

---

〔1〕 彭希哲、胡湛：《公共政策视角下的中国人口老龄化》，载《中国社会科学》2011 年第 3 期。

〔2〕 陆杰华、汤澄：《公平视域下的中国老龄政策体系探究》，载《中国特色社会主义研究》2015 年第 1 期。

业高质量发展。2017年1月，13部门联合印发《民政部、发展改革委、公安部等关于加快推进养老服务业放管服改革的通知》，要求全面清理、取消申办养老机构的不合理前置审批事项，优化审批程序，简化审批流程。2017年2月，民政部办公厅发布《2017年中央财政支持社会组织参与社会服务项目实施方案》。该方案要求每年安排2亿元资金专项用于支持社会组织参与社会服务。其中一部分是对养老服务相关项目的资助，主要是面向老年人提供生活照料、康复护理、医疗保健、经济救援和社会参与等服务，优先保障孤老优抚对象及低收入的高龄、独居、失能等困难老年人的服务需求。国务院发布的《"十三五"国家老龄事业发展和养老体系建设规划》提出在2016年至2020年，以完善养老保险制度、探索长期护理保险制度等社会保障体系为目标，完成以下工作：一是加强社区养老服务设施建设，完成居家社区养老服务工程建设；二是推动基础设施无障碍建设和改造；三是营造安全、绿色、便利的生活环境，在住房改造、养老服务设施改造建设方面，以老年人的需求为优先考虑对象，加强安全检查，打造一站式便捷服务社区。2017年3月，民政部等六部委联合下发《民政部、公安部、国家卫生计生委等关于开展养老院服务质量建设专项行动的通知》。该通知指出，为了在2020年建立全国统一的养老服务质量标准和评价体系，将从2017年开始的4年里，分段开展养老院服务质量建设专项行动，并制定了2017年底、2020年底两个节点的工作目标，以及"九项重点行动内容"。

服务质量提升行动是养老行业发展中具有里程碑意义的"大事件"，标志着行业发展从进入期向规范期过渡，将加速行业内部的"优胜劣汰"，规范化、标准化将是养老行业未来发展的大趋势。2017年12月，国家质检总局、国家标准化管理委员会发布《养老机构服务质量基本规范》，是养老机构服务质量管理的首个国家标准，标志着全国养老机构服务质量迈入了标准化管理的新时代。

2017年12月，《民政部、公安部、司法部等关于加强农村留守老年人关爱服务工作的意见》明确发挥为老服务组织和设施在留守老年人关爱服务中的独特作用。

2019年11月，中共中央、国务院印发《国家积极应对人口老龄化中长期规划》，提出到2022年，我国积极应对人口老龄化的制度框架初步建立；到2035年，积极应对人口老龄化的制度安排更加科学有效；到21世纪中叶，与

社会主义现代化强国相适应的应对人口老龄化制度安排成熟完备

2019年12月，《民政部关于加快建立全国统一养老机构等级评定体系的指导意见》确定了新时期的工作目标。2021年6月，《卫生健康委、发展改革委、教育部等关于印发加快推进康复医疗工作发展意见的通知》提出，力争到2022年，逐步建立一支数量合理、素质优良的康复医疗专业队伍，每10万人口康复医师达到6人、康复治疗师达到10人。到2025年，每10万人口康复医师达到8人、康复治疗师达到12人。康复医疗服务能力稳步提升，服务方式更加多元化，康复医疗服务领域不断拓展，人民群众享有全方位、全周期的康复医疗服务。

2021年12月，《国家卫生健康委、全国老龄办、国家中医药局关于全面加强老年健康服务工作的通知》要求做好加强老年人健康教育、做实老年人基本公共卫生服务、加强老年人功能维护、开展老年人心理健康服务、做好老年人家庭医生签约服务、做好老年人家庭医生签约服务等14项服务。2021年12月，国务院公布《国务院关于印发"十四五"国家老龄事业发展和养老服务体系规划的通知》。该规划围绕推动老龄事业和产业协同发展、推动养老服务体系高质量发展，明确了"十四五"时期的总体要求、主要目标和工作任务。2022年4月28日《民政部办公厅、财政部办公厅关于开展2022年居家和社区基本养老服务提升行动项目申报工作的通知》、2022年9月14日《民政部办公厅、财政部办公厅关于做好2022年居家和社区基本养老服务提升行动项目组织实施工作的通知》，旨在贯彻落实积极应对人口老龄化国家战略，健全居家社区机构相协调、医养康养相结合的养老服务体系。二十大报告"发展养老事业和养老产业"的提法意味着养老事业和养老产业这两方面将协同发展；"推动实现全体老年人享有基本养老服务"的表述，意味着要分清不同老龄化阶段、不同消费人群、不同活力状态的老年人，随之，养老服务和养老产业的需求会形成差异，行业也会更为细分、多样。

2023年5月21日，中共中央办公厅、国务院办公厅印发了《关于推进基本养老服务体系建设的意见》，并发出通知，要求各地区、各部门结合实际认真贯彻落实。基本养老服务在实现老有所养中发挥着基础性作用，推进基本养老服务体系建设是实施积极应对人口老龄化国家战略，实现基本公共服务均等化的重要任务。

总之，党的十八大以来，在党中央坚强领导下，老龄政策趋于完善，基本养老服务加快发展，内容逐步拓展，公平性、可及性持续增强。

二、对中国老龄政策的公平性审视

（一）关于公平的理论解释

实现社会公平是每个民族、每个国家乃至每一个社会成员的共同愿望。那么，何谓社会公平呢？政治学意义上的公平是指在一定的政治制度中人们之间政治地位的平等性；经济学意义上的公平是指在一定的经济体制下市场主体的平等性和收入分配的合理性；伦理学意义上的公平是指社会生活中社会成员伦理人格的平等性；社会学意义上的公平是指在一定的社会结构中社会成员之间利益和权力分配的合理性，它是公正和平等的原则及其实施过程和效果的一种社会体现，是客观公正性与主观认同性的统一。[1]

总之，"公平"作为一个社会学名词，主要指的是面对利益分配或者问题解决时不偏袒任何一个参与者，他们需要尽到自己应尽的义务，同时享受对等的权利或者得到应得的利益。

"公平"，在不同的社会价值观中有不同的解释。在资本主义的市场交易过程中，公平的定义来自贡献率或者工作效率，这是决定公平的主要因素，而社会主义公平观则不尽然。在社会主义的公平观中，效率与公平是相辅相成的。我国对于公平与效率的公平重视开始于1993年党的十四届三中全会，之后每次的重要会议都会提及效率与公平的关系。当前，我国正处于社会、经济转型期，收入差距不断拉大，分配不公的问题日益凸显，严重影响了社会主义和谐社会的发展。因此，分配领域特别是再分配领域更加注重公平以促进社会的和谐发展。

（二）社会保障公平

社会保障中的"公平"是对社会保障利益分配的正面价值评判（不公平是负面评判）。

社会保障公平体现在社会保障制度的设计上，而制度设计往往要在平等和效率之间作利弊权衡，寻求一个相对合理的平衡点。可以设想平等与效率处在同一个连续统一体（一条直线）的两端，直线上的每个点都是平等与效

---

〔1〕　成志刚：《社会公平与社会保障》，载《西南民族学院学报（哲学社会科学版）》2002年第5期。

率的结合点，权衡就是作自认为公平的选择，最终的取舍点就是决策者所认为的公平支点。"公平支点"在不同的国家可能是不一样的，以艾斯平-安德森的"三个世界"为例，"自由主义"福利国家认为在"平等与效率"的关系上较多地偏重效率，"二八开"是公平的，合作主义认为"三七开"是公平的，社会民主主义则认为不能过多偏重效率，平等与效率"四六开"才是公平的。显然，这个平衡点不容易把握。

此外，社会保障的公平问题不止于平等与效率的比重，还有地区公平、城乡公平、行业公平、代际公平、两性公平等。处理这些问题的公平原则一般集中体现在各层次的社会保障原则之中。

（三）养老公平

养老公平是一种社会保障公平，社会保障公平的理念各有不同，关于养老公平的理解也会不同。在社会主义的中国，在中国特色社会主义进入新时代，养老公平必然符合中国特色社会主义建设的要求，有其特定的内涵。

（1）养老公平非绝对公平。绝对公平只是一种理想，在社会主义初级阶段是不可能的。社会主义最大限度地关注民生，但社会主义不是平均主义，与此相应，社会主义的养老公平也不是不讲条件，不讲绩效，人人待遇相同、福利相等的绝对平均。

（2）养老公平是一种有差别的相对公平。有差别的公平是指地区之间、城乡之间、性别之间、年龄之间、阶层之间在养老待遇老年福利等方面存在的能够被社会绝大多数人所接受的"合理"差别。追求相对公平是以承认人的能力差别贡献大小为前提的，是一种比较现实的公平。着眼于差别，做好养老市场细分工作，满足养老的个性化需求是实现养老公平的基础。因此，养老服务多样化、多元化是实现养老相对公平的必然选择。

（3）养老公平是兜底的公平。体现全民性和人本性。养老公平的全民性是说人人皆可以养老、人人皆有条件养老，体现社会主义的本质，彰显社会主义制度的优越性。人本性，是指对于所有的人进行人道主义的关怀，不分民族、不分收入、不分阶层、不分性别、不分老幼，都能最低限度地享有养老的基本服务和条件，保证所有人的生存与发展，彰显以人为本的科学发展理念。正是从这个意义上讲，兜底公平又是一种正义的公平。

（4）养老公平是兼顾效率的公平。效率，是经济发展社会进步的必然要求和关键尺度。社会主义的公平必须兼顾效率。兼顾效率，是与社会主义分配原则相吻合的，是与国家长治久安的目标相一致的，是与社会发展的整体利益相呼应的，只有兼顾效率，才能维护养老的长久公平。效率，从眼前利益看，是指养老保障金运转的效率；从长远利益看，是指激发社会成员积极性，推动整个社会经济发展的效用。

三、中国老龄政策存在的公平问题

国民收入再分配中，社会保障使得社会处于相对公平的环境中，于经济发展有明显的促进作用，是和谐社会构建的基础。老龄政策是社会保障体系的重要一环，发展和完善老龄政策对于老年人的老年生活保障具有决定性影响。在老龄政策方面，虽然政府以及社会一直在不断努力，但还有些许缺陷需要改善。

（一）城乡二元性特征明显

二元结构是城乡差异的集中反映。中国二元社会保障体制自20世纪50年代到1978年改革开放，其根本原因是二元经济体制。[1]我国老龄政策同样具有二元性。1951年，政务院颁布的《劳动保险条例》清楚地规定了城市国营企业职工的劳动保险待遇，其中包括养老待遇、伤残待遇以及丧葬和抚恤、公费医疗、公费休养与疗养、女职工的产假与独子保健等各项社会保障和待遇福利。1955年我国首次建立国家工作人员的退休制度，与此同时，城市人口享受着名目众多的"补贴"，例如公有住房等。这些待遇都是有针对性地面向城市人口的，居民若想获得这些保障待遇，前提条件是必须在城市单位工作。再者，我国长期以来一直实行户籍制度，农村人口被隔离在城市之外，直到60年代才确立"五保户"供养制度，农村人口得以被纳入社会保障的范围，但城乡严重不对等。改革开放后，城乡在老年社会保障上都有相应的措施，但是城乡经济基础等方面的差异使得两个地区在老龄工作的发展（无论是速度还是质量）上都存在明显差距。

养老保障方面：2000年，在养老金的享有比例上，城市、农村老人分别为69.1%、3.3%；2006年都有不同程度的上升，分别为78.0%、4.8%。城市老年人口享受养老金的比例不仅远高于农村老年人口，而且二者在养老金收入水平上也差异明显。城镇职工2016年的基本养老金为2400.22元，农村

---

〔1〕　肖云、漆敏：《二元老年社会保障体制的尴尬与对策研究》，载《特区经济》2011年第1期。

养老金仅为 142.1 元，前者是后者的近 17 倍。医疗保障方面，长期以来，城市人口占有更多的卫生资源。2010 年后，我国的医疗保障制度也有了三元划分，分别面向城镇职工、城镇居民、农村人口群体，即城镇职工医保和城镇居民医保以及新农合制度，在就医时，医疗报销的比例在这三种医疗制度中都存在差异。[1] 新农合在 2015 年、2016 年、2017 年的人均补助分别为每人 380 元、420 元、450 元，虽然补助水平逐年提高，但还是维持在较低水平，与城市老年人口医保水平相差依然很远。在社会福利方面，城市有 73.2% 的老年人领取了老年优惠证，而只有小部分的农村老年人享受到了优待政策。目前，我国城市的公共体育设施普及率为 79.3%，而农村地区的普及率却不足 40%。

（二）计划生育户保障不公平

计划生育户是有功于社会的家庭，相比之下，计划生育户面临着更大的风险，失独是计划生育户面对的最大风险。全国老龄办发布的 2014 年数据显示：截至 2013 年年底，我国已经有超过 100 万的家庭成为失独家庭，每年还在以 7 万多失独家庭出现的速度增长。[2] 计划生育户按政策生育，有功于国家，理应给予优惠政策。为安抚失独家庭，国家相关政策规定，从 2016 年 1 月 1 日开始，失独家庭领养孩子可以得到 5 万元的补助，并且失独父母老了以后享受最低生活保障。另外，从 2017 年 1 月 1 日开始，失独家庭可一次性获得 3 万元的慰问金，城市和农村的待遇相同，若父母年龄超过 60 岁以后，每人每月的补助金额提高到 1000 元。党和政府充分关心失独家庭，尽量提高生活保障，尽量减少失独老人的生活忧虑和困扰，但对于面对经济、精神、医疗和养老等困难的失独家庭，现阶段国家给予的一次性补偿和养老补偿还维持在较低水平。

2023 年两会期间，全国人大代表朱列玉认为，随着中国老龄社会的快速发展，独生子女家庭养老也逐渐进入高峰期。在调研中发现的部分独生子女家庭中的失独、失偶、失能半失能家庭存在的困难和问题触目惊心，一些社会救助、临时性帮扶措施不能从根本上解决他们的现实生活问题，必须引起

---

〔1〕龚文君、周健宇：《社会保障核心价值理念再思考——基于社会学视角的社会公平理论分析》，载《中共成都市委党校学报》2012 年第 4 期。

〔2〕赵立新：《社区服务型居家养老：当前我国农村养老的理性选择》，载《广西社会科学》2006 年第 12 期。

高度重视。对此，朱列玉委员还提出了三点建议：一是加强顶层设计，建立健全中国特色养老制度下完整的独生子女家庭养老政策体系；二是尽快建立政府主导的独生子女家庭养老长期护理保险制度；三是抓紧建立政府部门管理下的爱老助老制度。

这个提案从一个侧面反映出了独生子女父母因响应国家号召而牺牲的个人利益理应得到一定的补偿，这符合公平原则。

（三）各类人群保障待遇不公平

地区发展不平衡是我国的基本国情，与此相应，养老待遇差异也非常突出。主要表现有三：

第一，干部和工人养老待遇悬殊。我国目前实行行政事业单位和企业退休人员"双轨制"的养老保险制度，工人享受的养老保险制度的养老金最低为 200 元，而行政人员最高却达到 10 000 元，相差近 50 倍。[1]

第二，农民工养老保障不完善。根据国家统计局发布的 2017 年上半年的数据：截止到 2016 年底，我国农民工的总数为 2.86 亿人。《社会保险法》有相关规定，在城市打工的农民工不应该被保险歧视，他们和城市的职工一样，都享受平等的社会保险待遇。2009 年颁布的《农民工参加基本养老保险办法》规定，参加基本养老保险原则上不受理退保但可进行转移接续，然而由于农民工认知问题和《社会保险法》执行不力问题的存在，农民工养老保障尚未实现全覆盖。

第三，地区养老待遇差距大。2022 年 3 月 24 日，财政部发布了 2022 年养老金调剂情况：有 11 个省出现了养老金预算赤字，养老金缺口高达 2175.88 亿元人民币。其中，黑龙江省缺口 821.58 亿元居榜首；辽宁省缺口 819.90 亿元，居第二名；吉林省缺口 237.60 亿元，居第三名；内蒙古自治区缺口 165.60 亿元，居第四名；天津市缺口 54.40 亿元，居第五名。2023 年 3 月 27 日，财政部发布了 2023 年养老金调剂情况，有 14 个省出现了养老金预算赤字，养老金缺口高达 2440.44 亿元人民币。其中，辽宁省缺口 844.31 亿元居榜首；黑龙江省缺口 829.32 亿元，居第二名；内蒙古自治区缺口 219.56 亿元，居第三名；吉林省缺口 218.69 亿元，居第四名；河南省缺口 80.88 亿

---

[1]　孙俊花、苏献启、窦孟朔：《基本公共服务均等化是国民生活幸福的基本保障》，载《邢台学院学报》2014 年第 1 期。

元，居第五名。

（四）养老供给不能满足多元化需求

一方面，人口老龄化步伐加快，养老服务需求大幅度增长；另一方面，随着社会经济发展和人民生活水平的提高，养老服务需求日益多元化、社会化。但是，老龄化的速度远远快于养老行业的发展，养老机构的床位不够、设施建设比较滞后、专业养老人员不足、入住成本差异导致的供需结构性矛盾等问题凸显。还有就是城乡养老机构差距较大（参见表2-1）。

表2-1 2009年至2023年中国养老服务机构数量统计

年份	养老服务机构（万个）	每千名老人的养老床位数（张）
2009	3.8	17.56
2010	4.0	17.79
2011	4.1	19.96
2012	4.2	21.48
2013	4.3	24.40
2014	3.4	27.20
2015	2.8	30.0
2016	2.8	29.2
2017	2.9	30.7
2018	2.9	29.7
2019	3.4	30.5
2020	3.8	31.2
2021	4.0	30.5
2022	4.1	29.6
2023	4.1	27.6

数据来源：http://www.chyxx.com/industry/201605/420485.html.

2015年：《2015年社会服务发展统计公报》。

2016年：《2016年国民经济和社会发展统计公报》。

2017年：《2017年社会服务发展统计报》。

2018 年：民政部部长黄树贤在新闻发布会上的发言。

2019 年：《2019 年民政事业发展统计公报》。

2020 年：民政部部长李纪恒在国新办发布会上的发言。

2021 年：《2021 年民政事业发展统计公报》。

2022 年：《2022 年度国家老龄事业发展公报》。

2023 年：《2023 年国民经济和社会发展统计公报》。

四、中国老龄政策调整的方向和原则

（一）主要思路

针对中国老龄政策存在的问题，调整和改革要从以下几个方面着手。

1. 完善基本法律，将公平原则写入《老年人权益保障法》

社会保障建设必须走法治化道路，这既是社会文明进步的体现，也是社会保障建设的要求。目前，我国发布的有关老龄政策的文件非常复杂，有明文法律、法规，也有条例以及暂行办法等，但是所依据的都是《宪法》以及《老年人权益保障法》。[1] 为了将政策和法律统一起来，同时也为了突出老年法律的相关内容，明确把公平的原则写入《老年人权益保障法》是必不可少的。这样，老年机构在处理老年人问题时就能够依法保护老年人的权益。

2. 统筹城乡、区域经济发展，坚定走保障一体化之路

社会保障一体化是新时代中国特色社会主义建设的重要目标，是社会文明进步的表现，也是我们的改革方向。十九大报告指出："按照兜底线、织密网、建机制的要求，全面建成覆盖全民、城乡统筹、权责清晰、保障适度、可持续的多层次社会保障体系。"中国当前的城乡二元结构不仅体现在东部地区的城市和农村，而且还存在于东部与西部之间，这使地域之间的经济差异非常明显。"经济基础决定上层建筑"，因此改革和调整老龄政策就必须要统筹城乡、区域的经济发展，公平地分配有限的资源，将各个阶层、城市与农村、地域、行业之间的差异缩小。

3. 及时更新老龄事业发展规划，制定可操作的细则，增加操作性政策的数量

人口老龄化的出现是社会发展过程中不可避免的，是人类进化过程中的

---

〔1〕　王晓玫：《老龄法制建设研究》，载《社会福利（理论版）》2013 年第 3 期。

一环。如何解决人口老龄化带来的社会问题已经是人口政策改革必须面对的事实，相关部门一方面应该从全局的角度出发，做出合理的人口政策安排；另一方面，可操作性是社会政策的基本属性，可操作性也是社会政策的一致性的基本条件。基于此，相关工作人员要深入基层当中进行实践和调查，切实了解基层群众的需求并据实反馈，以确保有关部门制定更加合理的、更具可操作性的政策并详细拟定政策细则。

4. 学习并借鉴先进经验，力求实现政策制定的合理性

现阶段，中国老龄事业发展虽与国际老龄事业基本同步，但是我们不得不承认，人口问题的变化对于社会的重要影响这一问题中国是最近几十年才意识到的，没有西方国家认识得早，有关老龄政策的理念也不及西方深入，处理具体事务的方式还有待改进，因此需要引进西方的先进理念，加以借鉴。基于国内东西部之间、城乡间的差异，各地方也要相互借鉴学习。东部经济发达地区的老龄事业虽已步入正轨，但不可满足现状，经济欠发达地区往往资金不到位、人均受教育程度低，导致老龄政策的建立和实施未能达到国内平均水平。所以，经济欠发达地区要向东部发达地区的成熟模式学习，根据当地情况，制定切实可行的发展规划。

（二）基本原则

社会保障的公平一般体现在社会保障的原则之中，这些原则告诉我们怎么做是合理的，指导我们处理平等与效率的关系。社会转型期，把握养老公平必须坚持以下原则。

第一，公平与效率相结合原则。自十八大以来，党和政府就提出，社会的发展需要经济增长，但是也要注意到公平分配问题，需要将眼光放长远。十九大报告进一步强调："为什么人的问题，是检验一个政党、一个政权性质的试金石。带领人民创造美好生活，是我们党始终不渝的奋斗目标。必须始终把人民利益摆在至高无上的地位，让改革发展成果更多更公平惠及全体人民，朝着实现全体人民共同富裕不断迈进。"民生工作要"坚持人人尽责、人人享有，……完善公共服务体系，保障群众基本生活，不断满足人民日益增长的美好生活需要，不断促进社会公平正义……"同样，公平与效率的政策也适用于老龄政策，这是老龄事业发展过程中必须重视的一点。在着力提升老龄工作水平的同时，也应促进机会公平和结果公平，确实保障老年人应享有的合法权益。

　　第二，区别对待原则。现实社会的二元结构决定了城乡之间存在差异，因此要优先解决落后地区的问题。在实际工作的过程当中，解决老年人基本生活问题以后，也要注意区别对待，对于身体残疾、孤寡等老年人需要给予特殊照顾。值得注意的是，区别对待并不是违背保障一体化方向，不是执行"特殊标准"，而是从实际出发，对于落后地区、困难部门、困难行业优先解决，以保证其及早并入和享受一体化的成果。

　　第三，可行性原则。老龄政策建设是社会保障建设的重要一环，是老龄群体利益的重要保障。因此，在制定政策时必须把握两点：一是目前已经建立和推行的政策要做到令行禁止；二是在未来作出工作规划、制定相关政策时要注意结合当地实际的经济、文化发展状况，切合实际，不能脱离现实生活，既不能超前，也不能滞后。

　　第四，整体性原则。老年人属于特殊群体，老龄政策也应该有其自身的特殊性，应该是一个统一可控的整体。老龄政策体系要做到上下呼应，协调一致，不仅国家政策和地方政策不可各行其是、相互"打架"，老龄政策与其他社会政策也不能相互矛盾、互相抵触。

　　总之，面对人口老龄化及其带来的各种挑战，适当且切合实际的老龄政策是应对人口老龄化、有效解决养老问题的关键一环。制定老龄政策是一项复杂的工作，必须尊重历史、尊重社会发展规律、明确方向，必须从实际出发，坚持公平与效率相结合原则、区别对待原则、可行性原则和整体性原则，最大限度地实现社会公正，以实现社会的持续稳定发展。

第三章

完善老年法，加强老年人权益保护

依法治国是现代国家的标志，更是社会进步的体现。在"十九大"上，习近平总书记明确了老龄事业的发展方向，提出要进行养老政策体系的建设和完善，并在社会中形成尊老、爱老的良好氛围。因此，完善老年法，加强老年人法律保护服务体系建设，已经成为解决养老问题根除虐老现象的一项重要历史使命。

一、老年法与我国老年人法律保障制度建设

（一）老年法及其特征

老年人法律（elder law）是指规范与老年人有关的一组权利和义务的法律，其作用在于处理与老年人有关的法律问题，保护老年人的合法权益。[1]从概念上看，老年人法律的界定应该明确以下几个问题：

（1）"老年人"范畴的界定。可以说，不同的国家乃至同一国家的不同法律之间，对于老年人"初始年龄"的规定都是不同的。而这正是老年人合法权益获得的根据，因而具有重要意义。

（2）与财产法一样，老年人法律调整的是"一组权利"或称为"权利束"（a bundle of rights）。因而，不能简单地将老年人权利看成是"某一项权利"，而应将其看作老年人所享有的"权利束"。"权利束"既是一个"总量"概念，表明老年人所享有的权利是由许多权利构成的，又是一个"集合性"的概念，如生存权与发展权等，而且也是一个"结构"概念，即老年人所享有的不同权利的排列与组合决定了老年人法律的发展阶段和完善程度。

（3）老年人法律不仅包括老年人问题，还包括与人口老龄化、老年人参

---

[1] See Jeffrey A. Helewitz, *Elder Law*, West/Thomson Learning, Albany, NY, 2001, p. 1

与社会经济发展有关的法律。

1982 年老龄问题世界大会通过的《1982 年维也纳老龄问题行动计划》，是第一个关于老龄问题的综合性的国际文件，该计划在理论上的重要贡献就是将老龄问题区分为人道主义方面和发展方面。前者主要指老年人问题，多从微观角度考察，后者主要指社会经济发展问题，多从宏观角度着眼。"与老年人有关"的法律，不仅包括为老年人制定的单独法律，而且也包括与人口老龄化有关的其他法律，涉及人口的生育和迁移法律、劳动和社会保障法律、医疗保健法律、调整家庭和社会关系的法律等。

老年人法律与其他法律制度相比，无论是在目标、主体责任上，还是在代际关系、文化传统影响等方面都具有显著的特征。

第一，老年人权益法律保障制度具有目标特征。老年人权益法律保障制度的目标至少应包括两个方面：首先，要满足人道主义目标，即保证老年人远离贫困，让那些已经陷入贫困的老年人能够迅速脱离贫困，每一位老年人都能分享到社会发展成果。其次，要实现老年人个体的全面发展和社会发展的目标，激发人口老龄化的正面效应，不断提高老年人自立、自理、自尊和自强的能力，使得老年人以积极的心态参与社会发展，从而完善老年人自身的发展。

第二，老年人权益法律保障制度具有主体责任特征。在老年人法律保障制度当中，如何处理老年人、家庭、社会和国家的关系是非常重要的。由于各国国情不同，主体之间的责任关系也不尽相同。福利供给的综合体（mix of welfare provision）是由正式、准正式和非正式三种形式以及公共支持和私人支持两种分类组成的。在我国，绝大多数老年人生活在家庭、社区中，家庭养老是养老的基础。为此，社区和政府要成为家庭养老的两个"支柱"，为家庭养老提供各方面的支持，形成老年生活保障的网络，使老年人合法权益得到全方位的保障。

第三，老年人权益法律保障制度具有代际关系特征。在老年人权益法律保障制度的调整对象，即所调整的社会关系中，代际关系是至关重要的。老年人法律保障制度保护的是老年人合法权益，但法律的出发点应该立足于社会全体成员，而不应仅仅是老年人群体。在保障老年人权益、防止老年人陷入绝对贫困和相对贫困的同时，也要避免出现由于过分倾向于老年人而影响到社会其他年龄群体利益的情况。因此，老年法律保障制度既要考虑到社会整体的利益，又要兼顾老年人群体的利益，不但要使老年人的基本生活得到保证，而且还要让老年人能够与社会其他群体共享社会发展成果，使老年人过上体面和有尊严的生活。

第四，老年人权益法律保护制度具有文化特征，研究老年人权益法律保护问题，要把它置于一个特定的文化架构中。费孝通先生指出，在西方社会，子女对父母没有赡养的义务，而在中国，子女却负有赡养父母的义不容辞的责任。西方是一代一代的接力模式，中国是下一代对上一代的反哺模式。在东方反哺模式的框架下，我国《宪法》规定："父母有抚养教育子女的义务，成年子女有赡养扶助父母的义务。"

所以，老年法律保障制度的重心是解决处于贫困线边缘的老年人的最低生活保障问题，即为他们"雪中送炭"，然后再向着"丰衣足食"和"锦上添花"的水平发展。

（二）我国现行的老年人法律保障体系

我国立法的一项重要原则就是保护老年人合法权益。目前，我国已初步形成了以宪法和有关基本法律的原则为依据，以《老年人权益保障法》为重点，由国务院行政法规和部委规章、司法解释以及地方性法规等组成的老年法律法规体系，为老龄事业的发展和老年维权工作的开展奠定了坚实的法律基础。

《老年人权益保障法》是我国第一部老年人权益保障方面的基本法，是我国多年来老年人权益保障工作实践经验的升华和总结。对于保护老年人权益，迎接老龄化社会的到来，具有深远意义。《老年人权益保障法》的制定，标志着我国已基本上完成了特殊权益保障方面的立法进程，形成了妇女儿童、未成年人、残疾人、老年人特殊权益保障的完整法律体系。我国《老年人权益保障法》的立法宗旨有三：一是保障老年人的合法权益；二是发展老年事业；三是弘扬中华民族敬老、养老的传统美德。

（三）发展中国家老年人权益法律保障制度存在的普遍问题

发达国家与发展中国家的老年人权益法律保障制度相比，最明显的特征是普及化和高标准。具体表现为：

第一，在保障范围上，发达国家涵盖的内容不断拓展。发达国家老年保障支付标准高、项目多、保障全面。除定期支付退休金外，还为老年人提供长期护理保险、住房补助、膳食服务，地方当局和民间团体为在社区生活的老年人提供娱乐中心和俱乐部等。

以普遍福利为特色的保障制度，从以往侧重对老龄社会问题的事后治疗，转变为事前预防，为现代化过程中的人口老龄化、老年人经济贫困化、健康下降等问题提供了解决措施。

第二，在保障方式上，发达国家更具强制性，更加注重与社会经济发展的紧密联系。老年人保障金的数额随物价等变动而进行调整。例如，根据通货膨胀、物价波动等调整老年退休金或福利标准，以保证老年人的实际生活不因物价波动而下降，能够充分享受到社会经济发展的成果。

第三，在责任承担上，更加注重强调和保障"老年人的权利"，把对老年人权益的保障视为国家和社会的责任，强调政府在其中要承担"直接责任"。这具体表现在两个方面：一方面，老年人保障由国家统一管理，国家设立专门的行政机构管理老年人的事业；另一方面，国家以法律的形式进行管理，在法律中明确规定老年人相关保障的享受条件和支付标准。

第四，在老年人角色上，体现出重视老年人个人的自我决定权倾向，老年人保障从消极的、治疗型的救助，向积极的、强调权利的发展型转变，近来又向强调权利与义务相结合的方向转变。

在西方国家的现代化进程中，老年人的贫困，经济收入等问题已基本解决，目前西方发达国家更多强调的是老年人的生活照料和情感慰藉方面的问题。为此，西方国家着力构建经济发展水平比较高的老年人的价值实现模式，在这一点上，它们"重新发现"了家庭养老的价值所在，表现为对中国等深受传统孝文化影响的国家的家庭养老方式的称赞。[1]然而，中国在解决老年人经济收入保障问题时，并没有很好地发扬自己的"特色"，面临着家庭养老的危机，盲目跟随西方国家的改革思路，因此出现了价值迷失和道德危机。

（四）我国老年法律保障制度的建设方向

我国"未富先老"的国情以及西方"福利国家"自身发展过程中面临的危机决定了我国老年人法律保障制度不可能照搬西方福利国家的模式，我国老年人法律保障制度应始终坚持"三支柱"的责任原则：第一支柱是政府起主导作用，为家庭养老提供制度保证；第二支柱是发扬传统孝文化，巩固家庭养老；第三支柱是提高老年人自立自助能力，鼓励自我保障。此外，老年

---

〔1〕 陈功：《我国养老方式研究》，北京大学出版社 2003 年版，第 127~128 页。

人要通过适当的方式参与有关老年人的政策、规划和措施的制定、实施和监督，"赋权"于老年人，从而体现老年人的意愿和需要。

老年人法律保障制度的核心是满足老年人需要，提高老年人生活质量，以及实现老年人权利。老年法律保障制度不应该被看作是静止的、封闭的制度，而理应是一个开放的、动态的、分阶段逐步完善的体系。老年人权益法律保障制度应该是对老年人的经济、健康以及社会参与等各个方面的保障。从发展方向来看，老年人法律保障制度最终要在经济上推行养老金制度，在健康上发展全民健康保险，在精神上保障老年社会参与，使老年人能够安享晚年。然而，这一目标的实现还需要经历一个长期的过程。

在我国，随着社会经济的发展、家庭结构的变化，家庭养老的功能如何得到强化关系到每一位老年人的生活质量。此外，我国城乡二元经济结构的现状决定了城乡老年人权益保障的基本内容也将存在二元性特点，当城市老年人的基本经济需要、健康医疗需要得到满足后，城市老年人权益保障关注的焦点开始转向了老年人健康照顾、老年人长期照料、老年人住宅、老年人工作机会以及参与社会发展等方面。而农村老年人权益保障制度的重点还在于逐渐建立和完善基本的经济保障和医疗保障制度，农村贫困老人依然是法律关注的重点。

西方国家一般在养老保障制度建立初期就制定了《养老保险法》，通过立法将养老保障的各项政策和措施法制化，法制化是养老保障制度实施的必由之路。因此，在我国改革的过程中，应该首先尽快制定《养老保险法》，然后实施推进程序，如果在实施过程中出现问题，再对相应的条款进行补充和修订。除了《养老保险法》以外，还要针对我国现状，考虑到老年人群体的差异性，特别是为那些需要帮助的老年人提供最基本的生存权保护。比如，《特困高龄老人津贴办法》《计划生育户养老补贴办法》《残疾人养老补贴办法》《遗嘱保险》，以及《老年人最低生活保障法》等。

就医疗保险的立法目的而言，经济不太发达、最终是要向覆盖全体社会成员的方向发展。一般而言，在社会保障起步较晚的国家，医疗保险的覆盖面也相应较窄，我国属于发展中国家，医疗保险制度还很不完善，建立《医疗保险制度》是根本和基础，同时还要完善老年健康立法，制定《老年人保健法》，强化对于老年疾病治疗和预防相结合的规定，针对城市和农村中的贫困老人，要依法建立"医疗救助制度"。针对有护理需求的老年人，制定符合国情的老年护理保险制度。

老年人社会参与包括很多方面的内容，老年人不仅参与社会经济活动（比如老年人再就业等），而且还要参与文化、精神活动（比如终身学习、社区活动、志愿者活动等）。因此，调整与老年人社会参与有关的法律规定至少应包括两个方面：一是规定老年人教育、就业等社会参与的方式；二是保障实现社会参与的环境条件。针对我国目前的实际情况，应该有针对性地分别制定《老年人就业保障条例》《老年人教育法》以及老年人法律援助制度等，以保障老年人参与社会发展的权利。

随着社会经济的发展，老年人群体的自我决定权意识日益增强。比如，在美国老人福利政策法律制定的过程中，老年人群体代表扮演了重要角色。老年人是自己的主人，在有关自己事务的问题上应享有自主权，这不但应该在个人层次上实现，也应该在集体的层次上实现。

在老年法律制度制订过程中，要"赋权"于老年人，体现老年人的意愿和需要。"赋权"于老年人，也就是老年人要参与有关老年人的法律法规的制定、实施和监督。只有老年人参与决策才能使这种决策更好地反映和符合老年人的利益，才能动员老年人积极参与建构"人人共享"的社会，才能正确评估其他人群或政府有关老年人的各项法律和政策。

根据社会弱势群体的成因不同，老年人群体被认为是生理性社会弱势群体的一部分。弱势群体在经济、文化、体能、智能、处境等方面处于一种相对不利的地位，因此法治社会应该从法治的公正性出发，对老年人群体予以公平的对待，不能有任何歧视，要对老年人群体的人权保障给予格外对待和特别保护，最大限度地缩小弱势群体与强势群体的差距。

其次，法律的社会公共事务功能可以预防社会冲突、解决社会问题、实现老年人权利和义务的内在一致性。法律的社会公共事务功能是法律基于其社会性或共同性而对社会公共事务所具有的管理能力，即法律调整社会公共事务，执行社会职能的作用能力。

在社会学的视域下，弱势群体的出现是社会结构和社会关系失调的表现。老年问题是一个重大的社会问题，它关系到代际关系和谐、关系到社会稳定和发展。鉴于此，西方许多发达国家均把解决老年问题、发展老年福利事业、保障老年人合法权益作为法律调整的重要内容，并将它看作社会发展的稳定器。因此，只有通过法制化办法才能更好地预防社会冲突，解决社会问题，从而使老年人保障制度极大地发挥保障老年人权益的作用。

最后，基于法律的公平价值，只有通过法制化，将老年人群体吸收到社会发展中来，使其享受到社会发展成果，才能实现社会整合的目标。社会对于老年人问题的关注，每一步都离不开法律制度的支持。社会发展就是要确保老年人群体的基本权利，避免对老人的歧视与孤立，让老年人参与经济增长，使其分享社会发展成果，实现社会整合的目标。因此，这需要以法律的形式确定下来，实现公平和正义。正如 J. W. 赫斯特指出的，好的法律应该提供的不只是程序正义，它应该既强有力又公平，应该有助于界定公众利益并致力于达到实体正义。老年人权益保障不仅要求法律的支持，而且还对法律观念和法制环境提出了更高的要求，并不断推动法律自身的变革和发展。

二、虐老：既是一个社会问题，又是一个法律问题

（一）虐老及其类型

1. 虐老行为

1975 年，《现代老年医学》发表的《虐待祖母》一文首次将"虐待老人"一词引入了公众视野，针对虐老问题的研究也由此渗透到了多个学科和领域，但虐老的概念却因民族、文化、政治等方面的差异而各有不同。比较而言，联合国经社理事会于 2002 年给虐待老年人所下的定义得到了世界范围的广泛认可，即"在本应充满信任的任何关系中发生的一次或多次致使老年人受到伤害或处境艰难的行为，或以不采取适当行动的方式致使老年人受到伤害或处境艰难的行为"。国内学者李超结合我国国情，根据进一步调查研究，将"本应充满信任的任何关系"解释为家庭和养老机构中的责任关系；将"不适当的行动方式"解释为"责任关系人的作为与不作为"，给出了与我国当前养老模式较为适应的虐老概念，即"在家庭或机构养老中，负有责任关系的人的作为或不作为导致的对老年人的伤害"。[1]

目前，我国法律体系对"虐待老年人行为"尚未给出权威性定义，《宪法》《刑法》《民法典》《老年人权益保障法》等部门法或专门法律对虐老行为的类型亦没有具体、明确的规定，这必然会影响现实中对虐老行为的界定，也凸显出了法律对老年人保护的力度之轻。

---

[1] 李超：《虐待老人问题的跨文化研究》，载《人口研究》2004 年第 4 期。

立足于我国的养老多元化特点，本书提出广义的"虐老"概念，即"虐待老年人（60 岁及以 60 岁上）是指对老年人负有扶养或监护责任的主体或者社会生活中的其他主体，以作为或不作为的方式致使老年人的合法权益受到不同程度的侵害而处境艰难的行为"。其中，"负有扶养或监护责任的主体"包括不同养老模式下的家庭、社区、养老机构、政府等养老主体，涵盖到法律规定的一切个人和有关组织。诚然，相关法律对上述主体的责任界定仍需具体化、明确化。需要指出的是，"社会生活中的其他主体"的虐老行为主要表现为以作为方式进行的侵权行为。所谓"致使老年人的合法权益受到不同程度的侵害而处境艰难的行为"，泛指给老年人身心健康发展和晚年幸福生活造成侵害的行为，具体将通过虐老行为的类型划分进行阐释。

2. 虐老行为类型

根据不同行为表征及其呈现出的损害后果对虐老行为进行分类，是界定不同虐老行为的重要指标，亦是探究虐老行为产生原因的基础。在民法中，无论是关于严重的虐待行为导致继承权丧失等方面的规定，还是关于侵权责任的规定，大都比较抽象，没有详细的指标界定虐待行为的严重程度，也没有对不同的虐老类型加以区分。作为专门法的《老年人权益保障法》，仅就暴力干涉婚姻自由、侮辱诽谤老人等方面的精神虐待行为，家庭成员、养老机构人员侵犯老年人财产权益等经济虐待行为以及人身侵权、忽视照料行为等虐待类型进行了原则性规定，且涉及类型有所保留，难以适应解决实际问题的需要。此外，作为保障基本权利的最后惩治手段，《刑法》在预防和惩治虐老方面对虐待罪、虐待被监护看护人罪、遗弃罪、暴力干涉婚姻自由罪等罪名的规定，对虐待行为的具体表现并无明确界定，且科刑前提往往要求情节恶劣或造成重伤死亡等严重后果，涉及的虐老类型倾向于身体虐待，在财产保护等方面并未涉足。故而，当前我国法律法规对虐待老年人的类型只进行了抽象意义的介绍，并未进行明确的划分，且相关类型并不全面，具体内容亦不明确，这无疑在老年人合法权益保护的个案中造成了无法可依的尴尬局面，导致相关责任人利用法律的"空子"逃避制裁，将老年人权益保护置于真空之中。

目前，世界广泛认可的分类方法是虐老行为四分法，也就是将虐老行为分为身体虐待、精神或心理虐待、经济剥削或物质虐待以及疏于照料 4 类。基于上述分类内容和当前我国法律法规的现状，本书按照虐待行为由初发至加剧所大致呈现的特征对虐老类型划分如下：

（1）精神虐待。社会成员尤其是与老年人具有信赖关系的人针对老年人的歧视、谩骂、侮辱、诽谤、斥责，对老年人价值的贬低、对老年人兴趣爱好的反对、日常生活中对老年人的孤立和冷漠致使老年人在精神上感到痛苦而陷入悲伤、抑郁等不良情绪的言行举止。由于精神虐待很容易与老年人的心理问题、疾病以及日常生活中的误会混淆，所以其标准很难界定，而且在现实生活中，往往会成为虐待行为的起点。

（2）疏于照料。赡养义务人或负有监护责任的个人或组织未尽到必要的照顾义务，从而使老年人受到来自周围生活环境的不同程度的侵害，也包括对老年人疾病、生活需求、兴趣爱好、心理情绪问题等方面的忽略致使老年人处于不利境地的行为。家庭中，由于子女忙于工作，疏于照顾往往发生在农村老人和空巢老人身上。养老机构中，专业人员不足、素质不高，也很容易发生疏于照料的现象。

（3）经济虐待。不同社会主体对老年人财产权的侵犯以及相关养老责任主体对无收入来源的老年人在经济供养方面的盘剥。侵犯老年人财产权的方式主要包括相关责任人对房屋、土地的掠夺，对老年人钱财的侵占以及篡改遗嘱等行为，近年来子女亲友间谎称绑架等设计经济骗局诈骗老年人钱财的现象也屡见不鲜，造成老年人生活拮据等后果的不同程度的啃老现象也应被纳入经济虐待类型。

（4）身体虐待。实施暴力、限制老年人的人身自由，剥夺老年人的睡眠致使老年人身体健康、生命安全产生较为严重威胁或实质性的损害后果的一系列行为。毋庸置疑，明目张胆的殴打行为是身体虐待；而限制老人自由作为身体虐待行为之一，往往不容易认定，这主要是因为限制人身自由与怕老人丢失而采取的限制措施在客观上不易区分。

需要说明的是，在养老多元化的今天，上述四个类型普遍存在于所有养老模式之中。但对于政府有关部门、社区、民间组织而言，多表现为程度较轻的经济上的虐待；对于一般社会成员而言，虐老的类型则较多涉及以作为的方式在经济、精神、身体三个层面进行的侵权行为。

另外，美国在四分法的基础上还增加了性虐待、自我疏忽、遗弃等三种虐老类型，[1]对老人的性虐待可以被理解为：家庭成员不尊重老年人的性权

---

〔1〕 祝文龙：《当代中国老年人虐待问题研究》，吉林大学 2015 年硕士学位论文。

利；未经老年人许可的各种形式的性侵犯或接触，如暴露下体、故意让老年人大小便失禁等导致老年人在性权利方面有失尊严的行为，这些行为属于身体虐待和精神虐待的交织情形。而遗弃，即负有赡养义务、承担一定监护责任的养老主体多以不作为的方式逃避法定义务，拒绝赡养老年人的行为，也渗透着不同程度的身体虐待和精神虐待。总之，在现实生活中，不同的虐老类型的呈现形式并非单一，而是相互交织、错综复杂的。

（二）当下我国虐老行为概况及其特点

早在 2000 年左右，世界范围内的虐老问题便已经十分普遍，然而，值得关注的是，除个别严重案件外，绝大多数的虐老行为都未向有关部门报告，也未得到相应有效的处理，这在一定程度上体现出了虐老行为的隐蔽性。据世界卫生组织估计：在一些国家，遭受虐待的老年人可能高达 10%。中国在 21 世纪初已经迈入老年社会，但由于中国正处于社会转型期，虐老行为频见报端，虐老问题的严峻性也引起了更多的社会关注。根据有关调查：2010 年底，我国家庭内部老年人被虐发生率已达 13.3%。陶红霞等学者通过检索相关数据库（检索时限是从建库至 2019 年 7 月），搜集中国老年人虐待发生率的横断面研究，采用 R3.5.1 软件进行 Meta 分析，得出以下结果：中国老年人虐待发生率为 20.29%，其中情感虐待的发生率最高，为 15.06%，随着年龄的增加，老年人虐待发生率升高，60 岁及以上者为 19.76%，70 岁及以上者为 22.24%，80 岁及以上者为 29.19%，男性和女性老年人虐待发生率分别为 20.1% 和 23.64%。[1]

显然，频发的虐老现象与孝道文化传承和建设和谐社会愿景是背道而驰的。

近年来，诸如，子女用狗链拴住老人限制其自由、将老年人关在房里甚至厕所、把老年人赶到破屋草棚甚至猪圈、利用老年人的收入买房后翻脸无情、肆意打骂老人的报道屡见不鲜。养老机构中曝出的虐老事件亦此起彼伏，2010 年曝光的合肥市某乡养老院，早饭、晚饭馒头就咸菜，吃得不卫生，热水供应不足，居住条件差，雇工少，老人只能相互照顾；更有甚者，安徽省太和县某老年公寓的护理人员撕下老人的半只耳朵扔进垃圾桶；长春市某养

---

〔1〕　陶红霞等：《中国老年人虐待发生率的系统评价》，载《中国循证医学杂志》2020 年第 8 期。

老院中，81岁脑血栓老人唯一能动的一只手被布条拴在床头。[1]类似上述行为在日常生活中时有发生，浮出水面的仅仅只是冰山一角。冀云采用"第四次中国城乡老年人生活状况抽样调查（2015年）"与"第三期妇女社会地位调查数据（2010年）"得出中国老年人虐待总体的发生率为2.70%。[2]

当前我国还没有针对全国范围老年人虐待行为的权威性调查，一方面是由于老年人及相关责任人的有意隐瞒、家庭和个人隐私的影响加剧了调查难度，另一方面也表明当前我国对虐老问题的重视力度仍然不足。不过，区域性的调查也能在一定程度上反映近几年虐老形势的日益严峻。截至1993年，从我国农村老年人口中得知的他们遭受子女虐待的比例约占3%，人数接近200万；2006年的一项调查数据表明，湖南省虐老行为的发生率为1.5%，其中，城市的发生率为0.8%，农村的发生率为2.6%，农村虐老发生率多于城市3倍；[3]2011年，湖北省沙市农村地区虐老行为的发生率竟高达36.20%。[4]

根据2011年全国妇联、国家统计局第三期中国妇女社会调查主要数据，京津沪地区的虐老发生率为5.4%，全国最低，西部地区虐老发生率为21.8%，全国最高，接近京津沪地区的4倍；城市虐老发生率为9.3%，农村则高达16.2%，接近城市的2倍。[5]可见，近些年，我国虐老现象不仅持续增加，而且存在区域不平衡、城乡差异大的特点。

该项调查数据还显示：截至2010年底，精神虐待发生率达4.9%，成为最普遍的虐待类型，疏于照料次之，达4.0%，经济虐待和身体虐待居后，分别为2.8%和1.6%。冀云采用"第四次中国城乡老年人生活状况抽样调查（2015年）"与"第三期妇女社会地位调查数据（2010年）"得出的结论也是精神虐待与疏于照料的发生比例较高，经济虐待次之，身体虐待发生比例较低，农村显著高于城市，高龄显著高于低龄老人。[6]而从调查对象的结构方面看，参照表3-1，我们还可以看出，不同群体的老年人遭受的虐待行为（精神虐待、忽视照料、经济虐待）存在明显差异。老年妇女、独居老人、离

〔1〕 黄金旺：《虐老事件频发下的思考（下）》，载《中国工人》2013年第11期。

〔2〕 冀云等：《中国老年人遭受虐待现状及应对措施》，载《中国老年学杂志》2018年第17期。

〔3〕 李洋等：《我国城乡老年人虐待的流行现况及防治策略》，载《中华疾病控制杂志》2013年第5期。

〔4〕 胡洋：《农村地区老年人虐待流行现状及危险因素分析》，华中科技大学2011年硕士学位论文。

〔5〕 伍小兰、李晶：《中国虐待老人问题现状及原因探析》，载《人口与发展》2013年第3期。

〔6〕 冀云等：《中国老年人遭受虐待现状及应对措施》，载《中国老年学杂志》2018年第17期。

婚或者没有配偶陪伴的老年人更容易遭受虐待；文化程度低、健康状况差的老年人更容易受到虐待；无退休金、无固定生活来源，只能靠政府和有关部门接济的老年人也更容易受到虐待。

综上，养老多元化的中国，虐待行为从整体上存在较大的城乡、区域差异；各种虐老行为的发生率随着时间的推移不断升高，且趋势不减；精神虐待是最常发生的虐待类型，忽视照料、经济虐待、身体虐待发生的比率依次降低，各种虐老类型相互交织，在个案中可能是并存的；老年人是否遭受虐待与老年人自身能力、知识水平、养老金水平、居住方式、婚姻状况、健康状况等密切相关。

表 3-1 不同影响因素导致的虐老行为发生率差异

单位：%

		精神虐待	忽视照料	经济虐待			精神虐待	忽视照料	经济虐待
性别	老年妇女	4.2	3.6	3.	健康状况	自评身体差	10.4	9.7	7.4
	老年男性	3.5	2.6	2.6		只能自我照顾	15.0	15.3	10.3
居住状况	独居老人	5.7	4.8	4.2	婚姻状况	离婚	11.7	5.0	8.5
	与配偶合住	3.4	2.9	2.6		再婚	5.8	5.2	4.9
	与子女合住	3.6	2.6	2.5		初婚有配偶	3.0	2.5	2.3
文化程度	文盲	5.0			生活来源	资助补贴	10.0	7.8	7.8
	大专以上	0.9				养老金	2.2	1.8	1.5

资料来源：全国妇联、国家统计局：《第三期中国妇女社会调查主要数据报告》，载《妇女研究论丛》2011 年第 6 期。

当然，虐老行为也与其他"隐性"因素有关。比如，受"家丑不可外扬"以及家庭隐私等因素的影响，家庭成员的虐老行为具有极大的隐蔽性，被察觉时往往已造成难以挽回的严重后果。在养老机构中，由于专业的护理人员短缺，忽视照料往往是常态，精神虐待成了护理人员不堪照顾压力的起点，随着问题的加剧，身体虐待日益频繁，甚至比家庭中的虐老行为更为严重。而经济虐待多表现在物质层面，比如，日常衣食住行的相关物资供给不足，变相克扣老人补贴等。虽然，自1996年《老年人权益保障法》后，国家有关部门纷纷出台相关文件鼓励养老机构的发展，强调提高服务质量和杜绝虐老现象，[1]但目前我国的养老机构仍然存在设置标准宽松、监管不严、护理人员素质低、数量少等弊端，发展得很不成熟。无专门法律保护、管理体制存在诸多弊端也是促使虐老现象频发的重要因素。

（三）我国虐老现象背后的原因及其理论分析

1. 经济、社会、文化发展的影响

外在情景因素论认为，虐老行为是经济、社会、文化以及人口结构等外在情景因素在养老关系中的反映。这一理论观点对探究中国社会虐老行为背后的原因具有一定的借鉴意义。改革开放以来，我国社会经济快速发展，人口快速实现转变，家庭结构趋于小型化，"四一二"家庭模式形成并不断增加，养老压力倍增。经济发展、社会转型，人们的观念也发生变化。当然，地区、城乡经济社会发展不平衡也在一定程度上导致了虐老行为的城乡、区域差异。值得注意的是，经济因素是虐老行为产生的背景因素，但与虐老行为之间并无必然的联系，经济因素必须通过中介变量（诸如代际关系、家庭道德、养老观念等）发生作用。

2. 施虐主体的人格特质、生存压力诱发虐老风险

社会学习理论强调观察、学习和模仿对人的社会行为的塑造作用。这一理论凸显了原生家庭环境和学校教育环境的重要性。众所周知，家庭是社会的基本单位，是人格形成的第一社会设置，家庭环境对一个人的性格养成具有决定性作用。父母是子女的第一任老师，父母对子女的影响是深远的。换言之，父母的暴力行为、虐老行为是一种习得性行为，很容易代代相传，成为一种习惯。当前，学校在尊老、敬老方面的教育相对缺失，对部分儿童和青少年在原生家庭形成的上述习惯和行为未起到有效的纠正作用，这很有可能使人们在青年时期形成暴力型的人格特质，导致虐老行为的恶性循环。

压力论认为，随着生存竞争日趋激烈和生活压力的增加，人们更容易将压力和不良情绪发泄到他人的身上。现代社会的竞争越来越激烈，极大的就业压力、高升的房价、人情往来无一不压迫着如今的青年人和中年人。家庭

---

〔1〕 李虹彦等：《社会养老机构中虐待老年人问题的现状与思考》，载《中国老年学杂志》2012年第21期。

中，子女在面临巨大的工作压力和照顾压力时很可能出现厌倦心理，把不良情绪发泄到老人身上，所谓"久病床前无孝子"就是这个道理。养老机构的护理人员也是如此，当人手不足、工作繁重时，他们将愤懑和不满发泄到老年人身上的风险就会增加。

3. 老年人群体自身因素的影响

布劳的社会交换理论把交换理解为一种特定类型的交往，其指出参加交往的各方都期望得到对方的回报。霍曼斯提出，在期望的报酬没有实现时，就会出现攻击行为。随着年龄的增长，老年人群体离开工作岗位，体力、精力下降，对家庭和社会的贡献变少，自身的社会价值随之降低，甚至会被贴上"无用人"的标签。因而，在家庭和社会的互动交往中，老年人的需求往往大于其社会价值，这在理论上加剧了养老成本，招致家庭成员和其他社会成员的不满，诱发多种虐待行为。对于大部分有收入来源的老年人而言，"啃老"现象日益普遍，他们在遭受经济虐待后，社会资源和价值被榨干，从而饱受精神虐待甚至身体虐待的困扰。老年人自身的知识水平低、权利意识淡薄以及"家丑不可外扬"的传统观念和"赢了官司输了人情"的顾虑想法更加纵容了虐老行为。

4. 相关制度、法律规范的缺失

社会冲突理论认为，社会系统内部成分的关联性决定了其在实际运作过程中伴随着许多纠纷和利益冲突。适当的冲突对于家庭和社会的发展是有好处的，但就涉及老年人无用论、孝道滑坡等社会基本价值观念的冲突而引发的虐老行为而言，代际冲突给家庭和社会发展的反功能或分裂性功能已大于其带来的正功能。当道德无法调整代际冲突时，完善的制度和法律应该成为一种社会安全阀机制，在必要时帮助处理敌对情绪，在防治虐老的实践中为老年人的合法权益保驾护航。而当前我国的法律法规和福利制度尚不完善，面对数目庞大的老年群体，立法资源也未向其倾斜，具有国家强制力的法律在老年人权利保护方面未发挥其应有的权威性和威慑力，在一定程度上导致不同养老主体的虐老行为有恃无恐，导致虐待行为不断增加。

三、大力发展老年人法律保护服务

(一) 老年人法律保护服务

老年人法律保护服务是指在立法、司法、执法、守法四个方面制定明确、具有可操作性的法律规范和制度性方案，由专业的法律工作者和社会工作者介入，借助法律的权威，保障老年人合法权益的配套服务体系。老年人法律保护服务是老年人权益保护服务的重要部分，在法治社会，老年人法律保护服务是保护老年人合法权益的最可靠手段。老年人法律保护服务的关键是如何在社会主义法治原则中维护老年人合法权益。在立法层面，要求遵循宪法上的合理差别对待原则，使得立法资源向生理、心理居于弱势地位的老年人群体倾斜，具备明确的、可操作的指标以识别现实生活中虐待老年人等违法犯罪行为，并规定相应的法律后果；在司法层面，要求健全老年人法律援助机制，建立和完善老年法庭等配套设施和司法调解机制，为老年人依法维权打造牢固的最后防线，建立科学的老年人犯罪宽宥制度和社区矫正机制，保障老年人的基本权利；在执法方面，要求建立具备老年人法律保护专业知识的执法人员队伍和规范透明、简化便民的执法程序；在守法层面，要求在社会范围内，各责任主体及其他社会成员从内心信仰法律，树立老年人法律保护意识，老年人群体了解相关法律，能够运用法律武器保护自己的合法权益。

（二）我国发展老年人法律保护服务的必要性

各种形式的虐老行为使老年人的晚年幸福与安康受到威胁，也同全面建设小康社会之目标背道而驰。当今社会，面对各类虐老现象，道德作为一种社会规范，在市场经济背景下的防治作用与力度已不能与我国古代社会相提并论。法律作为社会关系的调整器，靠国家强制力来保证实施，具备其他社会规范不具备的权威性和震慑力。遗憾的是，我国当前的老年人法律保护服务存在很多问题，相关法律和配套设施尚不健全，作为权利本位的法律在老年人权益保障方面并未发挥其应有的作用，为了预防和惩治虐老行为，发展老年人法律保护服务十分必要。

1. 当前老年人法律保护服务存在的问题

（1）相关立法尚不健全。作为保护老年人合法权益的专门立法，《老年人权益保障法》对老年人家庭和赡养、社会保障、老年事业发展以及各类侵权责任作出了规定；民法的侵权责任法和合同法以及刑法的虐待罪、虐待被监护看护人罪、遗弃罪和老年人犯罪的减免处罚条款的有关规定在一定程度上涉及老年人权利保护的层面。2013 年 6 月民政部通过的《养老机构设立许可办法》对养老机构的设置门槛、服务内容、监督检查等方面作出了规定，但仍需完善。首先要指出的是：我国的法律规范体系尚未对虐老行为、虐待类型和划分标准进行权威界定，具体的参考指标更无从谈起，专门法律中对养老主体的责任规定也较为笼统模糊，因而缺乏可操作性和规范性，在实践中往往会成为一纸空文。其次，刑法中的虐待罪以"不告不理"为原则，并且有关罪名的成立前提是造成严重后果，这些规定往往会放纵施虐主体的行为，造成难以挽回的恶果。最后，通过对虐老行为的现状和特点进行分析，我们了解到虐待老年人行为存在着区域、城乡和群体差异，绝大部分的相关立法并未将这些差异性因素考虑在内，因而结合地区社会现实和不同群体需求的法律法规相对空白。

（2）普法力度不够，老年人法律保护意识淡薄。当前，我国关于老年人权益保护的法律法规的宣传和普及力度较妇女、儿童等其他弱势群体明显不足，因而社会成员法律意识淡薄。在社会生活中，施虐主体不知法、不懂法，导致本应得到控制和避免的虐待行为发生；老年人缺乏权利保护意识，在受到虐待时，不能拿起法律的武器维权，而是抱着"家丑不可外扬"的心理，忍气吞声，这往往会让施虐者变本加厉。另外，普法宣传的力度不足也从一个侧面体现出了我国对于老年人权利保护的重视不足，表明现实中的法律对于老年人的权益缺乏应有的保障。

（3）司法、执法服务机制和专业法律人才缺失。法律援助服务是老年人诉诸法律维护自己合法权益的可靠选择，而当前法律援助存在经费严重短缺、人员不足、覆盖范围狭窄、援助领域窄（仍停留在诉讼阶段）等问题，针对老年人的法律援助工作也十分落后。此外，具备老年人权利保护的专业法律人才不足，这就导致在司法、执法实践中，法律工作人员为老年人提供的法律服务仅停留在技术层面，很难从根本上、从深层次帮助老年人解决问题。无论是在司法中还是在执法中，涉及老年人的纠纷往往侧重于调解，很大一部分法律工作者仍然持有"清官难断家务事"的传统观念，他们往往忽视虐待行为的严重程度和再发生的可能性，而采取调解的方法解决眼前困局，这并不能从根本上杜绝虐老行为的发生。经过审判的案件，也存在"赢了官司输了亲情"的尴尬现象。另外，法律服务往往具有即时性而忽视老年人的后续生活状况，特别是未能同相应的医疗服务、专业社会工作服务资源实现连接，导致老年人法律保护服务效果和质量欠佳。

2. 发展老年人法律保护服务的意义

（1）有利于满足老年人群体的客观需要。马斯洛需求层次理论将人类需求从低到高依次概括为生理需求、安全需求、社交需求、尊重需求和自我实现需求五类。发展老年人法律保护服务,借助法律手段将虐老风险降至最低,对已经发生的虐老行为进行惩治,有利于保障老年人对生理、安全、社交、尊重需求的满足,进而保证老年人晚年生活的幸福。

(2)有利于缓解照顾者的压力,提升养老服务质量。法律及其配套服务的完善将为养老主体提供行为准则和资源支持,有利于缓解各责任主体的照顾压力。对于家庭而言,它不仅规范、约束照顾者的行为,而且为老年人连接相关法律、专业护理等社会服务资源,将养老行为置于规范的社会监督之中,预防虐老行为的发生;对于养老机构而言,在法律的规范下,护理管理会趋于规范化,护理人员的责任心会得到加强,能够以更加积极的心态提供服务,从源头上降低虐老行为产生的风险。

(3)有利于完善社会服务体系,推进社会治理现代化进程。发展老年人法律保护服务,是完善社会服务体系的重要举措,是社会治理重心下移,社会治理现代化的需要。家庭、社区、养老机构等基层领域是老年人的主要生活场所。因而,立足基层,防治虐老问题以保护老年人的合法权益是推动社会治理重心向基层下移的应有之义。发展老年人法律保护服务体系,以法律保护服务为切入点改善社区治理和社区服务,有利于完善社会服务体系,实现社会治理现代化。

(4)有利于以法律强化敬老孝亲的道德规范,推动建设法治国家、和谐社会。随着社会转型,敬老孝亲美德日渐弱化,老年歧视、虐老问题日渐突出。对此,发展老年人法律保护服务,通过法律的规范作用,可以引导人们重拾孝道文化并强化敬老孝亲美德,有效保障老年人合法权益,从而促进社会整合、社会和谐和法治国家建设,保障人民的未来福祉。

(三)老年人法律保护服务体系的建设思路

1.健全相关立法,形成统一的老年人法律规范体系

(1)修改《老年人权益保障法》,完善专门立法和基本法。在《老年人权益保障法》中明确虐老行为的法律定义,并对精神虐待、忽视照料、经济虐待、身体虐待等虐待行为类型进行界定,对不同虐待行为导致的法律后果按照轻重程度进行划分,作为追究施虐主体法律责任的依据。在此过程中,要邀请养老主体、老年人、社区、政府有关部门、有关社会组织参与立法工作,并邀请医疗、法律、社会工作、教育、科技等领域的专家,以第三方身

份对虐待行为进行科学分析，形成具体的、具备可操作性的评价指标。在民事领域，制定养老机构服务协议的法定合同文本，[1]明确养老机构与老年人、老年人的法定监护人之间的权利义务关系，并规定不履行义务的相应法律后果；在侵权责任法的各类侵权责任一节中补充针对老年人的侵权行为，对老年人在家庭、养老机构、社区以及负有一定监护职责的医疗机构和其他社会组织中遭受权益侵害的情形进行详细规定，并明确上述主体的法律责任。在《刑法》中，加大对虐老行为的处罚力度，设立"虐待老年人罪"，贯彻罪刑法定和罪刑责相适应原则，参考专门法和民法对老年人虐待行为的有关规定，结合危害后果的严重程度定罪量刑。适应养老社会化等新情况，修改和完善行政许可法，适当提高养老机构的准入门槛，对养老机构护理人资质进行严格规定，设立护理资格考试，持证上岗，保证其专业化。在中央的统一领导下，制定符合地方养老特点和适用于不同群体的地方法规，以适应我国虐老行为的区域差异、城乡差异以及空巢老人、独居老人、文盲老人等不同群体的差异。中国古代有关老年人的法律法规把"孝"上升到了法律责任和法定义务，以此来保证老年人在家庭中的尊严、地位以及使其得到很好的赡养和照料，韩国孝道文化法治化[2]在防治虐老实践中成效显著，因此，在发展老年人法律保护服务的立法举措中，以道德因素滋养法治精神的做法值得借鉴。

（2）实现有关老年人保护的制度、政策的法律化。随着经济社会的发展，我国有关养老层面的社会保障制度取得了长足发展，但是仍然存在很多问题，国家财政对于养老的支持力度不足，许多政策在执行过程中由于缺乏硬性规定，没有落实到位，养老保障制度仍需进一步完善。我国封建统治者往往将赋税、徭役的减免制度和政策上升到法律层面，并将家庭和国家的养老责任写入律令，以此实现国家对养老的参与和调控。[3]虽然上述行为的主要目的是维护当时的封建统治，但在今天，其将老年人保护的制度、政策法律化的思路值得借鉴，方法与策略仍值得肯定。我国宪法以及《老年人权益保障法》关于社会保障制度的规定是我国在老年人保护层面实现制度法律化的具体体现，但上述制度、政策法律化的覆盖范围仍然比较狭窄，原则性过强，可操作性不足，需

---

〔1〕　马杰、李华敏：《论我国养老机构内老年人权益的法律保护》，载《现代交际》2017年第14期。

〔2〕　韩旭、刘颖：《传统孝道的法制化对重塑我国农村孝道的启示》，载《文化学刊》2016年第6期。

〔3〕　宫丽艳：《论韩国孝道文化传承对中国的启示》，载《学术交流》2014年第9期。

要加强。

考虑到经济依然是虐老现象产生的背景因素，国家财政和税收的优惠政策应针对虐老行为发生率的城乡差异和地区差异向农村和中西部地区倾斜，解决经济落后地区养老资金不足的难题，降低由生存压力引发的虐老行为发生率。面对养老社会化趋势和国家财政压力巨大之现实，养老责任细化非常必要，因此，有关学者提出了反哺式养老储蓄制度的设计方案，并主张将其纳入法制化轨道。[1]这一方案要求子女在就业后，最低将年收入的5%转入父母所在银行的养老金账户，这笔养老金属父母所有，父母达到退休年龄后可以使用，并利用熟人社区监督养老金的缴纳和运作，保障整个制度实施过程的规范透明。实现反哺式养老储蓄制度的法律化，能够保障老年人有稳定的养老经济来源，削弱他们老年时期对子女的经济依赖性，降低遭受虐待的风险。反哺式养老储蓄金由国家统筹运作，可为农村、中西部地区无工作、无收入来源的社会成员提供养老支持，既可缓解国家财政的养老压力，又可适应养老社会化的现实。可以认为，它是一种实现家庭、社会养老系统优化的科学方案，需要借助法律的硬度起到切实保护老年人合法权益的作用。

一些养老主体客观存在的生存压力亦不容忽视，在许多情况下，他们的"情非得已"应该得到一定程度的理解，因而政府需要促进改革，推行一系列鼓励、支持养老的政策，并使得行之有效的政策上升到法律的高度。韩国政府制定的《孝行奖励资助法》《文化产业振兴法》《老年人福利法》等相关的法律法规，褒奖宣传孝行，惩治不孝行为，促进养老文化产业的发展，提高社会对养老事业的重视，通过完善老年人福利设施和对特殊群体的特殊照顾制度的规定，使得老年人法律保护和服务规范化，其合理之处值得我们学习借鉴。[2]日本的强制报告制度规定了家庭成员、邻居、社区、医生等群体对虐老行为的强制报告义务和相应法律后果，这在一定程度上改变了虐老行为的隐蔽性局面，可结合我国国情加以吸收借鉴。

2. 加强老年人权益保护宣传，增强老年人的法律保护意识

联合国大会于2011年12月19日通过决议，将每年的6月15日定为"认识虐待老年人问题世界日"，以提高全球意识并共同努力，使老年人免遭虐待

---

〔1〕赵立新：《反哺式养老储蓄制度研究》，载《人口学刊》2011年第6期。

〔2〕靳婷、李宁玉：《简评预防和惩治虐待老年人犯罪的域外司法实践》，载《中国检察官》2012年第18期。

和伤害。[1]

针对目前社会上老年人群体以及其他社会成员对涉老法律知之甚少而影响相关法律的执行和遵守的状况，我们必须把普法工作落到实处。立法部门、司法部门和执法部门在履行工作职责的过程中，注重利用互联网平台、报纸、杂志等大众传媒对保护老年人合法权益的法律规范进行宣传和专业解读，媒体在报道虐老事件时，不能只停留在事件的起因、经过和处理结果以及道德谴责层面，还要加大对其涉及的相关法律法规的宣传力度。要充分利用基层社区平台，为老年人群体量身打造各式各样的普法宣传活动，培养老年人的权利意识和法律意识。最终，我们利用普法宣传引起全社会对老年人保护的重视，发挥法律和舆论的导向作用，提高老年人的自我保护意识、法律意识和权利意识。

3. 抓好法律保护服务组织建设，提高法律保护服务能力

作为一种非政府组织，老年人法律保护服务组织独立于政府和养老机构、家庭之外，具有较少的利益牵扯，从而能在老年人权益保护中保持一定程度上的客观性和中立性。因而，此类社会组织可以很好地发挥第三方作用，成为老年人法律保护服务的桥梁和纽带。遗憾的是，近些年成立的该类组织所发挥的作用极其有限，需要继续加强。抓好法律保护服务组织建设，需要国家给予财政、税收等优惠政策的支持，为其提供广阔的市场空间，需要从法律上确立其提供老年人法律保护服务的中坚作用，明确其职责，引入大量的老年人权益保护专业法律工作者、社会工作者、医疗工作者、教育工作者等人才，明确此类服务组织对老年人家庭成员、养老机构、社区、政府有关部门的监管职责，同时也要加强社会对此类老年人法律保护服务组织的监督。基于此，建议通过建立完善的组织规章制度，构建此类服务组织与养老主体、老年人以及司法部门、政府部门双向交流沟通机制，及时帮助老年人维权，帮助老年人更好地生活。另外，考虑到其服务对象多为低收入群体，所需费用较高的实际，该类组织可以借助政策支持、企业和社会捐赠、购买政府服务项目、提供其他的养老服务自身造血、连接养老服务产业资源等举措解决资金难题。当然，在其建立完善之初，政府的财政支持、税收优惠和政策扶

---

[1] 潘基文：《认识虐待老年人问题世界日：联合国呼吁共同致力于消除对老年人的虐待行为》，载 http://www.un.org/zh/development/desa/news/social/elder-abuse.html，2011 年 12 月 19 日访问。

持是首要的，是必不可少的。

4. 做好司法服务工作，打造法律保护服务品牌

老年人法律保护服务在司法领域的工作主要涉及法律援助、调解、诉讼三个层面。提高老年人司法服务工作水平，首先要补齐服务短板，解决服务问题。众所周知，当前法律援助存在各种各样的问题，需要国家和政府加大财政支持和经费投入，需要针对老年人的专业法律援助人才，细化老年人法律援助领域，作为一个板块重点打造。法律援助不仅仅局限于诉讼层面，还包括调解、法律知识、日常生活的维权方式等各种法律问题的解答，其服务内容和规章制度、管理运作都有待完善。为保证服务质量，政府和全国各级律协应建立和完善相应的激励机制，鼓励更多高素质的律师作为志愿者加入法律援助队伍，确保法律援助服务在老年人法律保护服务中发挥实效。针对目前虐老案件、侵权案件重调解的现象，笔者认为，法律服务工作者和司法人员应当摒弃"家事"观念，"以事实为依据，以法律为准绳"，评判案件的严重程度和对老年人生活的后续影响决定使用调解或者诉讼审判。老年人遭受虐待的个案往往涉及个人隐私，有许多难以启齿的事实，在司法服务过程中，应注意提供保密服务，完善配套设施。比如，建设和完善老年法庭、简化涉老案件的司法程序等。

5. 推动社会工作连接法律资源服务老年人

目前，我国的社会工作虽然有了一定的发展，但是社会工作连接资源的能力不强，从而成了社会工作开展服务的重要瓶颈。基于此，我们可以将社会工作连接到老年人权益保护的立法工作中，连接到老年人法律保护服务组织平台，连接到法律援助中心、个案调解和社区矫正工作中，以此完善老年人法律保护服务体系，增强服务能力。增能理论强调社会工作者尽可能为服务对象争取各方面的资源，帮助服务对象通过个人、人际关系、环境三个层面的有效互动，发掘服务对象的自身潜能，尊重服务对象的自决和自我实现。[1]专业社会工作者以该理论为指导，在虐老行为发生的萌芽期帮助老年人发现、解决风险因素；在老年人遭受虐待行为过程中，帮助其识别虐老行为，调节心理障碍，联系医疗资源和法律服务资源；在惩治虐待行为后，解决"赢了官

---

〔1〕 孙琼如：《增权：受虐待老人社会工作新理念》，载《南京人口管理干部学院学报》2004年第4期。

司输了亲情"的困境，调节老年人与其养老主体的关系，帮助老年人更好地适应以后的生活。另外，社会工作者应借助社区平台，引入小组工作机制，连接法律资源，为老年人设计各式各样的心理、生活服务活动，加强法律教育，增强法律意识。

第四章

强化政府责任，建设有中国特色的养老文化

养老文化是影响老年人晚年生活质量的重要因素。孝道文化是中国传统文化的重要组成部分，对于推动中国社会进步具有巨大作用。但是，社会转型，孝道滑坡，弃养、薄养、不孝甚至虐老等丑恶现象层出不穷，必须引起我们的重视。新时代，我国老龄化不断加剧，老年人口问题会日渐突出，弘扬传统孝道、建设良好的养老文化无疑将成为养老体系建设体系中的关键一环。

一、养老文化

（一）"文化"及"养老文化"的界定

在社会学中，由于"文化"一词具有高度抽象性，因此我们很难对其作出一个准确的界定，不同的学者对"文化"的含义有不同的理解，对其界定亦有广义和狭义之分。广义文化论者认为，文化不仅包括人类所创造的并且赋予意义的物质产品，而且还包括不具有产品实体的非物质产品，如语言、思想、价值、信仰、规范及制度等，持这一观点的代表人物有英国人类学家爱德华·泰勒、马林诺夫斯基和美国人类学家 A. L. 克罗伯以及 K. 科拉克洪等。狭义文化论者认为，"文化"仅包含不具备物质实体的风俗、习惯、态度、价值、制度等，强调文化作为行为模式对人类行为所起的作用。法国人类学家列维·施特劳斯是这一观点的代表人物。虽然"文化"一词在不同学者那里有不同解释，但大多数学者都特别强调价值观是文化的重要组成部分，是文化的内核。

学界对养老文化的解释可谓"仁者见仁，智者见智"。学者姚远认为，中国传统养老文化就是中国传统社会在养老问题上所形成的观念系统，包括三个方面：养老、敬老和送老。并认为，孝观念是构成传统养老文化的思

想依托。[1]李辉认为："养老文化是指家庭或社会在为老年人提供物质赡养、生活照料、精神慰藉等养老资源方面的思想观念、社会伦理、价值取向和制度规范。"并认为"孝"是中国传统养老文化的核心内容。[2]方菲、郭倩、余晓玲认为："中国传统养老文化主要表现为孝文化。孝文化是指一切有关孝的物质、精神和制度等的总和。"[3]肖群忠则认为：" '中国孝文化'是指中国文化与中国人的孝意识、孝行为的内容与方式，其历史性过程，政治性归结和广泛的社会性延伸的总和。"[4]康红梅认为，中国传统的养老观是以"孝"为主要内容的。[5]还有一些学者从传统尊老文化来探讨中国传统养老文化，如杨淑娥、孙宝庆认为养老文化等同于崇老文化。[6]田文颖认为，尊老文化与养老文化是一致的并认为"孝"是尊老文化的核心内容，"尊老敬老"是孝文化的思想基础，而"养老"是这种文化的表现形式。[7]从各学者对养老文化的看法不难发现，对养老文化的定义虽不同，但学者们都强调了养老文化的核心是孝文化。

（二）本书对"养老文化"的定义

在对养老文化进行界定时，笔者认为应该对老年学中"老年供养体系"一词作必要探讨。老年供养体系是指全方位供养老年人的经济保障、照料保障、医疗保障、精神慰藉保障以及制度、法律、政策、舆论、管理、思想措施等构成的综合系统。从此定义我们可以看出，老年供养体系涵盖面之广几乎包括了社会生活的各个方面。若从广义文化论者的观点出发对养老文化进行界定则极易与老年学中的"老年供养体系"一词发生重叠，以至于对概念的探讨发生混乱。因此，在对养老文化进行界定时，笔者认为，从狭义文化观点出发来定义养老文化要比从广义文化的观点来定义更为明确，以便于区分老年学中的"老年供养体系"一词。

---

〔1〕 姚远：《养老：一种特定的传统文化》，载《人口研究》1996年第6期。

〔2〕 李辉：《论建立现代养老体系与弘扬传统养老文化》，载《人口学刊》2001年第1期。

〔3〕 方菲、郭倩、余晓玲：《养老文化：从传统到现代》，载《中共青岛市委党校·青岛行政学院学报》2009年第3期。

〔4〕 肖群忠：《〈中国孝文化研究〉介绍与摘要》，载《伦理学研究》2004年第4期。

〔5〕 康红梅：《我国农村传统养老文化的变迁——一个文化适应的视角》，载《齐齐哈尔师范高等专科学校学报》2009年第1期。

〔6〕 杨淑娥、孙宝庆：《中国养老文化面临的现实问题与出路》，载《河北学刊》2010年第5期。

〔7〕 田文颖：《基于传统尊老文化的农村养老保障模式研究》，河北农业大学2011年硕士学位论文。

综合各学者对养老文化的界定并结合狭义文化论者的观点，我们可以将养老文化定义为："以孝观念为核心价值观并将物质赡养、生活照料、精神慰藉统一于一系列崇老、尊老、敬老、助老行为方式中的价值取向、道德伦理及制度规范的总和。"

二、养老文化建设的意义及政府履责依据

（一）养老文化建设的意义

1. 加强社会团结，促进社会和谐

良好养老文化的形成是对老年人价值的肯定，有利于加强社会团结和"人人共享，代际和谐"社会的建立。健康积极的养老文化是促进社会凝聚的黏合剂，有利于社会的团结。帕森斯认为共享价值观是一个社会的黏合剂。社会冲突理论的代表人物科塞认为，只要社会冲突不触及社会的核心价值观则冲突对于社会的运行和发展是有利的。可见，冲突论者也强调核心价值观对于一个社会的重要性。如果一个社会最基本的价值观不统一则会造成社会的四分五裂，严重影响到社会的凝聚力及社会和谐程度，甚至会导致社会的解体。不敬老、不助老、不养老甚至弃老、虐老等行为会严重割裂社会团结，破坏社会和谐，更是对基本权利的否定。消极病态的养老价值观会使老年人价值得不到重视，老年人才资源的优势得不到开发。对于到 21 世纪中期进入重度老龄化社会的我国来说社会团结遭到的破坏会更加严重，并且社会发展也会背上更大的包袱，进而严重影响社会进步。而健康向上的养老文化价值观会使老年人得到充分重视，社会团结及和谐程度提高，社会发展的步伐也会不自觉加快。

2. 促进养老目标的实现

良好养老文化的形成有利于确保"五个老有"的实现。20 世纪 80 年代，随着我国人口老龄化趋势逐渐引起人们的关注，结合对老年人需求的研究，我国一些老年学家概括出了"五个老有"，即"老有所养、老有所医、老有所为、老有所学、老有所乐"。五个老有分别从经济赡养、医疗保健、社会参与、知识增长、精神欢娱五个层次概括了老年人的需求，且层次依次递进。无疑，良好的养老文化对于实现"五个老有"的目标具有促进作用，只有当社会成员意识到上述老年人需求时，才会审视和关注老年人的需求及满足状况，很难想象一个忽视老年人群体需求的社会会去关注老年人"五个老有"

的实现状况，而社会成员对老年人需求的意识及关注程度则取决于该社会的养老风尚浓郁与否。

3. 价值整合及模式维持

养老文化在老年供养体系中占据重要地位，发挥着价值整合及模式维持的作用。马克思历史唯物主义认为，社会意识对社会存在有反作用；德国社会学家马克斯·韦伯更是在其《新教伦理与资本主义精神》一书中论述了作为资本主义文化体系中的一部分——新教伦理对资本主义的发展起到了推波助澜的作用，充分肯定了文化的作用。从两位思想名家的论述中我们可以看出，文化作为一种无形的力量对社会发展所起的巨大作用。姚远认为，中国传统社会是一个由经济系统、社会系统、文化系统组成的大系统，而传统养老文化作为文化子系统的一部分与社会系统的稳定和发展变化息息相关，其间的整合关系体现为互为作用，和谐统一。作为一类文化集丛，养老文化是以老年人为核心形成的一整套文化体系，对养老事业的发展具有巨大的推动作用。从结构功能主义的视角来看，老年供养体系是一个由不同部分组成的有机联系的系统，其中不同部分对整个系统的维系和运行发挥着不同功能，其中养老文化在老年供养体系中发挥着价值整合和模式维持的作用，而养老观念在养老文化中居于核心位置，对养老文化的构建和整个老年供养体系的建设发挥着引导功能。养老文化的导向、约束、整合作用有利于确保老年供养体系的良性运行。并且，考虑到作为文化构成因素的道德是我国社会差序格局背景下判断是非对错的重要标准和解决个体冲突的重要手段，因此养老文化特别是养老文化中养老伦理道德的建设不容忽视。

4. 弥合养老伦理道德断层

养老伦理道德出现断层，传统养老文化遭到破坏，亟待拯救。中国传统养老伦理道德深深植根于中国传统农业社会的经济、文化土壤之中，形成了以家庭养老为主，提倡尊老、敬老的伦理价值观。孔子曰："今之孝者，是谓能养，至于犬马，皆能有养；不敬，何以别乎？"[1]由于老年人的价值在传统社会中得到了极大重视，老年人拥有较高的社会地位并享有较高的社会声望和价值。近代以来，由于现代化生产方式的引入，社会结构的转轨以及家庭结构的核心化、小型化趋势使得老年人的社会价值不断降低，人们的养老观

---

〔1〕《论语·为政》。

念和养老意识逐渐弱化，进而使得传统养老伦理道德受到持续不断的冲击，社会养老风气日渐淡薄，导致不养老甚至弃老、虐老的现象层出不穷、屡见不鲜。长此以往，社会必将呈现一种病态状况，社会的良性运行也将受到阻碍。若从历史唯物主义的观点来看，如今的老年人群体，是往昔在历史上为社会发展贡献过自己力量的社会主体，只不过由于生物规律的作用，曾经作为中坚力量的老年人逐步退出了劳动生产的第一线，更多地以消费者的姿态出现在公众视野。作为对他们过去贡献的肯定，老年人的价值应该得到社会的认可，此为情理之中，而对老年人价值是否能得到肯定与认可则有赖于一个社会是否具备尊老、敬老、助老的社会风气。构建积极、健康的养老文化是拯救优秀传统养老文化、重构社会养老伦理道德的必经之路和必然选择，也是将社会重置于良性运转轨道上的一剂良方。

5. 老龄政策及规范制定的依托

社会政策的制定和施行是在一定的理论框架指导下进行的，脱离理论指导的政策是盲目的、混乱的和不成熟的，而且在施行过程中极易引发与现实的冲突。正确的理论能有效地指导养老体系建设实践，马克思非常注重理论的功能，特别强调了忽视理论工作所导致的不良后果。尊老养老是我国优秀传统文化之一，也是我国社会主义精神文明的重要有机构成，更是我国政府制定老龄政策的理论和文化依托。[1]养老文化特别是其中的养老价值观和养老伦理道德对于国家制定老龄政策具有重要的引导功能。如果一个国家的养老文化重视对老年人进行物质赡养则会使该国的养老政策更偏重经济支持方面，而重视老年人照料慰藉的养老文化会使得一个国家的老龄政策侧重于生活照料。同样，注重精神养老的养老文化则会使该国的养老政策偏重老年人精神状态。因此，有什么样的养老文化就会有什么样的老龄政策，只有建立经济支持、医疗保障、生活照料、精神慰藉相统一的养老文化价值观才能更为全面地制定老龄政策。

（二）政府履责的依据

1. 构建"服务型"政府的必然选择

服务型政府理论要求政府在养老文化的建设中承担责任。市场经济体制

---

〔1〕 姚远、范西莹：《从尊老养老文化内涵的变化看我国调整制定老龄政策基本原则的必要性》，载《人口与发展》2009年第2期。

的确立和社会的持续发展要求建立服务型政府。张康之认为："服务型的政府，也就是为人民服务的政府，服务是一种基本理念和价值追求，政府定位于服务者的角色上，把为社会、为公众服务作为政府存在、运行和发展的基本宗旨。"姜晓萍认为："政府服务要以人民诉求为主导急民所急，以公民的期望、需求和满意度等为决策依据。"[1]服务型政府以人民的利益需求和满意度为导向，人口老龄化的持续、深入发展以及由此带来的老龄化和老龄人口问题要求政府建立一个成熟、完备的老年供养体系，而养老文化作为老年供养体系的一个子系统在其中占据着重要地位，因此，养老文化的建设及养老社会风尚的培育是当前我国服务型政府建设的一项重要内容，应该得到各级政府的高度重视，各级政府应切实承担起养老文化建设的责任。

2. "和谐社会"理念的内在要求

"和谐社会"理念要求政府在养老风气的培育中担负责任。建设社会主义和谐社会是当今我国社会发展的一大目标，也是当前社会各项事业发展的重要内容，社会主义和谐社会是一项系统工程，涉及物质文明、政治文明、精神文明和生态文明的各个方面，强调以人为本和人的全面发展。其基本特征是民主法治、公平正义、诚信友爱、充满活力、安定有序、人与自然和谐相处；以解决人民群众最关心、最直接、最现实的利益问题为重点；着力发展社会事业、促进社会公平正义、建设和谐文化、完善社会管理、增强社会活力。显然，养老文化作为精神文明的一部分是构建和谐社会大系统中的一个子系统，积极、健康养老文化的形成和养老风尚的培育必将有利于实现社会的代际和谐、公平正义、安定有序，使老年人的价值得到充分发挥。政府是和谐社会建设的主导者和核心力量之一，自然应将养老文化子系统的建设纳入和谐社会大系统建设，以确保和谐社会目标的实现。

3. 现代文明发展及法律规定的政府责任

现代文明的发展与法律赋予老年人的基本权利使得政府在养老文化建设中责无旁贷。人类文明发展至今的突出表现就是特别强调人道主义及社会个体应享受的基本权利即人权。所谓权利：一是特指法律规定的公民所享有的权利和利益；二是泛指公民权利和应享有的利益。作为社会中的普通群体，

---

[1]　姜晓萍、苏楠：《国内服务型政府研究的知识图谱》，载《四川大学学报（哲学社会科学版）》2014年第2期。

老年人也应享有与其他群体同样的权利，如生存权、发展权、保障权、居住权、参与权等。作为社会中的特殊群体，老年人又享有被赡养权、退休权、共享社会发展权、闲暇生活权等，这是现代文明中人道主义的要求。老年人所享有的权利是由法律明文规定的，靠国家强制力保证实施的，法律不仅明确规定了社会各部分在养老中的责任。如1996年《老年人权益保障法》第5条第2款指出："国务院和省、自治区、直辖市人民政府采取组织措施，协调有关部门做好老年人权益保障工作，具体机构由国务院和省、自治区和直辖市人民政府规定。"而且，从其他角度看，作为人民意志的集中代表者与法律的制定和实施者，国家应从法律、制度、行政、教育等方面设置畅通的渠道以确保老年人权益的正常实现。而这些渠道是否能发挥作用以及发挥作用的大小则要看社会养老文化土壤坚实与否。因为即使一个社会在老年人权益实现方面已经有了较为完善的渠道，如果这个社会的养老文化氛围和养老积极性并不高，那么该社会确保老年人权益得到实现的各种措施及手段也不能得到很好的贯彻和执行，进而使它们形同虚设。

4. "大政府、小社会"治理格局为政府履责提供条件

"大政府、小社会"的治理格局为政府履责创造了便利条件。当前，我国社会的总体治理格局依然是"大政府、小社会"的格局，与现代社会建设的目标——市民社会的治理格局——仍有一段距离，但不可否认，"大政府、小社会"的治理格局也有其优势，其最明显的优势就是政府在各项社会事业的发展上有着极大的号召力，在社会治理格局尚未完成转变的背景下，政府在多数情况下扮演着权威者、领导者的角色，在社会各项事业的发展中发挥主导作用。在"大政府、小社会"的治理格局之下，社会自治团体及单位数量和规模较小，力量还较为薄弱，发展不成熟，运转体制、机制不完善，运营不规范等问题突出，政府若不承担养老文化建设的责任，仅靠社会自治力量是很难达到养老政策预期目标的。政府在养老文化建设上便于采取多种措施，可以综合运用经济、行政、法律、教育等多元、综合手段培育良好的养老风气，这也是其他社会团体和个人力所不能及的显著优势。

5. 市场失灵与老年保障体系不健全是政府履责的必然选择

政府承担养老文化建设责任是对市场调节经济活动的缺陷及老年保障体系不健全的弥补。市场调节经济活动具有盲目性、自发性和滞后性等局限，仅凭市场这只"看不见的手"调节经济活动难免会发生经济的周期性波动，

影响经济的正常发展。政府作为"看得见的手"利用各种经济手段和政策对经济进行调节具有宏观性、战略性、计划性，有效地弥补了市场调节的不足。养老文化建设需要调配大量的养老资源，养老资源的调配仅靠市场调节则会因市场主体的逐利本能和利益动机的驱使引发资源供求的失衡，最终导致大量资源被闲置和浪费。政府参与养老资源的调配能使供求状态保持相对的均衡，从而更有效地促进养老资源的流动和使用。再者，我国的社会保障体系尚不健全，保障能力、保障水平及保障覆盖面同西方发达国家相比更是相去甚远，社会化养老尚未兴起，在这种状况下，政府更应该出面承担起养老文化建设责任。这既是对老年保障体系不完善的补充，也是引导家庭养老向社会化养老转变的关键。

6. 政府承担养老责任是对公民损益的补偿

从养老责任的承担方面看，20世纪70年代计划生育政策的实行使人口规模得到了有效控制，使我国人口生育率急速下降，由此我国的人口老龄化进程开始起步并迅速发展，老龄化问题和及家庭养老问题在诸多社会问题中日益凸显。在农村，空巢家庭、类空巢家庭数增加，农村人口步入老年人行列后基本失去经济来源，加之老年社会保障不健全，使得农村老人的老年生活面临风险；城市中无男孩家庭数上升，晚年生活照料、精神慰藉方面陷入困难境地；独生子女家庭数随着计划生育政策的施行也迅速增加，出现了诸如"421""422""420"型家庭结构，在这种家庭状况下夫妻双方的养老压力自然很大，并且独生子女和其他群体一样存在意外死亡、伤残、智残、犯罪入狱等风险，从而增加了独生子女家庭的养老风险。计划生育政策在取得巨大成就的同时，也使得传统家庭式养老模式基础受到了冲击，传统大家庭式养老模式逐步瓦解，子女数减少，但家族观念，特别是家族延续观念仍根深蒂固。在这种背景下，重老轻幼的思维习惯让位于重幼轻老的思维习惯，传统的尊老敬老之风受到冲击，薄养、弃养甚至虐待老人的现象时有发生，致使公民的养老利益受到了损失。因此，作为对公民损益的补偿，建立与我国当前老龄问题相配套的老年供养体系并培育与此相适应的养老文化，政府义不容辞。

三、养老文化建设中政府的履责路径

（一）挖掘传统养老文化，提倡传统养老美德

我国两千年传统农业社会沉淀下来的养老文化资源极其丰富，底蕴深厚，

如能得到有效继承和发扬，对我国现代社会养老文化的构建将大有裨益。传统养老文化的内涵集中体现在"孝道观"上。《诗经·尔雅·释训》认为："善事父母为孝。"作为封建社会主流的儒家思想文化更是大力提倡"孝"，孔子及其继承者将子女对父母的孝从单层次的"养"提升到了"尊"与"敬"的高度。《孟子·万章上》指出"孝子之至，莫大乎尊亲"，不仅如此，孟子还提倡将孝文化推至整个社会，呼吁人们不仅仅孝敬家中的老人，更应该孝敬全社会的老人，提出了"老吾老以及人之老"，树立了整个社会尊老敬老的道德理念。[1]《礼记·祭义》指出："孝有三，大孝尊亲，其次弗辱，其下能养。"古代社会中反映尊老、敬老文化的论述不胜枚举，孝文化是中国古人留给后世子孙的一笔重要文化遗产，需要后世去挖掘其中的深刻内涵。传统社会不仅重视孝道文化的遵守和宣扬，而且还注重制度及政策实践，传统国家制定了繁杂而细致的尊老律法，犯有恶逆或不孝大罪者，非绞即斩，不准赎免，不准缓刑。而且传统国家统治者通过实行土地分配和定期赈济老人等措施来保障老年人的生活，如北魏与唐代的均田制就确保了老年人的衣食所需，明代通过设立"养济院"来收养老人。[2]继承古代优秀养老伦理道德，借鉴传统社会解决养老问题的合理做法并结合现代社会新型养老文化的构建推陈出新不失为政府在当代养老文化建设上的一项合理选择。

（二）完善养老法律规范，为养老文化的构建提供制度保障

法律作为现代文明的重要组成部分在现代社会扮演着越来越重要的角色，尤其是在经济体制转轨阶段，其作用更加凸显。法律作为对道德的重要补充以其特有的权利义务机制规范调整着人们的社会行为，法律相对于道德而言具有明确、稳定、可操作性强等特点，通过完善养老法律法规，进一步将老年人的权益明确下来，使养老行为做到有章可循，为养老文化的建设构建起明确的制度框架。通过法律对养老行为的规制，如通过法律手段来制裁某些情节恶劣的侵害老年人权益的犯罪和不法行为，能够逐渐引导社会形成积极良好的养老风气。当前，我国关于老年人的立法并不完善，多项法律规范存在空白，本来一些可以做，也应该做的事情，却因缺少相应依据而无法施行。在老年人立法方面我国有《宪法》《民法典》《老年人权益保障法》及 2010 年

---

〔1〕 陈莹：《论中国传统文化视角下机构养老理念的建构》，载《漳州师范学院学报（哲学社会科学版）》2012 年第 1 期。

〔2〕 姚远：《养老：一种特定的传统文化》，载《人口研究》1996 年第 6 期。

通过的《社会保险法》，而发达国家在养老立法方面则相对成熟，如美国有《老年法》，英国有《养老金法》《养老和遗嘱保险法》《社会保障退休金法》《退休金计划法》《退休金法》《福利改革和养老金法》，德国有《伤残及养老保险法》《职员养老保险法》《农民老年救济法》《社会法典》《补充养老保险法》。与发达国家的老年人立法相比，我国养老立法工作总体滞后，立法层次不高，立法层次无序，立法体制不规范，[1]且在法律的针对性和可操作性方面与其相比均有差距，尚待完善。发达国家的老年立法多侧重于经济保障及养老保险方面。相比之下，老年人的生活照料、精神慰藉方面则涉及较少，在这方面，我国的养老立法既应借鉴其先进经验，也应补充其立法不足增加法律空白内容。

（三）出台相关老龄政策，明确养老主体责任，提升老年人价值

政策与法律同为国家强制力保证实施的行为规范，但与法律有所不同的是，政策具有及时性、灵活性的特点，能针对某一突出的社会问题尽快提出解决办法，且政策在执行过程中能够根据情况的最新进展得到实时调整。在政策的制定上：首先，既可以针对养老文化构建直接制定，如直接规定个人、家庭、社区、国家的养老行为，由此一来，各个养老主体的责任便得到了明确，对养老主体行为的对与错、赏与罚的评价便有了依据；也可以间接制定，如前所述，社会转型期传统养老伦理的嬗变是有其深刻原因的，表现在生产方式、经济体制、家庭结构等方面，因此针对这些原因，国家应该出台相应的政策，在一定程度上弥补由此带来的伦理道德的弱化和缺失。其次，政策制定要坚持全面性原则，相关政策的制定应尽可能涵盖老年人的方方面面，包括老年人的生产劳动、工作学习、民主参与、文化教育、休闲娱乐等。通过对老年人参与社会各项事业的规定，进一步明确老年人的价值和作用，提升老年人的社会地位，从而有利于扭转社会对老年人的负面评价，强化养老、尊老、敬老的社会风气。最后，还应注意借鉴、吸收发达国家先进的养老文化建设经验，结合我国养老的现实发展状况制定出适合我国国情的养老政策。特别是在养老保障政策方面，当务之急是推进养老主体多元化发展，充分调动社会力量参与养老，甚至连宗教也可以参与养老，提供养老支持。如赵立新、赵慧认为："宗教本身所具有的极强的社会性、慈善性和精神倾向性对于

---

[1]　朱虹：《我国社会养老法律制度完善之探索》，复旦大学2009年硕士学位论文。

解决养老问题颇有帮助。"[1]如此一来，责任社会的文化氛围将逐步营造起来。

（四）搭建养老宣传、教育平台，普及养老知识与文化

宣传的功能在于以其特有的针对性、时效性、吸引力和感染力可以在社会上营造一种舆论氛围，给社会成员造成一种心理压力，促使社会成员的社会行为发生转变，传播社会学尤其重视宣传的作用和功能。因此，政府要加强对老龄知识与文化及老年人问题对社会发展影响的宣传，消除社会对老年人价值的错误认识和消极评价，倡导社会公平、公正。教育作为培养高素质公民的有力工具，在现代社会的作用已经不言而喻，教育机构作为传播知识文化的前沿阵地，是社会成员社会化和再社会化的重要场所。初等教育阶段对整个人生尤显重要，发展心理学告诉我们，青少年及以前阶段是人的可塑性最强的阶段，这一阶段是个人的世界观、价值观和人生观的形成阶段，本阶段形成的人格将对后续阶段的成长和发展产生重大作用，甚至有决定作用。政府在做好老龄文化宣传的同时，还要注重养老知识与文化的教育工作，特别是初等教育阶段的教育工作，养老文化建设从娃娃抓起，通过开展养老知识进学校、进课堂活动，让社会成员从小接受养老教育，促使其形成正确的价值观。政府要充分发挥电视、广播、报纸、互联网、杂志、新闻等传播媒介的作用向社会大众普及老龄知识和养老文化。通过对老龄文化知识的宣传和教育，使养老意识和养老观念更加深入人心。

（五）开发老年人才资源，拓宽老年人社会参与渠道和再就业途径，重塑老年人价值

如前所述，生产方式、家庭结构、社会结构的深刻变革，特别是农村老年人在失去经济来源后生活依赖性增强，都使得老年人的社会价值降低、社会地位下降，从而使社会对老年人价值的认可大不如前。但不可否认，庞大的老年人群体中依然不乏老年精英群体，如老年政治精英、老年文化精英、老年企业精英等。老年群体中有相当一部分精英的价值不容低估，如一些老年政治精英为国家立法、政府决策等作效果评估、可行性分析；一些老年企业精英为企业参与市场竞争提供风险评估、技术指导、收益分析等。他们都

---

〔1〕 赵立新、赵慧：《转型社会宗教参与养老的基础和优势研究》，载《人口学刊》2012 年第 5 期。

作为文化智囊为国家制度体系的完善、社会良性运行及发展进步或企业的生存、壮大出谋划策。老年活动理论认为，处在老年期的个体在非强制性角色的扮演上发挥着重要作用，并且老年期角色的扮演更加符合个人意愿；老年人虽然在生理上出现了诸多衰退性变化，但他们却有着丰富的社会经验，仍然在一些核心岗位上扮演着重要角色，老年精英掌握着较为完备的知识体系和较为娴熟的经验、技能，作为不可多得的人才资源依然发挥着关键作用。是否能最大限度地开发老年人才资源、拓展老年人再就业途径、丰富老年人社会参与渠道是提升老年人价值的关键所在，而老年人价值的提升则是社会尊老、敬老文化氛围的直接源泉。《老年人权益保障法》第 69 条指出："国家为老年人参与社会发展创造条件。根据社会需要和可能，鼓励老年人在自愿和量力的情况下，从事……"由此看来，保障和拓展老年人的社会参与不仅是提升老年人价值的关键，而且还是法律规定的政府职责之所在。

综上，养老文化建设的好坏会影响到老年供养体系及其他各项社会事业的发展，应该受到重视。政府在养老文化的建设上扮演主导者的角色，发挥着无可替代的作用，但这并不意味着政府发挥唯一作用。需要指出的是，养老文化的建设是一个系统性问题，涉及社会的诸多方面，有赖于社会多元力量的参与和全体社会成员的努力。并且，养老文化的建设不是一朝一夕、一蹴而就的，需要社会的持续努力，只有这样才能确保养老文化的不断进步。

四、道德建设与农村居家养老

（一）道德建设与弘扬孝道

道德建设是指个人、集体、国家等具备一定思想、行为塑造能力的主体，基于一定的社会物质基础，以一定社会的主流价值观念为标准，通过自身对他人的影响力，将符合其自身统治地位、为社会绝大多数人所接受或符合社会发展潮流的道德观念传达给他人，使他人在接受这种道德观念的同时，其思想和行为能够按照这种道德观念的约束行事的活动。我国的思想道德建设是以社会主义荣辱观、社会主义核心价值体系等为主要内容开展的。

作为中国传统文化的核心，孝道在促进中国古代社会和谐稳定发展中发挥了重要作用，孝道，无论是过去还是未来都有其重要的社会价值。在建设社会主义和谐社会的过程中，必须弘扬孝道、发展孝文化。一方面，进入老龄化社会，需要弘扬孝道，实现社会代际和谐。随着老龄化的发展，中国家庭将面临越来越大的养老压力，面对日益凸显的养老问题，社会必须把养老的某些功能承担起来并从制度上保障老年人的基本生活需要和合法权利，这既是人类文明进步的象征，也是社会发展的重要内容。从这个意义上讲，孝道文化就是一个行之有效的黏合剂。另一方面，提倡孝道是提高公民素质，建设社会主义和谐社会的需要。现实中，随着商品经济的巨大冲击和西方文化的影响，尊老、敬老、养老的观念在一些年轻人思想中日益淡薄，有人视父母为累赘，对父母态度粗暴甚至虐待。其结果就是老年人得不到尊重，生活上缺乏必要的照顾，精神上和肉体上遭受不应有的痛苦，甚至失去起码的生活权利。以孝道为切入点推动公民素质教育发展，既是年轻人的立身之本，也是和谐社会建设的重要思想基础。

（二）当今农村居家养老中的道德问题

1. 传统道德规范对养老的支撑作用逐步弱化

中国传统的"孝道"是中国传统文化的核心，是最基本的道德规范。所谓"夫孝，天之经，地之义，民之行也"。[1]"孝"作为中华传统美德，深深地影响着社会生活的各个方面。但是，随着经济的发展和家庭结构的变化，传统道德规范对养老的支撑作用正逐步弱化，农村居家养老的不道德现象增多。

首先，老年人的养老权利被忽视，养老需求得不到满足。在现代社会，随着计划生育政策在广大农村地区的推广和农民生育态度的转变，家庭规模有了变小的趋势，于是家庭养老的压力越来越大，老年人的许多权利都无法得到保障。其次，老年人的家庭责任加重。家庭中的成年子女长期依赖父母，靠剥削父母来挥霍浪费的"啃老"现象严重。许多老年父母不仅要供养子女长大成人，还要帮助子女成家立业。他们用自己多年的积蓄为子女购买房子、置办婚礼和购置家具，有了孙子女后，还要帮助照看孙子女。有些子女吃住在父母家中，生活费却让父母负担。最后，在农村家庭中，重幼轻老的现象比较突出。一些年轻夫妇越来越重视子女的教育和成长问题，将有限的时间、精力和财力都向子女倾斜，而对悉心照顾老人，提高老人生活质量置之不理。正由于孝道的淡薄及老年人在经济上的弱势地位，老年人往往处于家庭的最底层。尤其是随着年龄的增长，老年人的健康状况每况愈下，需要更多的日

---

〔1〕 宫晓卫：《孝经：人伦的至理》，上海古籍出版社1997年版，第67页。

常护理，这必将加重家庭的负担，导致年轻人消极赡养老人的情绪增加。调查表明：在当今农村社会中，越来越多的家庭以孩子为中心，老年人在家庭中的地位则最低。

2. 重物质赡养、轻精神慰藉，物质养老与精神养老严重失衡

养老的内容包括经济供养、精神慰藉、日常照顾三方面。其中任何一方面都是不能缺少的。而在现实生活中，精神慰藉往往会成为养老的盲点。不养不可，只养不敬也是不行的。孔子在回答子游问孝时说："今之孝者是谓能养，至于犬马皆能有养，不敬，何以别乎？"能养是最起码的本能，若只有养老而不敬老，与动物的有养又有什么区别呢？《孝经·纪孝行章第十》："子曰：'孝子之事亲也，居则至其敬，病则至其忧，养则至其乐，丧则至其哀，祭则至其严。五者备矣，然后能事亲。'"其旨在告诉大家养老不能只注重物质，而不注重精神。如果是没有爱的物质，"虽日用三牲，尤为不孝也"。可见，古人已经注重精神赡养。然而，在现代社会，随着农民收入的增加，子女已经可以满足老年人的物质需要，但在精神方面却往往存在严重不足。

家庭成员由于同老人的血缘关系和情感联系，最容易也最适合向老人提供精神上的关怀。但随着越来越多的农民工进城，而务工者又多为年轻人，有的还是夫妻双双进城，这样农村家庭对老人的赡养便受到了极大挑战：首先，在人们的观念上，不再把赡养老人作为是必须在家庭内部完成的功能；其次，生活的快节奏以及长时间在外打工限制了子女对老人的精神慰藉和情感关爱在家庭内部的完成；最后，现代的青年子女养老意识不强，常借口工作忙等不与父母进行情感交流，仅仅局限于定期向老人提供物质资料。这就导致了物质赡养与精神赡养的严重失衡。由于精神赡养的缺乏，老年人精神苦闷、倍感孤独，从而无法拥有一个快乐的晚年。

3. 薄养、不养、弃老等不孝现象日益增多

由于传统养老道德观念的弱化，农村存在大量不孝现象。2000 年，一份对山东农村的调查发现，老年人与子女之间因养老问题近 2 年内发生纠纷的家庭占 51.4%。据调查：在吉林省洮南市东升乡，仅 1999 年因赡养老人问题而诉诸法律的案件就达 17 起；在辽宁省黑山县镇安乡 2005 年的 150 件民事纠纷中，因赡养问题发生纠纷的有 35 件。在日常生活中，我们经常会听到、看到不孝的现象。据报道：一位正在上中学的儿子要去网吧玩游戏，因为父亲追上去责骂他，儿子便当街连连出拳殴打父亲。还边打边叫："你骂一句，我

打一拳。"这种对父母不孝的例子在日常生活中并非少见。更有甚者不对父母尽一点孝心，轻则开口大骂，重则大打出手；或将年迈的父母扫地出门。许多不孝的事例让人触目惊心。有的人虽然赡养老人，却只是提供给老人最低的生活供给，其他则不闻不问。生活中的不孝现象更加真实地说明了道德建设已迫在眉睫。

(三) 道德建设对农村居家养老的作用

历史发展的经验证明：道德建设是居家养老正常运行的基础和保证。如今的居家养老虽然有了政策、法律法规等，但道德支持仍是必不可少的，而且农村道德建设的好坏依然关系到居家养老的成效。农村道德建设是一项复杂而艰巨的工作，它包括农村道德建设的强化、对传统文化的继承、伦理孝道等中华传统美德的发扬等。

在居家养老仍为主要养老模式的大背景下，加强道德建设对居家养老问题的解决有着重大意义。

1. 道德建设有利于弘扬"孝文化"，夯实"尊老""养老"的伦理基础

何谓"孝"？从它的初始适用范围来看："其初始义之一是尊祖敬宗；初始义之二是生儿育女，传宗接代；初始义之三是善事父母。在春秋战国时期，经过儒家的理论阐释，'孝养'的观念逐渐替代了'追孝'，'善事父母'成了'孝'的核心内容。因此，我们可以理解为'孝'的初始义主要是适用于部落家族内部的家庭伦理。"[1] 显然，我国的"孝"文化强调了家庭赡养老人的职责与义务。"积谷防饥，养儿防老"就是最好的写照。

孝道在中国有着悠久的发展历史和深刻的社会影响。早在汉代，孝就成了百行之先，提出"孝治天下"，之后经过历代御用文人的阐释逐步演化为维护封建统治的"三纲五常"。此时，孝道已不仅仅是家庭道德的核心，而且上升为社会公共道德和国家政治道德。我国今天要弘扬的就是"孝"的初始含义，是以"孝"为核心的家庭道德。

我国还处在社会主义初级阶段，物质资料在一定程度上还不富足，家庭养老仍是主要的养老模式。我国现行的法律规定子女有赡养父母的义务，而且规定在一定条件下孙子女有赡养祖父母和外祖父母的义务。虽然养老已被

---

〔1〕 王涤：《关于中国现代新孝道文化特点及其功能作用的探析——兼论提倡新孝道文化中应处理好的几个关系》，载《人口研究》2004 年第 3 期。

纳入法律条文，但法律并不能解决一切，养老不仅需要法律作保证，更需要道德作支撑，特别是在强调养老质量的现代社会，内化的道德至关重要。加强家庭道德建设，继续倡导以孝为先，可以改善家庭关系，维护家庭和谐，推动家庭成员的情感互动，进而促进养老质量的提升。

2. 道德建设有利于提高子女养老质量

养老质量就是养得怎么样，亦即老年人的生活质量问题。由于对养老主体和养老模式过于关注，人们往往忽视了养老的质量问题。解决养老问题的最终目标就是使老年人的生活质量达到物质和精神相统一。"老有所为，老有所乐"是养老问题得到成功解决的重要标志。在目前的形势下，不仅要关注农村老年人的生存，而且要努力实现农村生存型养老到发展型养老的转变。而农村道德建设的推进，可以使养老思想深入人心并成为一种道德约束。子女只有意识到不仅要养老还要养好才会付出百分之百的努力，全心全意地赡养老人，即不仅要注重老年人的物质生活，更要注重老年人的精神生活。由此可见，农村道德建设将有利于提高子女养老质量和赡养老人的可靠度。

3. 道德建设有利于挖掘和整合农村养老资源

养老资源，即"赡养老人所需要的供给的经济支持和服务"。[1]没有供给，老年人的需求就得不到满足，养老便会成为"无源之水，无本之木"。由于我国人口老龄化趋势日渐严重，且我国的人口老龄化是在经济不发达的情况下出现的，因此我国特别是农村面临的养老资源匮乏的问题更加突出。农村的经济条件有限，青壮年谋生他乡或到大城市打工，老年人和孩子留守农村，从而产生了大量留守老人和留守儿童现象，这种现状使得老年人的生活照料和精神慰藉等需要难以得到满足，养老资源短缺问题比较严重。如果不科学、合理、有效地挖掘养老资源，我们将无法面对老龄化社会的挑战。

显然，子女是最重要的养老资源，但绝不是唯一的资源，邻里、社区也构成养老资源。也就是说，挖掘和整合资源就是要充分利用各种养老资源，只有这样才能使养老问题得到更好的解决。加强农村道德建设，在农村营造一种尊老、敬老的良好社会风气是必不可少的措施。通过农村道德建设，增强子女赡养老人的责任心，人人都视"不赡养老人、遗弃老人"为可耻。当

---

〔1〕　王述智、张仕平：《关于当前中国农村养老问题及其研究的思考》，载《人口学刊》2001年第1期。

社会形成良好氛围时，邻里就可以为养老发挥更大的作用，所谓"远亲不如近邻"。在老人需要帮助而恰巧子女不在身边时，邻里可以为老人提供最快捷的服务。值得注意的是，社区作为一个小集体，它是老年人生活的主要场所，其作用更是不可忽视。老人栖身于熟悉的社区大家庭中，不脱离朝夕相处的亲朋好友，可以一直感受到家的温暖，不仅可以得到物质上的帮助和支持，还可以得到精神上的慰藉。总之，子女、邻里、社区都是重要的养老资源，做好养老工作就应该充分利用这些资源，使一切可以利用的养老资源得到合理的配置，而做好这些加强道德建设是前提。

（四）加强农村道德建设的思路

我国的农村道德建设已经取得了重大成果，农村精神文明建设逐渐受到重视并取得了一定的成就，但是我们必须清醒地意识到，农村道德建设是一项长期而艰巨的工作。因为当前农村的道德体系还不健全、农村人口固有的保守封建思想还比较严重，对孝道的理解和认识还很肤浅，践行孝道、尊老敬老的氛围形成尚需一定时日。因此，我们有必要借新农村建设之际，进一步加强农村道德建设，明确农村道德建设的方向。

1. 加强对青少年的尊老敬老教育

青少年是国家未来的主人，所以从小培养青少年尊老、敬老的良好品质，有利于塑造良好的人格、提高公民的素质。值得注意的是，现在有些农村青年由于受到一些不良风气的影响，把家里的老人看作是自己的负担和累赘。他们对老人态度粗鲁恶劣，甚至辱骂、殴打。青少年心中的"孝"观念越来越淡薄。我们知道，青少年将来会成为提供养老资源的主体，所以我们必须抓好青少年的"尊老、敬老"教育。只有这样才能为将来的养老打下良好的基础，从而形成一种健康向上的社会氛围。那么，如何对青少年进行"尊老敬老"教育呢？

首先，父母要言传身教。列夫·托尔斯泰写的一则故事充分说明了这个道理。故事讲，一位爷爷吃饭时口水鼻涕不断，儿子媳妇嫌脏，便把他赶到灶边去吃。有一次，爷爷不小心把碗打碎了，儿媳破口大骂："老不死的，以后用木盆吃算了。"过了几天，夫妻俩忽然发现儿子在拿斧头做一件东西，前问，儿子一本正经地说："我正在做木盆等爸妈老了用，免得打破碗。"孩子的话使夫妻猛醒，十分羞愧，从此改变了对老人的态度。在现实生活中，这种不孝父母是不能教育出有孝心的孩子的。因此，要孩子有孝心，家长必须身体力行，做出榜样。

其次，要正确引导，防止孩子形成以自我为中心的小霸王性格。例如，吃饭时只要时间允许，一定要等家人到齐再用餐；好吃的东西要让长辈先吃。即使好吃好穿给了孩子，也要让孩子知道，父母也是需要好吃好穿的，只是为了孩子才舍不得吃穿，让孩子体察父母的慈爱和奉献。这样，孩子在生活细节中就会产生对父母的敬慕之情和孝敬之心。

孝敬父母是中华民族的传统美德。长期以来，一直被作为一切道德的基础和教化的出发点。当然，新时期的"孝道"并不是唯父母之命是从的"愚孝"，而应该把"孝道"变成一种发自内心的关爱情感。要让青少年明白：尊重长辈并不是迂腐，粗鲁撒野并不是潇洒，只有对长辈发自内心地尊重与爱戴才是一个现代公民应有的素质与教养，从而使青少年做到"老吾老以及人之老，幼吾幼以及人之幼"，形成良好的道德品质。

2. 在基层社区倡导和弘扬传统文化中的尊老、爱老精神，建立和谐邻里关系、社区关系

"老吾老以及人之老，幼吾幼以及人之幼"是中国传统文化在全社会倡导尊老爱老的写照。在建设社会主义新农村的今天，尊老爱老也是和谐社区、和谐村落、和谐邻里的应有之义。因此，借新农村建设之际，应把尊老爱老、互帮互助的和谐精神灌输到社区建设之中，建构和谐的邻里关系、社区关系，形成人人尊老、人人敬老的社会氛围，为居家养老提供必要的支持。

3. 加强家庭养老道德建设，构建和谐的家庭关系

虽然家庭养老功能在逐渐弱化，但居家养老仍然是当前中国农村使用最普遍的养老方式，也是中华民族传统美德之具体体现。"这是一种最完美的养老方式，它所具有的优越性是任何其他养老方式都无法比拟和替代的。"[1]究其原因：一方面是社会化养老事业还没有充分发展；另一方面，家庭养老方式所蕴含的独特的文化价值影响至深。因此，在现阶段加强家庭养老道德建设至关重要。

家庭养老道德建设的内容，主要是以加强爱情、亲情和义务为基础的道德建设。家庭和睦是情感储蓄的根本，也是居家养老质量提高的基础。如果家庭破裂、家庭关系恶化，那么居家养老也就丧失了最有力的支持。因此，

―――――――――

〔1〕　杨连专：《中国农村养老问题研究》，载《洛阳工学院学报（社会科学版）》2002 年第 4 期。

最重要的一点就是实现夫妻关系和谐。夫妻关系是家庭关系的核心，夫妻关系的好坏直接影响着养老行为及其质量。

4. 发挥社会舆论作用，强化对农村养老的道德约束

道德作为基本的社会规范对人们具有限制、约束作用。道德与法律不同，法律依靠国家强制力量来维持，而道德则主要是通过社会舆论来规范。当孝道深入人心，社会就会形成良好的舆论导向，一旦出现了子女"厌老弃老"的现象，人们便会纷纷谴责，用舆论的压力迫使赡养主体去改正错误，从而更好地孝敬老人。

发挥社会舆论作用，强化道德控制的具体措施包括：①利用报纸、杂志、广播电视等大众传媒报道典型的赡养老人的感人事例，抨击弃老、虐老的恶劣行为，以此在全社会形成以尊老敬老为荣，以"厌老弃老"为耻的良好风气。②立足熟人社会，强调并监督子女孝敬父母的责任，激励发扬尊老敬老的光荣传统。③动员全社会的成员来尊敬、关心、帮助老年人，积极发展农村老年公益事业，为老年人的生活提供全方位的社会化服务。

5. 构建政府伦理，督促政府积极履行养老责任

众所周知，足够的子女数是家庭养老的基本条件，而严格的计划生育政策削弱了农村居家养老保障的人力基础。由于子女数减少，养儿防老的传统保障变得越来越薄弱，风险相对增大。由于子女数的减少是来自政府政策的强力，所以当人们履行计划生育政策时就已经与国家形成了养老的委托代理关系，本来由更多子女承担的养老责任就部分地由政府来承担了，这也是政府义不容辞的职责。结合中国农村实际，各级政府应该进一步增强责任感，积极构建农村养老保障，努力完善农村居家养老的社会支持系统，为居家养老健康发展创造条件，尽可能把农民的养老风险降至最低。

总之，农村的道德建设是解决农村养老问题的重要保障。在社会养老体制还未建立，居家养老仍为主要养老方式的今天，必须弘扬传统的孝道文化、建立完善的道德体系，强化居家养老的作用，只有这样才能建设一个"不分年龄，人人共享"的老龄社会。

第五章

坚持养老服务多元化，创新养老模式

养老服务多元化是社会养老的基本要素，养老社会化需要养老服务多元化。养老服务必须尊重市场规律，坚持以需求为导向。面对日益多样化、个性化的养老需求，创新养老模式已成必然趋势。

一、养老服务多元化是现代社会养老的必然趋势

养老服务多元化是现代社会保障的重要内容，它主要包括两个方面：养老服务主体多元化和养老模式多元化。

养老服务主体是养老服务的提供者，本书把养老服务主体划分为三个层次：第一个层次包括家庭成员、亲属、邻里、朋友、保姆等非正式支持主体；第二个层次包括慈善组织、志愿组织等；第三个层次包括政府、社区、企业和社工机构，官办养老机构和民办养老机构是其发挥养老职能的集中体现，社会工作机构是专门化的社会服务机构，以政府购买服务的形式实现。社区本来是自治组织，在现有体制下，社区作为政府职能的延伸，是政府开展社会服务（包括养老服务）的助手。

养老服务是一种复杂的社会服务体系，本身包括多种形式，不同的养老主体提供的服务不同。家庭成员提供的服务是自助服务或者称为内部服务，它涉及生活的方方面面，是一种全方位的养老行为。亲属、邻里、朋友提供的养老服务或者社会支持是互助服务。志愿组织提供的服务是志愿服务。慈善组织、宗教组织提供的服务是慈善公益服务。企业提供的服务是市场服务。政府和社区管理部门提供的服务主要是公共养老服务。社工机构提供的是老年社会工作服务。各类社会服务可以通过一定的方式形成"一体化"格局。

养老模式是指在不同的社会经济条件下，由各种养老要素组合而成的具有明显差异的养老类型。一般而言，养老包括经济供养、居住方式、日常照

顾和精神慰藉方面，养老要素组合方式不同，养老模式也就不同。比如，我们熟知的家庭养老、社会养老、社区养老等。

首先，养老服务多元化是解决养老资源供求矛盾的有效途径。从数量方面看，养老需求越来越大。资料表明：中国人口老龄化发展大致经过三个阶段：第一阶段（1982年至2000年）是前期阶段60岁以上的老年人口比例从7.63%上升到9.84%，接近老年型社会；2000年至2030年是高速老龄化阶段，生育率下降对人口老龄化的作用开始显现出来，老龄化速度加快。老年人口比例从2000年的9.84%上升到2030年的21.93%，年增长约0.4%。从2030年至2050年，为高度老龄化阶段，这一时期，老龄化速度开始放慢，老年人口数量的增加有所减缓，但老年人口比例从21.93%上升到27.43%。[1]人口老龄化加剧发展所产生的规模庞大的老年人口必然会导致养老需求的急剧膨胀。从结构方面来看，随着社会经济的发展，老年需求的结构也在发生变化，由单一型需求转向多元型需求，由侧重物质性需求转向侧重精神性需求。就人的需要而言有生存需要、享受需要和发展需要三个层次。在经济不发达条件下，人们以生存性需要为主，在经济发达、社会进步条件下，人们更侧重于享受需要和发展需要的满足。与之相应，在经济不发达条件下，人们更重视对物质需要的满足，而在经济发达条件下，人们更重视精神需要的满足。遵循这一规律，老年人的需求结构会随着经济发展社会进步而逐步趋于高层次化和多元化。也就是说，老年人的需求会越来越复杂，这显然是一个更大的挑战。

从供给方面看，养老供给严重不足：一方面，现有的养老支持主体存在不足，除了家庭、亲属等传统支持主体之外，政府、社区、专门化的服务机构、民间组织虽然已经出现，但数量有限，社会服务的参与面还很窄，参与度还很低，难以满足日益增加的养老需求；另一方面，各类养老主体的角色扮演存在差距。转型社会，由于道德滑坡、传统孝道基础动摇，传统的养老主体责任意识淡薄，养老支持的力度减小，某些养老内容（比如亲情关怀和精神慰藉）缺失。同时，新产生的养老主体也刚刚涉入养老服务，由于时间短、经验少，社会对新角色的期待还不清楚，更重要的是，社会尚未构建一个完整的养老支持系统，也没有形成一个科学的运作机制。

---

[1] 杜鹏：《中国人口老龄化过程研究》，中国人民大学出版社1994年版，第92~93页。

其次，养老服务多元化还是发挥各类养老主体优势，实现养老目标的需要。养老主体就是指能够以各种形式为老年人提供各类养老支持的个人和组织，又可以称作养老支持主体。在不同的时代，养老主体有所不同，其在养老中所发挥的作用也有所不同。传统社会，养老主体主要包括家庭，主要是指子女对父母的养老支持和亲属（如兄弟姐妹及远亲、姻亲等）对老年人的支持。非亲属（如邻居）对老年人的支持和慈善部门（如寺庙）对养老的支持虽然有之，但所占比例极小。现代社会，能够提供支持的养老主体更加丰富，社会化程度不断增强，除了以上所提及的家庭成员、亲属、邻居、慈善部门外，政府、社区、专业养老机构以及志愿者都可以成为养老的重要支持主体。各类养老主体各有所长又各有所短：家庭、亲属等养老主体提供的养老支持全面且富有亲情，但却面临着人手不足的困境；政府部门提供的养老支持标准化程度高，但缺乏人情味；社区提供的养老支持方便快捷，但缺乏组织化，管理水平低；家庭保姆等专业人员提供的养老支持专业化程度高，但缺少精神支持；民间组织虽然已经参与养老服务，但成熟度不高，难以独当一面。实践证明，单靠某一种养老主体完成养老任务在今天这个时代几乎是不可能的，只有拓宽视野，把各类养老主体都纳入养老体系，扬长避短、互相配合，才能顺利实现养老目标。

最后，养老服务多元化是满足个性化养老需求，实现养老公平的需要。社会发展具有不平衡性，老年群体存在客观的社会分层，例如按照年龄，可以分为低龄老年人、高龄老年人。按照收入，可以分为低收入老年人、中等收入老年人和高收入老年人。按照健康水平和受照料程度，可以分为需要长期照料的老年人、需要部分照顾的老年人和不需要照顾的老年人。根据职业、身份和收入等标准，我国老年人口可被分为老年干部、老年工人、老年知识分子、老年农民。不同层级的老年人的养老需求也是千差万别的，个性化的养老需求必然要求养老服务的多元化。个性化的养老模式都是适应社会发展形势应运而生的，它是养老走向社会化的基础，也是满足老年人日益多样化的养老需求的条件。

社会公平是一个社会文明进步的内在要求，养老公平是社会公平的重要组成部分。但公平不是绝对的而是相对的，我国养老公平必须保证经济的持续发展，即必须兼顾效率，绝不能以损害劳动者的积极性为代价。相反，还要通过养老保障再分配实现刺激劳动者积极性的效果。正是从这个意义上讲，养老服务多元化，提供个性化、层级化养老服务是实现养老公平的重要条件。

二、社区服务型居家养老

（一）社区服务型居家养老的涵义

经济供养、日常照顾、精神慰藉和居住方式都是养老的重要组成部分，各方面不可或缺，共同构成一种养老方式。当然，组合方式不同，养老方式也就不同。传统家庭养老居住在家，经济供养、日常照顾由子女提供，在代际交流中享受天伦之乐，满足精神慰藉和情感需要。简单地讲，它是把养老的各方面集中于家庭内部的一种养老方式，是居家养老的特殊形式；社会养老一般采用集中居住的方式，由国家提供经济供养（个人积累养老金是商业养老保险的运作方式，国家的作用也不可低估），日常照顾是通过社会化管理来实现的；社区养老（集体养老）是由所在社区的集体经济提供经济供养，由社区通过集中居住和社会化管理给予区域内有资格的老年人以日常照顾的养老方式。社会养老和社区养老在居住方式上都选择了集中居住，在经济供养上都坚持以社会供养或国家供养为主，在日常照顾方面都采取了社会化运作的方式。但是，这两种养老方式往往缺少情感交流和精神慰藉。显然，社会养老并不等于机构养老，居家养老也不是不可以接受社会养老的某些成分，并不是不可以借鉴社会化的运作机制。

考虑到我国的文化传统、经济社会发展水平、老龄化发展速度和特点以及养老的空间、成本等诸多因素，我们提出了社区服务型居家养老模式。相比于前几种模式，该模式具有以下突出的特点：

第一，在经济供养方面，采取以家庭责任为主要责任的多元化的供养模式。经济供养是养老的物质保障，是所有养老方式的核心，没有足够的经济支持，日常照顾、情感交流以及居住方式只能流于形式，形同虚设。当然，经济供养的方式和水平同社会经济发展水平和养老方式的选择密切相关。在当今中国，国家的经济状况还不够好而且严重不平衡，单纯依靠国家或者集体都不现实，还应该主要依靠家庭供养，多方积累，共同承担。在供养方式上，通过家庭内部经济核算，发掘和调整各类经济资源，确定一种合乎个人实际的经济供养途径。除家庭供养外，还要有社会供养和集体供养等形式。几种供养方式互相补充，有机结合，共同构成我国居民的供养体系。随着经济不断发展，在社会保障制度建设不断趋于完善的社会，经济供养不应该再是主要问题。

第二，其选择了在家养老的居住方式。选择恰当的居住方式是提高养老质量的重要方面，当然居住方式的选择与一个国家的文化、养老观念有着密不可分的关系。在西方，由于家庭功能弱化，除个人养老和通过与子女签订财产转移的退休合同寻求保障外，养老必须向外寻求团体的力量。因此，在居住方式上出现了所谓的"友爱社""基尔特"等家庭以外的共济组织。而中国则相反，由于家庭在文化以及社会生活中的核心地位，骨肉亲情被看得举足轻重，人们崇尚、仰慕天伦之乐。因此，养老是在家庭中进行的，居家养老是中国老年人特别是农村老人更愿意接受的方式。[1]近些年来，在福利多元主义思潮的影响下，西方国家对机构养老进行了反思和批评，转而重视家庭在养老中的作用，并认为家庭在养老中发挥着其他社会组织无法替代的作用。1958 年，英国的卫生部长指出："我们对老人服务的基本原则应该是：对老人而言，最佳的地方就是自己的家，若必要时可通过国家服务予以协助。"[2]

值得注意的是，居家养老的"家"，并非仅仅指家庭，而是防范意义上的家，它包括熟悉的社区、街道、村落等。因此，居家养老并不排斥小范围的机构养老或者公寓养老。对于生活不能自理的老年人可以就近在托老所或者专门的照护机构养老。

第三，在日常照顾和精神慰藉方面坚持以社会化、规范化的正式照护服务为基础，注意挖掘并发挥各种非正式照顾资源的作用。随着社会的发展，照护服务越来越成为衡量养老质量高低的主要标准。在这种情况下，社会化、规范化的照护是提高养老质量的必要条件。从资源的角度来看，非正式照护主要是指家庭成员（主要是子女）、亲属（包括兄弟姐妹及远亲、姻亲等）、邻居、朋友、同事和慈善机构等非亲属对老人的照护。中国老年人比较看重家庭成员的作用，但并不否定邻居、朋友、同事等非正式支持的作用。如前所述，随着社会发展和文化变迁，中国老年人也开始认可养老方式的选择性，所以，非正式支持就有了发挥其作用的机会。其实，老年日常生活中的一些事项并不需要专业人员的帮助。例如，为腿脚不便的老年人购物、打水、洗

---

〔1〕 赵立新：《社区服务型居家养老：当前我国农村养老的理性选择》，载《广西社会科学》2006 年第 12 期。

〔2〕 李宗华、李伟峰、陈庆滨：《欧美社区照顾模式对我国的启示》，载《东岳论丛》2005 年第 4 期。

衣服，为无文化的老人写信和寄信，带老人看病，陪老人聊天等。非正式支持系统提供的非正规照顾可以较好地执行正规照顾没有的功能。它一方面成本低廉，提供的服务快捷灵活，提供服务者又多为熟悉的邻里朋友，所以较容易为老人所接受；另一方面，非正规照顾能增加社区的关怀感、安全感和归属感，能培养社区成员相互关爱的互助精神。因此，如果说作为政府责任的正规照顾能使老人得到保质保量的服务，那么非正规照顾则是在更大的范围内为老人提供了便利、快捷的服务网络。

第四，在运作上，以社区为依托，注重发挥社区在养老中的支撑作用。老年人口作为一个特殊的消费群体，其需求有着不同于其他群体的特殊性。老年人需求的满足程度与社区发展的程度、社区建设状况有关。一般来讲，社区建设得力、社区服务完善、服务项目齐全、运行机制良好，老年人的各种需求就能够得到满足，养老就会有保障。所以，加强社区建设、健全社区服务体系、形成科学高效的为老服务运行机制是发展照护服务型居家养老的关键环节。当然，注重社区的作用也是西方国家养老实践总结出来的。

综上所述，社区服务型居家养老就是以社区为依托，通过发展和完善社区服务实现在家养老的局部社会化养老方式。其中，家庭供养是基础，社区服务的社会化、规范化是核心，社区建设是平台，居住在家是表现形式。以上几个方面的有机结合构成了一种独特的养老方式。

（二）发展社区服务型居家养老的意义

1. 符合保障水平与经济发展水平相适应的基本保障原则

由于养老标准和待遇水平具有不可逆性，因此养老水平必须与经济发展水平相适应，只有这样才能实现养老水平的提高和社会经济发展的良性循环，否则既不利于社会经济的发展，也不利于养老水平的提高。我国是个发展中国家，居民收入水平低，而且地区之间、城乡之间差距非常大，所以养老模式的选择要充分考虑这一基本国情。而社区服务型居家养老在降低养老成本方面的作用是明显的：首先，它把经济供养的主要责任分散到每个家庭，无论是通过个人储蓄积累养老金还是参加社会养老保险获取养老金，都需要个人或家庭承担一定的养老费用，从而减轻养老对国家的过多依赖；其次，它把家庭收入、个人贡献与个人养老需求和养老水平有机结合起来，充分体现了权利与义务的统一，也符合了公平与效率兼顾的原则；最后，社区服务型居家养老以社区为依托，有利于推动社区经济力量参与养老，而且便于社区结合自己的实际情况灵活地开展养老服务项目，易于推广。因此可以认为，社区服务型居家养老是符合当今中国经济形势的养老方式。

2. 适应社区居民管理改革的形势，有利于促进社区管理水平的提高

社区是老年人社会活动的主要场所，是居民的家外之家。作为社会管理的基层组织，拓展社区的管理和服务范围，不仅有利于促进社区职能的转变，而且有利于提高村委会的管理水平。目前的调查数据说明，人们对社区服务的要求增加，社区需求增大，群众参与社区活动的欲望越来越强。显然，这就要求社区管理机构迎合居民需要，转变原有的服务范围、服务方法和服务理念，建立符合新形势的管理机制，从而推动社区管理水平的提高。

3. 对最终实现养老社会化起过渡作用

随着社会的发展，社会养老是大势所趋。但是，社会养老的全面实现绝非一蹴而就，它往往需要进行长期的实践，逐步积累经验方可建立。社区服务型居家养老就是实现社会养老过程的重要一环，是走向社会养老的过渡阶段。其意义主要表现在两方面：第一，缓解了在经济不足够发达和经济发展严重不平衡条件下国家财力不足的窘境，有利于促进发展基金的积累，为最终实现社会养老奠定坚实的物质基础；第二，培养居民开展和利用社会化服务的意识，实践养老社会化运作的机制，积累社会养老的经验。

4. 社区服务型居家养老不脱离老年人的人文环境，迎合农村老年人的心理，有利于老年人身心健康

首先，居家养老没有改变农村老年人的人文环境，老人们能够与自己朝夕相处的亲朋好友保持经常的接触，精神上就不会感到寂寞和孤独，显然这样会有利于身心健康；其次，从观念上讲，社区服务型居家养老不与传统的养老观念直接抵触，不伤害老年人的自尊心，老年人容易接受；最后，当子女不在身边时，与亲戚朋友、街道邻居保持密切的接触，这本身就是情感的一种延伸，在消除老年人的孤独感的同时，又可以发展社区邻里关系，增强团结，创造一个和谐的社区。

5. 适应老龄化形势下老年人对照护的需求，有利于社区服务业的规范化发展

同生养孩子一样，照护劳动是一种时间密集型社会活动。艰苦细致、繁琐枯燥、不定时、无规律都会加大照护的难度。近年来，"空巢"老人家庭比例显著增加，在城市中，49.7%的老人独自居住，老年人日常生活需要全护

理和照料的比例已上升至 9.3%。按照调查测算，对机构养老床位的潜在需求量从 2000 年的 1821 万张上升到 2006 年的 2261 万张。但我国社会养老机构现有的床位数仅为 149 万张，与此相差甚远，尚不及需求的 1/12。近年来，随着养老服务的发展，养老服务机构从 2009 年的 3.8 万个增长到 2023 年的 4.1 万个，每千名老人拥有的床位数从 17.56 张上升到 27.6 张。显然，供给仍然满足不了快速增长需求。但是，从另一个角度来看，社会养老机构供不应求就意味着潜力巨大的市场，这对于壮大照护服务业，推动照护服务业的规范化发展无疑是有利的。

（三）社区服务型居家养老的实现条件分析

从文化观念来看，人们更容易接受居家养老。由于受传统文化的影响，中国人特别是农民"家"的观念非常强，叶落归根、家庭养老的思想根深蒂固，以社区为依托的社区服务型居家养老结合了家庭养老和社会养老的优点，通过以社区为单位的社会化、规范化的社区服务在家养老，毕竟没有脱离家庭和村落，更容易为国人所接受。目前，"9073"的养老格局正是这种文化传统的体现。

从社区服务的发展来看，家庭养老一直是我国的传统，因此社区服务社会化起步较晚，是伴随着我国城镇社区发展而出现的新事物。但是，近些年来，由于服务需求的扩大，社区服务活动蓬勃发展，城市社区涌现出了越来越多的老年保姆、保健护士、钟点工、陪护员，甚至陪聊人员。不少城市的照护服务人员已经达到相当大的规模，照护服务的项目越来越多，相关部门对照护服务业的管理业已开始涉及并在实践中不断积累经验。

从社区发展的角度来看，城镇和农村的社区建设都在积极推进，为社区服务型居家养老的发展奠定了基础。随着社会改革的推进，居民委员会的职能和运转模式正在发生变化，由政府的代言人逐步向居民的利益代表转化，由政府的帮手逐步向居民的管家转化，由行政强制向市场调节转化，由管理向服务转化。这样社区管理就会按照需求的方向运行，社区服务也会逐步具体化、规范化、完善化，社区服务型居家养老也就有了发展空间。

从政策导向角度看，党和政府非常重视以养老为主的社会保障体系建设。1996 年通过的《老年人权益保障法》明确规定了老年人的各种权利，确认了基层政府、社区等在保障老年人方面的职责，从而为照护服务型居家养老奠定了法律基础。2000 年《中共中央、国务院关于加强老龄工作的决定》，有关条文指出："坚持家庭养老与社会养老相结合，充分发挥家庭养老的积极作用，建立和完善老年社会服务体系。"2001 年 3 月 15 日，第九届全国人民代表大会第四次会议批准的"十五"计划纲要，专门把社会保障列为一章，确立了今后 5 年扩大社会养老的范围。2002 年党的十六大报告也指出："建立健全同经济发展水平相适应的社会保障体系，是社会稳定和国家长治久安的重要保证。……有条件的地方，探索建立农村养老、医疗保险和最低生活保障制度。"2006 年 6 月，《国务院关于加强和改进社区服务工作的意见》，标志着我国始于 20 世纪 80 年代的社区服务业将处在为建设和谐社会服务的一个新的起点上。它在新时期的主要目标是：建立与社会主义市场经济体制相适应的、覆盖全体人员、服务主体多元化、服务功能完善、服务质量和管理水平较高的社区服务体系。2008 年上半年十部委颁布的《全国老龄办等部门关于全面推进居家养老服务工作的意见》指出，在城市，所有社区都要力争在"十五"期间把居家养老服务开展起来，努力使居家养老服务网络实现全覆盖，服务设施不断充实，服务内容和方式不断丰富，服务队伍不断扩大，组织管理体制和监管机制逐步建立、健全和完善。显然，从政策的导向和实践的经验出发，可以认为，照护服务型居家养老就是在对国家政策和农村实际进行充分考虑基础上的创造性落实。

十八大以后，我国支持社区服务的政策日趋完善。2017 年 2 月，民政部办公厅印发《2017 年中央财政支持社会组织参与社会服务项目实施方案》。该方案要求每年安排 2 亿元资金专项用于支持社会组织参与社会服务，其中一部分是对养老服务相关项目的资助，主要是面向老年人提供生活照料、康复护理、医疗保健、经济救援和社会参与等服务，优先满足孤老优抚对象及低收入的高龄、独居、失能等困难老年人的服务需求。2019 年 3 月 28 日，《国家卫生健康委办公厅关于实施老年人心理关爱项目的通知》指出将在2019 年至 2020 年在全国选取 1600 个城市社区、320 个农村行政村开展试点；要开展两级培训；要为老年人开展心理健康评估，同时开展必要的干预和转诊推荐。2020 年 12 月，《国家卫生健康委、全国老龄办关于开展示范性全国老年友好型社区创建工作的通知》的工作目标为提升社区服务能力和水平，更好地满足老年人在居住环境、日常出行、健康服务、养老服务、社会参与、精神文化生活等方面的需要，探索建立老年友好型社区创建工作模式和长效机制，切实增强老年人的获得感、幸福感、安全感。2021 年 6 月，《卫生健康委、发展改革委、教育部等关于印发加快推进康复医疗工作发展意见的通知》提出，力争到 2022 年，逐步建立一支数量合理、素质优良的康复医疗专业队伍，每 10 万人口康复医师达到 6 人、康复治疗师达到 10 人。到 2025 年，每 10 万人口康复医师达到 8 人、康复治疗师达到 12 人。康复医疗服务能力稳步提升，服务方式更加多元化，康复医疗服务领域不断拓展，人民群众享有全方位、全周期的康复医疗服务。2022 年 4 月 28 日，《民政部办公厅、财政部办公厅关于开展 2022 年居家和社区基本养老服务提升行动项目申报工作的通知》、2022 年 9 月 14 日《民政部办公厅、财政部办公厅关于做好 2022 年居家和社区基本养老服务提升行动项目组织实施工作的通知》，旨在贯彻落实积极应对人口老龄化国家战略，健全居家社区机构相协调、医养康养相结合的养老服务体系。

综上所述，社区服务型居家养老是一种以家庭供养为基础，以社区为依托，通过发展和完善社区服务实现在家养老的局部社会化养老方式。它作为一种新的养老方式，既克服了社会养老、社区养老的局限，又弥补了家庭养老的不足，既有合理性，又有可行性。因此，可以认为它是当今中国养老方式的理性选择。

三、结伴互助型田园基地养老

（一）结伴互助型田园基地养老的内涵

结伴互助型田园基地养老是指在空气清新、环境优美、交通便利的农村地区建造田园式养老基地，供身体健康且有意田园生活的老年人结伴合租，通过互助自助进行田园生产，进而实现快乐养老的范式。结伴互助型田园基地养老的目的在于回归自然，享受田园生活，快乐养老。因此，基地设计要满足两大基本功能的需要：一是小套寓所，用来满足入住老年人日常生活的需要；二是小块园地，专门满足入住老人田园生产体验。小套寓所和小块园地是养老基地提供的基本服务项目，采用市场化运作方式，通过租赁的形式开展业务，套房租赁与园地可以捆绑出租，也可以单独租赁套房或者园地。租赁时间分段设计，可以长租（如 1 年），可以短租（如半年或 3 个月），求租者可根据季节和需要，灵活安排。值得一提的是，田园基地里的生产活动只是一种手段，不是目的，满足兴趣需要、快乐养老才是目的。可见，结伴互助田园基地养老是互助自助养老与社会化的基地养老拼接的混合式养老，是注重生命延续又注重生命质量的养老模式，它适合于身体健康，向往大自然，乐于田园，追求朴实、绿色、健康生活的老年人。

本着满足个性化需求和快乐养老的目的，结伴互助型田园基地养老把老年人本人以及政府、企业和社会组织都纳入了养老的支持体系，分别以不同的形式向基地老年人提供不同的帮助或服务，并形成多元主体协同运行模式（如图5-1所示）。

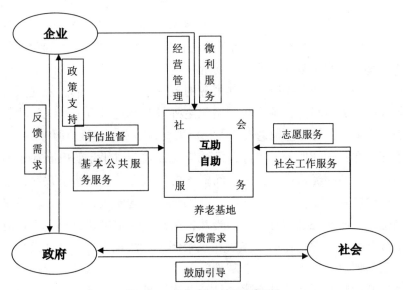

图5-1 养老基地的运行图示

第一，在日常生活方面，以自助服务为主。一方面，养老基地要规划设计适合一人或者两人居住，经济实惠且相对独立的小套寓所，预留一定的私人空间，营造家居环境。另一方面，每套寓所居家生活所需的设施要配备齐全并实行标准化管理，日常生活服务采取自助方式，这既是老年人的需要，也具有很强的可行性。

第二，在田园生产方面，以结伴互助为主。正如克鲁泡特金认为的那样，"互助"是人类进化的原因，更体现着人类的社会属性。结伴是互助的基础，更是快乐的条件。因此，与谁结伴？如何结伴？自然就成了快乐养老的关键问题。自愿结伴是结伴互助田园基地养老的核心要素。一方面，自愿结伴符合老年人社会交往的特点，合乎熟人交往的心理需要，容易创造一个轻松愉快的氛围；另一方面，自愿结伴可以提高参与的积极性，促进合作。值得注意的是，伙伴群的规模要适度，2人~4人为宜，人数过多，众口难调，易生矛盾，会增加管理成本，人数过少又会缺乏协作机会和互助空间，缺乏乐趣。与此相应，基地也要本着"既无负担又有快乐"的原则划分生产作业的田园地块，不宜过大，以免出现为生产所累的局面。

第三，在社会服务方面，由基地、社会及政府三方协同配合。首先，田园生产所需的必要设备（诸如松土工具、灌溉工具、喷药工具等）由基地免费提供，必要时还可以免费提供一定的技术指导。其次，为了方便生活，基地还要规划建设综合服务场所和各类服务机构（比如公共食堂、兴趣活动室、理发店、诊所、阅览室等）低于市场价格提供服务。最后，田园基地作为一种公益服务场所同样也在政府公共服务的范围之内，政府依法依规照常为基地提供公共服务。另外，除了微利组织之外，基地还可以把社工机构、志愿者组织引入其中，针对基地老人的多元化需要开展专业化社会服务。

第四，在经营管理上，实行官民结合的方式。结伴互助田园基地养老可以采用民办官助的经营模式，由民间资本融资兴办，政府给予政策优惠或者一定比例的财政补贴；还可以采用官办民营的经营模式，由地方政府出资兴建养老基地，面向社会招标经营。当然，在养老基地经营过程中，政府要本着政事分开原则，把工作的重点放在政策制定、法规完善、制度设计、审计监督、质量评估等方面，让养老基地放开手脚，自主经营、灵活经营，把市场服务、互助服务和其他社会服务结合起来，推动养老基地科学决策、规范经营、依法经营。

（二）结伴互助型田园基地养老的背景

21世纪以来，我国人口老龄化速度不断加快，老龄化程度日益加剧。2010年我国人口中65岁及以上人口在总人口中所占比例为8.87%，2015年这一比例为10.5%，[1]据预测，到21世纪中叶，65岁及以上的老年人口将会达到3亿人左右，其中空巢老人家庭比例或将达到90%，届时将有超过2亿的空巢老人，[2]空巢老人的生活照顾问题将越来越严重。目前，无论是城

---

〔1〕 王陇德：《中国应对老龄化的重点行动——慢病防控关口前移》，2016年8月25日吉林大学召开的中日韩人口老龄化暨老年保健医学国际论坛。

〔2〕《我国空巢老人有多少》，载 https://zhidao.baidu.com/question/616969015461547612.html，2014年6月23日访问。

市还是农村，缺乏生活照料已经成为老人（特别是空巢老人）养老的普遍性难题。

精神慰藉是养老的重要内容，精神生活状况更是老年人晚年生活幸福的表征。随着经济发展和社会进步，老年人对物质的需求开始弱化，而对精神的需求正在变得越来越强烈。遗憾的是，老年人精神生活并未引起足够的关注，家庭、社区和社会都程度不同地存在忽视精神健康的问题。家庭内，子女偶尔的看望也常常局限在物质帮扶上，缺乏对老人心灵和精神寄托的关心；在社区内，针对老人的文体项目较少，已有的项目也多流于形式；社会上，忽视老年人权益甚至歧视老年人的现象依然存在，有的地方还比较严重，老年人社会参与的空间有限。所以，老年人精神生活普遍贫乏，不少老年人甚至有"活一天算一天"的消极思想。

社会交往、社会参与也是老年人重要的社会需要，而适切的社交圈子则是老年人充实晚年生活，获取幸福感的重要保证。近些年来，随着我国经济发展和社会进步，老年人的健康水平不断提高，老年平均预期寿命延长。同时，少子女的家庭结构也拉长了老年人的空巢期，这就意味着身体健康的空巢老人越来越多，他们对社会参与普遍有需求，有的可能还很强烈。然而，现实社会并不能充分满足这种需求，致使老年人社交圈子呈减小之势，不少老年人除了与子女交流之外，经常足不出户，社会参与率急剧下降。显然，这对于老年健康而言是极为不利的。

同辈群体是老年人社会交往的主要载体。由于个体社会老龄化的影响，老年人社会交往空间日渐狭窄，以小圈子为主；在中国，信任属特殊信任，信任度因亲疏远近而有差异，而且受历史情结的影响较大。于是，老年人更愿意同老朋友、老街坊、老邻居交往，对熟人圈子情有独钟。代沟虽然不是不可逾越的鸿沟，但会增加老年人社交的心理成本。相反，共同的社会经历则会减少沟通的障碍，推动他们结伴、互助、合作。所以，老年同辈群体可以通过结伴互助的方式为养老提供重要支持。[1]

发展社会化的养老服务是形势所迫，大势所趋。但是，由于我国正处于社会转型期，受社会经济条件的限制，目前的养老服务体系建设存在许多问题。比如，养老主体参与不足，各种养老方式之间缺乏融合，政府、市场与

---

〔1〕　赵立新：《老年同辈群体对养老的支持范式》，载《广西社会科学》2017年第9期。

社会在养老服务中的协同配合不够，养老服务还难以满足人们的个性化需求，以及养老服务质量管理机制不健全等问题。

综合以上考虑，为实现快乐养老之目的，如何调动老年人自身的积极性，如何把互助自助与社会化服务结合起来并探究多种养老方式的融合之道已成为满足个性化养老需求，提高养老质量的重要课题。

（三）结伴互助型田园基地养老的理论基础

在养老需求日益多样化个性化的现代社会，养老模式多元化成为时代的潮流，而更多的社会支持是养老模式多元化得以实现的条件。如前所述，结伴互助型田园基地养老作为互助自助养老与社会化的基地养老相结合的混合式养老模式不是随意虚构，而是有其理论基础的。比如，标志理论、老年亚文化群理论、职业分工理论、补充理论和层级补偿理论都可以从不同的角度诠释创建结伴互助型田园基地养老的合理性。

标志理论认为，自我认识源于交往模式，交往模式实质上是以个体拥有的资源量为基础的。相比于中年人，老年人占有的"资源"减少，成了交往过程中的"受主"角色，社会联系也相应减弱。交往模式的变化会直接影响到自我概念的形成，一旦社会把老年人归入不同的范围，老年人便会依据这些划分作出相应的反应，进而形成自我认知。在崇尚年轻和技术的社会中，年迈和无用是对老年人的基本评价，受其影响老年人则将自己置于"无用"的地位，这种认知是对社会的一种消极反馈，社会损害理论称之为社会损害综合征，一旦消极反馈形成恶性循环，便会强化无能意识，从而引起更多的问题。比如，为了进行交往，老年人常常会不知不觉地屈从于社会的暗示而接受社会赋予的消极特性，从而更深地陷于依赖状态，使独立自主的能力逐渐衰退。因此，老年人本人的参与以及由此形成的积极的自我认知对于老年人的晚年生活很有意义。

老年亚文化群理论最初是由美国学者罗斯（Rose）提出的。该理论旨在揭示老年群体的共同特征，并认为老年亚文化群是老年人重新融入社会，提高晚年生活质量的最好方式。法定的退休制度以及老年公寓、老年服务设施和老年活动场所的兴建，加强了老年人之间的接触；相同的背景、共同的需要和利益诉求发展了老年人之间的关系，使他们彼此之间的交往多于与社会其他成员的交往，从而形成老年亚文化群体。在老年群体中，身体健康和活动能力是最重要的，而职业、教育或经济特征不如中年期那样重要。因此，在老年亚文化群中，老年人可以找到共同语言，较少地感受到年龄歧视，容易认识自我，对社会的沟通和认同感也会增加。

职务分工又称多元分化理论（Task Specific Model or Dual Specialization Model）认为，正式和非正式网络有各自特定的网络结构，分别执行某些照顾责任和能力。[1]该理论强调，团体结构与特定任务的关系是不能够替代或补充的，理想的老年照顾模式将会运用正式和非正式支持开展非重叠的工作，家庭、邻里等非正式支持要比其他团体更适合于满足特殊性的需求，社会福利等则较适合于处理需要特殊技术和技巧的例行性需求。该理论主张正式和非正式的支持网络各自执行其最适当的责任，非正式支持网络可能回应一些非安排或非规划的需求，正式支持网络则可由经过训练的专家提供经规划或结构性的照顾。

补充理论（Supplemental Model）强调，在养老中，非正式照顾是首要的，正式照顾则被归为附属，正式照顾唯有在非正式资源无法符合老人需求时才会被使用到。[2][3]正式网络被用于补充非正式网络照顾的不足，非正式网络则有赖于正式网络的服务来增强，而非取代其照顾的工作。[4]由此可见，结伴互助田园基地养老模式是正式支持和非正式支持紧密结合、优势互补的养老模式。

层级补偿理论（Hierarchical Compensatory Model）指出，需要被支持的老人最可能是以配偶为优先，然后是其他亲戚、朋友或邻居，正式服务的提供者则是最后或最不得已的考虑。此理论的基础是归因于老一代基于亲密性和承诺偏好所作出的选择。[5]层级补偿理论强调老人的主动性，认为大多数的老人往往是可以独立自主地生活的，当他们的日常生活需要他人协助时，传统上会先向配偶及其他亲戚、朋友和邻居求助，这些非正式支持网络也会获

〔1〕 S. Travis, "Families and Formal Networks", in R. Blieszner and V. H. Bedford（eds.）, *Aging and the, Family-Theory and Research*, Westport：Praeger, 1996, pp. 459~474.

〔2〕 E. P. Stoller and K. Pugliesi, "Iinformal Nnetworks of Communitybased Elderly：Changes in Composition over Time", *Research on Aging*, 10：1988, pp. 499~516.

〔3〕 J. Logan, "Informal Support and the Use of Formal Services by Older Aamericans", *Journal of Gerontology*, 49（1）：1994, pp. 25~41.

〔4〕 R. R. Wacker, K. A. Roberto and L. E. Piper, *Community Resources for Older Adults-Programs and Services in an Era of Change*, California：Pine forge Press, 1998.

〔5〕 M. H. Cantor, "Neighbors and Friends：An Overlooked Resource in the Informal Support System", *Research on Aging*, 1：1979, pp. 434~463.

得各种正式支持的补充。值得注意的是，对非技术性的居家照顾工作，正式支持服务是最不需要的，反而是那些具有支持动力的配偶或其他近亲是较适当的；而对一些需要特别训练或设备需求者，正式支持服务才是较为适当的。

值得注意的是，补充理论和层级补偿理论都主张以非正式支持为主，前者将焦点置于二者的相互搭配上，以产生支持和强化的作用，而后者则将焦点置于老人对非正式网络中亲疏关系的偏好上，正式支持被视为是最不得已的选择。总之，无论是主角还是配角，有一点是肯定的，那就是非正式支持对于老年人来讲是必要的。

（四）结伴互助型田园基地养老的优势

第一，结伴互助型田园基地养老是一种"家外之家"的养老方式。中国人倾向于在家养老不仅源于文化传统，而且源于国人对家乡草木和社会关系的依恋以及在熟人圈子生活的轻松惬意；"故土难离"是对家乡环境的留恋，更是对老街坊、老邻居、老朋友的不舍。熟人交往创造了"家"的氛围，对于老年人有很多好处：其一，熟人交往增进信任感。信任是基于关系的亲疏远近以及关系人以往的行为评价而产生的可靠感和亲近感。信任是一种社会品质，是人类长期发展形成的一种社会性。信任还是一种需要，被人信任是一种重要的心理满足。信任感的建立需要基础，熟人圈子彼此知根知底，信任感强，至少建立信任的心理成本低。老年人暮年的交往需要信任，更期望成本低一点。其二，熟人交往可以增强安全感，安全需要是人的基本需要之一，安全感是晚年生活质量的基本指标。戒备之心是社会交往的常态，但是，戒备之心会产生负担心理，导致心里紧张。熟人交往可以把许多不确定因素变得透明、可控，能够带来安全感。其三，熟人交往易于合作。合作是一种重要的社会品质，是社会性的重要表现。信任、安全都是社会交往的原则，也是合作的基本条件。熟人之间容易互相了解，互相沟通，便于合作。因此，结伴到田园基地养老的老年人无论是家庭结伴还是单人结伴，都可以在熟人圈子内建立和巩固联系，创造"家"的氛围，享受情感慰藉，延展社会性。

第二，结伴互助型田园基地养老是一种回归自然、简单快乐的养老方式。回归自然，亲近大自然是现代都市居民的向往。嘈杂喧闹是都市生活的特点，安静恬淡是田园生活的特色。老年人一般倾向于远离嘈杂喧闹，而偏爱安静恬淡。田园生活就是回归自然、亲近自然的简单快乐的生活方式，田园生活有"采菊东篱下，悠然见南山"的逍遥，有"结庐在人境，而无车马喧"的安静，有"开轩面场圃，把酒话桑麻"的洒脱，有"莫笑农家腊酒浑，丰年留客足鸡豚"的好客，有"箫鼓追随春社近，衣冠简朴古风存"的简朴，还有"众鸟高飞尽，孤云独去闲"的自在。简言之，结伴田园基地养老，逍遥、自在、少纷争，安静、恬淡、有雅兴，祥和、淳朴、有真情，互帮、互助、有仁义。

简单快乐，是指结伴互助田园基地养老还可把老年人从错综复杂、繁杂无序的人情大圈子中解放出来，同时又保留了无利益纠葛、无人情欠账的生活小圈子，从而使社会关系简单化。生活关系简单化是快乐的重要前提，对于老年人而言更是如此。其实，老年人社交范围变窄就是老年人倾向简单社会关系的一种表现。值得注意的是，简单的社会圈子并没有抹杀社会交往，结伴老人可以进行自然分工合作并进行生活互助。大家像一家人一样一起生产，一起享受快乐，驱赶了孤独、摆脱了烦恼、充实了生活。

第三，结伴互助型田园基地养老是一种注重自我价值实现、健康的养老方式。找回存在价值，延展个人价值是老年人的高层次需要，对于文化层次较高的老年人而言更是如此。社会参与是老年人实现自身价值的前提，没有参与就很难找到价值感，就谈不上真正的快乐。基地的田园生产正是推动老年人社会参与，实现个人价值的可靠手段。更重要的是，田园生产活动是小规模的，劳动强度不大，在很多情况下就是一边劳动一边休闲。对于老年人而言，必要的活动是重要的，它可以在一定程度上替代体育锻炼。并且，田园里的生产活动是按照兴趣开展的，适度的劳动量不仅不会成为负担，反而可以愉悦心情，有利于健康。

第四，结伴互助型田园基地养老是一种节约、绿色的养老方式。结伴互助型田园基地养老是带有公益性的养老产业经营模式，在市场运作的基础上导入社会力量、引入社会服务，为养老基地及入住者提供各种社会支持，可以有效地降低成本。一方面，在劳动市场价格上涨的大背景下，互助自助、志愿服务、社工服务的介入可以减少基地对服务人员的投入，有效降低基地运营成本；另一方面，互助自助也可以降低基地老人的生活成本，入住老人自己动手，可以生产一些所需产品，可以在一定程度上节省入住者的生活费用。更重要的是，亲手种植的蔬菜、水果，亲手饲养的家禽，是地地道道的绿色食品，无污染、无毒害，食用安全，既有利于健康又有利于环保。

（五）发展结伴互助型田园基地养老的必要性

1. 发展结伴互助型田园基地养老是解决养老资源供求矛盾的有效途径

养老需求同人口老龄化程度正相关，人口老龄化程度越高，社会的养老需求量越大。资料表明，中国人口老龄化正处于高速老龄化阶段，人口老龄化加剧发展所产生的规模庞大的老年人口必然会导致养老需求的急剧膨胀。然而，社会转型期，养老供给严重不足。一方面，现有的养老支持主体存在不足，除了家庭、亲属等传统支持主体之外，专门化的养老服务机构（包括官办和民办）虽然已经出现，但数量有限且服务面还很窄，难以满足日益增长的养老需求；另一方面，各类养老主体的角色扮演存在差距。转型社会，由于道德滑坡、传统孝道基础动摇，传统的养老主体责任意识淡薄，养老支持的力度减小，某些养老内容（比如亲情关怀和精神慰藉）缺失；新的养老主体也刚刚涉入养老服务，由于时间短、经验少，社会对新角色的期待还不清楚，更重要的是，社会尚未构建一个完整的养老支持系统，也没有形成一个科学的管理机制，所以养老服务过程中难免会出现矛盾和摩擦，些许不尽如人意是常有的事。值得注意的是，老年人自身是常常被忽视的服务主体，发挥老年人自身的作用也是解决养老困难的重要力量。结伴互助型田园基地养老就是注重老年互助服务，挖掘老年人潜力支持养老的有效措施。

2. 发展结伴互助型田园基地养老是满足老年人个性化需求，提升晚年生活质量的内在要求

精神生活是老年人生活的重要组成部分，是衡量老年生活质量的重要尺度。而适当的社会参与是老年人充实精神生活的有效途径，特别是空巢老人。随着社会经济的发展，老年需求的结构也在发生变化，由单一型需求转向多元型需求，由侧重于物质性需求转向侧重于精神性需求。就人的需要而言，有生存需要、享受需要和发展需要三个层次。在经济不发达的条件下，人们以生存性需要为主，随着经济水平的提高，人们越来越侧重于享受需要和发展需要的满足。遵循这一规律，老年人的需求结构同样会随着经济发展、社会进步逐步趋于高层次化、多元化和个性化。重建朋友圈、发展兴趣爱好、积极参与社会、实现自身价值等都是老年人需求趋于多元化、高级化和个性化的表现，也是提升生活质量的必然要求。结伴互助型田园基地养老可以让老年人按照自己的意志生活，有效满足老年人日益个性化的需求。比如，结伴可以重构朋友圈，田园生活可以按照兴趣开展，生产活动可以根据实际情

况安排，既可自助又可助人，满足自我价值实现和价值延伸的需要。

3. 发展结伴互助型田园基地养老是推动养老服务产业化发展的有力措施

养老服务业的发展受养老服务需求和服务供给两个因素的制约。从养老服务需求方面来看，潜在需求巨大，但有效需求不足。而服务项目开发范围过窄、服务价格过高或者不透明、服务质量不高、服务模式单一等是有效需求不足的重要影响因素。从供给方面看，影响养老服务发展的因素主要有供给主体鱼龙混杂、养老服务政策体系不完善、民间资本参与不积极、养老服务质量不高和监督制度缺失等。虽然造成养老服务业发展缓慢的原因有很多，但是缺乏制度创新是关键因素。如果在制度上有科学合理的安排和设计，就可以调动供求两方面的积极性，变潜在需求为有效需求。结伴互助型田园基地养老是以人为本的，以需求为导向的养老服务模式，既可以拉动服务需求，又可以促进服务供给体系走向完善，是加快养老服务业发展的有益探索。

（六）发展结伴互助型田园基地养老符合国家政策导向

1993 年 11 月 14 日，中国共产党第十四届中央委员会第三次全体会议通过了《中共中央关于建立社会主义市场经济体制若干问题的决定》，为中国建立社会保障体系设计了基本框架。其中第 26 条明确提出要"提倡社会互助"。1996 年 3 月，《国民经济和社会发展"九五"计划和 2010 年远景目标纲要》明确规定："提倡开展社会志愿者活动和社会互助活动。"志愿服务、互助服务开始被正式纳入社会服务事业。

党和国家有关部门除了在文件中提及志愿服务的内容外，还发布了一系列专门的志愿服务的政策性文件。如 2006 年 10 月，党的十六届六中全会通过的《中共中央关于构建社会主义和谐社会若干重大问题的决定》指出："以相互关爱、服务社会为主题，深入开展城乡社会志愿服务活动，建立与政府服务、市场服务相衔接的社会志愿服务体系。"同年 2 月，《中组部、中宣部、民政部等关于在农村基层广泛开展志愿服务活动的意见》发布；2008 年，《中央精神文明建设指导委员会关于深入开展志愿服务活动的意见》等。志愿服务、互助服务在社会服务领域得到了进一步发展。

2011 年 9 月，《国务院关于印发中国老龄事业发展"十二五"规划的通知》进一步明确了中国致力养老产业发展的方向。根据规划，"十二五"期间中国将大力发展社区照料服务，鼓励社会力量参与公办养老机构建设和运行，引导开发老年宜居住宅和代际亲情住宅，鼓励社会资本兴办具有长期医疗护理、康复促进、临终关怀等功能的养老机构。2013年9月，国务院常务会议专门讨论了养老服务业的发展问题，并出台了《国务院关于加快发展养老服务业的若干意见》和《国务院办公厅关于政府向社会力量购买服务的指导意见》等一系列法规文件，加快推进政府购买养老服务工作，使各相关部门和机构在开展老龄工作时目标明确且有据可依。2013年11月召开的党的十八届三中全会通过的《中共中央关于全面深化改革若干重大问题的决定》明确指出："积极应对人口老龄化，加快建立社会养老服务体系和发展老年服务产业。"进一步强调了建立社会养老服务体系和发展养老服务业的意义。因此，可以认为，我国养老服务业迎来了重大发展机遇期。

2016年底，《国务院办公厅关于全面放开养老服务市场提升养老服务质量的若干意见》，围绕养老服务业深化改革主线，细化了17项具体任务。全面放开养老服务市场，养老服务政策法规体系、行业质量标准体系进一步完善。今年以来，从中央到地方，一系列提升养老院服务质量的政策措施纷纷出台。民政部等6部门联合在全国开展养老院服务质量建设专项行动，各地各部门也出台精准措施，养老院服务提质升级呈现出体系化推进的大好局面。

2017年10月18日，习近平总书记在十九大报告中指出，加强社会保障体系建设。全面建成覆盖全民、城乡统筹、权责清晰、保障适度、可持续的多层次社会保障体系。在保障思路方面，要坚持社会治理创新，"加强社会治理制度建设，完善党委领导、政府负责、社会协同、公众参与、法制保障的社会治理体制，提高社会治理社会化、法治化、智能化、专业化水平"；"推动社会治理重心向基层下移，发挥社会组织作用，实现政府治理和社会调节、居民自治良性互动"；"完善社会救助、社会福利、慈善事业、优抚安置等制度，健全农村……老年人关爱服务体系"。显然，这种指导思想与发展结伴互助型田园基地养老是吻合的。

四、城市退休人员返乡养老

（一）城市退休人员返乡养老及其理论基础

1. 城市退休人员返乡养老

退休人员是指按照国家法律、法规的规定，劳动者符合退休标准，由用人单位解除其劳动义务，开始享受养老保险待遇的人员。随着我国人口老龄化速度的加快，我国城市退休人员的数量也越来越多。第七次人口普查结果显示：全国60岁及以上人口为2.64亿人，占总人口的18.70%，与2010年相比，上升了5.44%。人口老龄化程度进一步加深，未来一段时期将持续面临人口长期均衡发展的压力。2022年度人力资源和社会保障事业发展统计公报显示：2022年年末参加城镇职工基本养老保险的离退休人员数量是1.31亿人。[1]

城市退休人员返乡养老现象可以追溯到古代的告老还乡。告老还乡，是中国古代的一种政治制度，也是重返故乡的生活方式。在学而优则仕的古代社会，平民百姓只有取得了科举考试的成功才能够进入官僚体系，离乡入京，成为"寒门贵子"，年老时衣锦还乡，荣归故里。这些游子们带着自己的乡愁，怀着一腔反哺热血，建立乡学、修建祠堂、躬耕田园、普及文化、投资农业等，相对落后的农村得到了精神与经济上的双重滋养，这些乡贤也赢得了乡邻的欢迎和尊重。这一去一回之间，是多少文人墨客的毕生追求啊。

目前，返乡养老的群体，主要是第一代农民工。这些农民工大都因健康、家庭需要和经济等综合原因选择返乡养老。但是，返乡后的养老资源主要由本人、家庭和政府供给，面临着养老资源匮乏窘境，以及家庭养老功能弱化、社会保障制度还不完善、农村生活质量较低等问题。[2]

针对这种情况，有许多人大代表体察民情，关注三农，从乡村振兴和城乡养老现状出发，建议鼓励城市退休人员返乡养老，助力乡村振兴。全国政协委员傅道彬委员鼓励让一些城市离退休人员在"精神返乡"的同时，为农村长期繁荣发展提供文化、经济等方面的支持，形成城乡之间的良性互动。全国人大代表牛三平也鼓励城市退休人员回乡养老发挥"余热"助力乡村振兴。后来，鲁曼还提交了《关于允许并鼓励城市离退休人员返乡养老助力乡村振兴的建议》，这些建议一经提出便引起了人们的热议。

2. 理论基础

（1）积极老龄化。2002年4月12日联合国第二次世界老龄大会政治宣言详细地对积极老龄化的概念形成和理论基础、积极老龄化政策和计划及其决定因素进行了论述。积极老龄化是指人到老年时，为了提高生活质量，使健康、参与和保障的机会尽可能发挥最大效益的过程。积极老龄化是以承认老

---

〔1〕 国家统计局：第七次全国人口普查主要数据结果新闻发布会答记者问。
〔2〕 唐瑕苓等：《第一代农民工返乡养老问题研究综述》，载《南方农业》2020年第3期。

年人的人权和联合国关于独立、参与、尊严、照料和自我实现的原则为基础的。

城市退休人员选择返乡养老是践行积极老龄化的有效途径。城市退休人员相比于农村老人，他们享有更强大的人力资本，他们返乡能够刺激农村养老需求并为农村养老事业注入巨大的经济活力。返乡后的城市退休人员退出城市返回农村，这个让他们既熟悉又陌生的地方，会带给他们一种无尽的力量，去探寻他们在乡村的养老生活。他们将通过持续不断的社会参与，以此融入农村社会。还有许多城市退休人员积极响应国家号召，踊跃参与基层事务，发挥余热。比如，成立爱心基金，助力农村贫困儿童上学；投资乡村旅游产业，促进农村旅游业发展；响应"银龄讲学计划"，投身教育事业；打造乡村品牌，树立乡村文明新风……老龄只是一个人生阶段，无关好坏、对错，但是对待生活需要有积极的态度、持续的参与，才能有一个充满温情的晚年。

（2）人力资本理论。美国经济学家舒尔茨（Theodore V. Schultz）完整地提出了人力资本理论。舒尔茨等人首次将资本分为物力资本和人力资本。人力资本是凝结在人身上的知识、技能和能力，也是人们在自己身上投资所获得的、能够增加个人未来的收入、促进国民经济增长的知识和能力。物力资本是体现在一定数量与质量的物上的资本，如土地、厂房、设备等。人力资本除了表现为劳动人民的数量，更重要的是劳动人民的质量。这个质量是通过教育资本、健康资本、流动资本、迁移资本和信息资本的积累而形成的。

人其实就是一种人力资源。人不仅可以通过劳动获得不可增值的价值，还可以通过人的社会交往获取一种无形的可以增值的价值。城市退休人员的质量远高于农村劳动者质量。他们因受过良好的教育，具有超前的思想意识；在城市的工作中，他们掌握了更加高超的技术和能力。返乡的城市退休人员曾经在城市中享有良好的医疗条件并且非常关注自身健康，他们身体和精神大多都处于良好状态，具有较好的健康资本。世界因交往而丰富多彩，人口的流动无疑会带来各地资源和文明的交融，城市退休人员返乡能够调节农村人口缺口。城市退休人员返乡能够为农村带来巨大的人力资本，使逐渐消失的人口红利在农村焕发出新的生机，助力乡村政治、经济和文化进一步发展。

（3）需求层次理论。马斯洛于1954年出版的《动机与人格》一书对需求层次理论做了系统的阐释。将人类的五大需求按照由低到高的阶梯状分为：生理需求、安全需求、社交需求、尊重需求和自我实现需求。需求层次理论有两个基本出发点：一是人人都有需要，某一层需要获得满足后，另一层需要才出现；二是在多种需要未获满足前，首先满足迫切需要，该需要满足后，后面的需要才显示出其激励作用。

城市退休人员一般都享有一定的退休金，有一定的积蓄，还有子女的支持，再加之他们身体和精神大多都处于健康状态，基本生活需求完全可以得到满足且生活也有一定品质。古代的致仕还乡有一个很重要的原因是明哲保身，满足自己的安全需要。他们年轻时因在官场的厮杀，树立了不少政敌，甚至会招致皇帝猜忌，年老时远离权力旋涡，也不失为良策。无论是当下的城市退休人员还是古代的高官，他们都有故乡情结，对故乡有着深深的眷恋，故乡不仅仅是他们成长的摇篮，还有他们阔别多年的亲友，他们从故乡走出，心中便种下了一棵光宗耀祖荣归故里的种子，返乡更是满足了他们交往的需要。从故乡走马上任，百姓欢送，无论是自己的成就感还是乡邻的认可与尊重都在这一刻得到了莫大的满足。老之将至，曾经的生理需求、安全需求、社交需求和尊重需求早已不是问题。如今人们怀着反哺之情，致仕还乡，满足自我实现的需要。

（二）城市退休人员返乡养老原因

1. 政策层面

农村新政助推返乡养老。农村宅基地政策是人才回流的基本保障，国家坚持"居者有房住"的原则，规划农村宅基地，允许农村空闲宅基地自愿租赁，这也确实吸引了一部分城市退休人员的目光，使他们在农村无房的问题得到了解决。2020年后，国家持续巩固脱贫攻坚的成果，做好同乡村振兴的有效衔接，鼓励城市退休人员返乡养老，助力乡村振兴。在脱贫攻坚的努力下，美丽乡村建设取得了显著成果，农村的基础设施也逐渐完善，乡村的政治、经济、文化环境得到巨大改善。

安康市县河镇找到了打开乡村振兴的钥匙，首先筑巢引凤，吸引乡贤回乡反哺家乡。

"早想回来了，今年发展政策好，镇里村里也都大力支持，就是想回来给家乡干点实事。"曾经因为劳动力流失而荒废的座座茶山，现在都被从城市退休回来的老人A承包下来并且雇用了村中多名无业村民，从修剪、施肥到灌溉，初具规模并且欣欣向荣的百亩茶庄已经呈现在村民的眼前。这不仅仅使曾经荒废的百亩茶园重新焕发生机，而且还让村中无业的弱势群体不出家门就能增收。还有村中的养猪场、小龙虾养殖场也都在政策的引领下崭露头角。

2. 经济层面

从宏观上看，农村生活成本较低。

农村经济花销远低于城市，相同的经济基础可以享受更大的实惠，这也是城市退休人员返乡养老的原因之一。中国自古以来就是自给自足的小农经济，随着改革开放的深入和城镇化的发展，人们的经济水平提高，生活条件改善。由于农村还在一定程度上保留着自给自足的生活特点，所以农村的生活成本总体明显低于城市。这对退休人员而言是一件有利的事情。同时，随着经济的发展，农村的清新空气、优质水源、优美的环境都是城市花钱难买的优势。

"还是乡下待得舒心，和家人一起享受着晚年生活，闲来种种花，帮忙照看照看孙辈，村中都是熟悉的面孔，也远离城市的喧嚣，还省去一些不必要的花费，何乐而不为？"一辈子都受人敬仰的老师 B 说。

确实，村中适合养老，农村的花费也远低于城市，日常的粮食、蔬菜也多半可以自给自足，也没有物业费、暖气费等开支，花费确实要低不少。

从微观上看，个人经济储备比较充足。

城市退休人员大都享有一定的退休金保障退休生活，加之前半辈子在城市工作的积蓄，还有子女给予的赡养费，在经济方面几乎没什么压力。现如今是能够膝下承欢的年岁，而且从农村走出来的他们，家人也许还在农村。在城市文明的熏陶下，交医疗保险、养老保险意识和抗风险能力也远远高于农村居民。

3. 文化层面

（1）乡村文教事业发展。近年来，乡村的教育事业也得到了国家的大力支持，2018 年四川招募 400 名城市退休校长及优秀教师到乡村教学，大力发展乡村教育事业，得到了国家的认同，教师的薪资也由中央财政负担。像这样面向城市退休人员的招贤纳才，也在多地得到了效仿。如江苏省姜堰区的"三水银龄"优教计划、河北省启动的"老校长下乡"计划，陕西省安康市的银龄讲学计划等。

财梁小学，曾经还是三五个班挤在一个教室里上课，现在建设银行的资助下，更名为"财梁九年义务教育学校"。积极响应安康市银龄讲学计划的城市退休教师 D，在对学校进行充分了解后，对学校进行科学管理，最终使乡下的学生也能有考进市里高中的先例。

教师 C 说："我也是从这个学校读出来的，现在回来就是想发挥自己的余热，也算是回馈母校吧，让更多的孩子也能像我一样，走出乡村，去到更广阔的世界。"

（2）思乡之情浓厚。中国人自古以来便有告老还乡的传统，在中国人的心里，人老了是要落叶归根的。许多城市退休人员都是土生土长的农村人，是 20 世纪五六十年代被选中的"人中龙凤"，有幸进入城市工作。游子的思乡之情是促使城市退休人员选择返乡养老的重要因素。乌鸦尚有反哺之情，人亦是如此。年轻时，为了生计，在外挥洒自己的青春；年老时，带着自己深深的乡土情怀重返故乡，或为了发挥自己的余热，或为了安享晚年。

老人 D 是从外市回乡养老的城市退休人员，年轻时托了点关系，找到了一个在矿上的工作。"实话说，有个工作确实比一辈子打工强，就是每逢佳节倍思亲啊。家中有个老父亲还有亲朋们都是在自己成长的地方，一般节假日我能回去就尽量回去。现在也退休了，毫无疑问就回来了。"

（三）当前城市退休人员返乡养老困境

1. 农村养老资源短缺问题

城市退休人员的养老资源一般分为自我、家庭和政府供给三个部分。其中，自我供给主要是退休人员的健康状况、退休金和自己的积蓄。身体是革命的本钱，健康就是财富，城市退休人员一般身体和精神都比较健康，有一定的退休金和积蓄。家庭方面主要是子女的赡养费。由于受计划生育的影响，这一代的城市退休人员多子现象较少，而子女的数量、意愿和能力也决定了家庭供给的力度，这也给家庭养老带来了一定的挑战。政府供给主要是社会保险和医疗保险之类，但是由于根深蒂固的城乡二元体制，城乡社保和医保的力度并不一样，而且也并非达到全员覆盖。农村经济水平低、资源匮乏，一些返乡的城市退休人员由于户籍外迁、在农村没有住所等原因可能会选择机构养老，而农村养老机构的硬件设施和管理服务相比于城市差距是明显的。

返乡老人 E 说："在城市住养老院太贵了，农村呢，养老院环境又比较差，还没有专业的医护人员，能够提供的养老资源也是十分有限，这也让我挺难选择的。"

2. 社会保障一体化建设问题

与城市相比，农村没有完善的医疗体系，这对于返乡者的身体健康是一个巨大的隐患。社会保障必然会成为城市退休人员考虑返乡养老的重要方面。一方面，社会保障尚未实现全员覆盖，可能一些城市退休人员的家人就在保障之外；另一方面，返乡的城市退休人员还面临着异地参保、异地就医和异地报销等现实问题，比如由城乡参保标准差异导致的续保问题、由医疗水平和大病保险差异导致的异地就医问题以及医保的异地报销困难等，都与城乡二元体制密不可分，根治这些问题任重而道远。在保障能力方面，农村还缺乏完善的医疗保障体系，一些重症仍然需要到大城市就医，这对于老年人来说极其不友好。

老人 F（一位从湖北返回烟台农村的城市退休人员）："医保交在了湖北，回来用医保还是有些不方便，虽然我们很少去医院，但也问过医生，他说医保要在这边儿交，否则就算报销也要出一些证明才行，而且还分医院，有的给报，有的不报，真的是比较麻烦。"

老人 G（一位准备从新疆返回家乡的城市退休人员）："我打算年底就回老家，由于医疗保险的年限还没够30年，还要继续缴费，虽然很多东西都可以在手机上操作，但是我没办法把我的医疗保险交在老家，问了相关人员才知道，由于兵团系统和内地系统并不关联，所以要到新疆当地社保局办理社保关系转移，同时还需老家出具接收证明之类，才能在老家交医疗保险。还有就是，我曾经在老家交过几年医保，来了新疆就交在新疆了，现在又要回去，这些年交的医保怎么能够续保的问题，人家工作人员也暂时没遇到过我这种情况，还需要进一步考量。"

3. 身份认同模糊问题

孤独是年老的常态，对老年人的健康不利。农村并没有城市那么多娱乐活动，也并非都能找到广场舞队伍、社区文艺表演和老年活动室等老年组织，除了在村口拉拉家常、摆摆龙门阵，也难以找到其他乐趣。对于刚返乡的城市退休人员来说，农村的人和事物程度不同地存在一种距离感，以至于他们对自身的定位并不明确，身份认同也很模糊，全身心融入这个曾经熟悉的环境和群体并非易事。

老人 H 感叹道："进城时都知道我是乡下来的，曾经遭遇过一些嘲笑和冷眼，当时穿得也不如城里人体面，老是被人叫'乡巴佬'。如今回乡了，也许是在城里待得讲究了，也总有人或冷或热地说：城里来的就是不一样呢！有时听着怪不是滋味儿，总感觉大家并没有从心底认同我的身份，也不知道自己算是城里人还是乡下人，也许半城半乡更贴切。"

4. 社会适应不良问题

曾经进城的那部分"天之骄子"，带着乡村的气息来到城市，试图努力融入城市，成为一个地道的城里人，至少要退去乡下"土包子"的模样，此乃第一次"蜕变"。他们就像一个风筝，即使在城里飞得再高，但根还在乡下。然而，当他们回到那个曾经无比熟悉的乡村时，还是会有一种陌生感，面临第二次"蜕变"。好不容易养成城市生活的习惯，又要重拾曾经尽力摆脱的乡村习惯，心理上多多少少有一些局促不安。相比于城市，乡村多了一丝温情、多了一份惬意的恬静。但同时也少了城市的繁华与便利。这样的城乡差异，对于返乡的城市退休人员来说，也是不小的挑战，如农村的人情往来、生活习惯和娱乐活动等。

老人 I 感慨："回到家乡，很多年轻人都不认识，有印象的也差不多是他们的父辈，不过进城了就慢慢没了联系。家乡变化真的很大，感觉一切既熟悉又陌生，还是有很多东西需要适应的，尤其是这边也没多少文化娱乐活动，不好，一点儿没有老年人的活动。以前我在城里待的时候，楼下有很多活动的地方，楼下有唱戏的，表演啊什么的，还有下棋的，这个地方什么都没有。"

老两口 J 和 K 说："感觉家乡确实要比城市更有人情味，不过老家的人情往来也挺功利的。大到婚丧嫁娶，小到孩子升学，都要摆个酒席。除了图个吉利，还有的说白了，就是利用酒席圈点礼钱。虽然是农村，但是现在一百元直接拿不出手，送礼起码都得二百，稍微沾亲带故就要三百，有些交情的便得五百、一千的送。关键这种酒席每月都有，还不止一次，就算人不到，礼也少不了。这个事情就有些让人难以接受。"

这说出了不少返乡老人的心声，我访问的多数老人都提过送礼这个事情。

（四）解决城市退休人员返乡养老问题的对策

1. 政府层面：完善养老服务体系，加强制度建设

虽然国家支持城市退休人员返乡养老，但是相应的制度还不够完善。对于城市退休人员选择返乡养老的立足点，政府要给予大力扶持，更重要的是解决其返乡后遇到的困境。城市退休人员返乡养老，面临的住宿问题、医疗问题、社会保险问题、人才引进问题等，都是需要解决和保障的问题。政府需要发挥主导作用，统筹引导各方资源，抓住"人才回流"这个关键点，完善相关制度建设，打造良好的城乡经济循环体系。首先，政府要鼓励社会力量参与养老事业，加强统筹协调工作，可做适当的政策倾斜，做到合理分配资源。比如，统筹社区、医院、社会组织和学校等多方力量和资源，使其参与养老服务过程，弥补资源不足的短板，提高资源的利用效率。其次，为农村养老做好兜底工作，提高医疗水平，加强医疗保障，明确社会保障的基本范围，提升养老保险和医保的覆盖面和力度。再次，发展多元化的养老服务体系，兼顾返乡养老人群的基本生活照顾、心理健康和社交需求，满足老年人个性化和多层次的养老服务需求。最后，政府需通过乡村振兴，缩小城乡差距，加快社会保障一体化进程，大力发展银发经济，鼓励城市退休人员返乡养老，在拉动经济的同时也使其发挥余热。

2. 企业层面：开拓养老产业，做大做强养老服务

养老产业的发展离不开市场、离不开企业。企业发展养老产业，必须坚持以需求为导向，瞄准老年群体、细分老年市场。老年群体实际上是个庞大的人群，年龄阶段不同，其养老需求也不同，所以细分受众群体十分重要。企业要根据细分市场，有重点、有针对性地开发多样化的养老产品，不能"眉毛胡子一把抓"。养老产业可以从养老金融、养老用品生产、养老服务提供以及养老房地产等方面入手。企业开拓养老产业既可以壮大实体经济，也可以开拓虚拟经济市场。另外，产业发展和产业监管是相辅相成的，只有在阳光下运行的产业才能获得长足发展，在养老产业发展的同时，相关政府部门、行业组织和老年人组织也要多方联动，做好对养老产业的监管工作。

3. 社会层面：创新养老体系，优化养老模式

社会应该积极推动养老服务的多样化和个性化，探索新型养老模式，比如"互助养老""智慧养老"和"旅居养老""田园基地养老"等模式，因地制宜地探索本地养老模式，确保老年人根据自身情况选择合适的养老方式。社会还应倡导尊老、敬老的养老风气，为养老创造一个良好的社会环境。养老不仅要满足老年人的基本生活需要，还要关注老年人的心理健康和社会参与。可以通过心理辅导、亲情陪伴和个别关怀等方式，为老年人提供全方位的关爱。

4. 个人层面：转变养老观念，实现积极老龄化

社会在发展，老年人的养老需求也在不断变化，比起传统上"吃饱穿暖"的养老生活，老年人更加倾向于老有所学、老有所为、老有所乐的享老生活。幸福的晚年生活，需要人们转变养老观念，可以通过家庭和社会的教育和宣传，使他们的养老观念实现从"依靠子女"到"依靠自己"的转变，城市退休人员也可以从转变观念中继续挖掘自身的价值，持续地参与社会，保障自身发展，实现积极老龄化。

总之，在乡村振兴背景下，城市退休人员返乡养老问题已经成了一项急需解决的民生问题，需要政府给予足够重视。返乡养老有利好也有困难，作为一种养老方式，还需要政府、社会、社区以及个人共同努力，以推动我国的养老服务体系建设。

第六章

促进老年参与，增强社会融入

衰老不仅有生理意义上的衰老，还有社会意义上的衰老。相比而言，社会意义上的衰老更具决定性。老年人退出主导领域后必然会面临社会角色转换的问题，这也是一个社会融入问题，角色转换顺利与否直接影响其社会融入的程度，进而影响晚年生活质量。晚年生活质量的提高需要从主导领域脱离，但更需要脱离后的再社会化，这就是适度的老年参与。

一、城市退休老年人的社会融入与社会融入感

(一) 城市退休人员是社会融入困难人群

从理论上讲，只要一个群体与其所生存的环境之间出现关系失调，都可能面临社会融入问题。城市退休老年人就属于此类人群。一方面，城市退休老年人所处的社会环境发生重构，工作场域消失使其退休后的生活世界迥异于退休之前，从而难以适应和融入环境。在这一点上，城市退休老年人要比农村老年人更为突出。现代社会，工作的价值不仅在于提供收入来源，更意味着生活质量、精神健康、社会认可、生命价值和社会融入等诸多方面，没有工作或者不能工作，通常意味着一种无法真正融入社会的风险。[1][2]另一方面，由于年龄、身体、精力、智力、能力等条件的不利变化，他们会受到环境有意无意的排斥，导致个人与社会的关系出现紧张。所以，城市退休老年人的社会融入问题，其紧迫性和严重性并不亚于前面列举的那些人群，非常值得研究。

值得注意的是，与其他群体不同，由于养老保障制度的完善，城市退休

---

[1] J. Evans and J. Repper, "Employment, Social Inclusion and Mental Health", *Journal of Psychiatric and Mental Health Nursing*, 71 (2001), pp. 15~24.

[2] C. Barnes, "Disability and Paid Employment", *Work*, *Employment and Society*, 13 (1999), pp. 147~149.

老年人的社会融入问题常常不是生存状况问题，而更突出地表现为主观认知问题，或者被称为精神层面的社会融入感。社会融入概念包含着社会融入状况与社会融入感两个层面的含义：社会融入状况关注个体与环境的失调或者协调关系，而社会融入感强调的是与社会融入问题有关的，与社会相疏离或者相亲近的感受。客观层面的社会融入状况和主观层面的社会融入感，以及二者的关系都是需要考察的面向。然而，社会融入状况的维度和社会融入感的维度都是多维的，这决定了二者之间关系的复杂性。因此，对于城市中的退休老年人来说，弄清楚社会融入状况和社会融入感存在的关系机制非常重要。

（二）社会融入和社会融入感

1. 社会融入

总的来说，国外对社会融入（social inclusion）的研究基本上沿着三个路径展开：一是把社会融入理解为社会整合程度，当作社会秩序的解释变量。例如，涂尔干提出社会结构稳定依赖社会适度整合。二是把社会融入当成移民研究的重要视角。例如，芝加哥学派的托马斯和兹纳涅茨基对美国的欧洲移民所做的经验研究。三是把社会融入理解为个人与社会制度的关系，乃至个人能否有效利用社会提供的制度资源。[1][2] 其中，第三条路径是当代西方社会融入研究的主流，旨在探讨社会制度的排斥机制，并讨论如何让被社会疏远和隔离的人参与、融入主流社会，享受社会资源，获取其应有的机会和利益。[3] 所以，在当代西方的社会融入理论看来，社会融入意味着公民资格，以及公共参与的机会，即作为公民在形式上和现实中所拥有的权利和义务。[4] 社会融入不同于社会适应（social adaptation），后者偏重个体调整自身以适应社会环境，而前者则强调不应刻意让个人适应既存的制度安排，而应完善制度环境，提高公共服务，从而确保制度安排能够满足个人合法参与社会的需求以及从制度安排中受益的愿望。[5]

---

〔1〕 陈成文、孙嘉悦：《社会融入：一个概念的社会学意义》，载《湖南师范大学社会科学学报》2012 年第 6 期。

〔2〕 徐丽敏：《"社会融入"概念辨析》，载《学术界》2014 年第 7 期。

〔3〕 H. Collins, "Discrimination, Equality and Social inclusion", *The Modern law Review*, 66 (2003), pp. 16~43.

〔4〕 ［英］安东尼·吉登斯：《第三条道路——社会民主主义的复兴》，郑戈译，北京大学出版社 2000 年版，第 107 页。

〔5〕 C. Parsons, "Social Inclusion and School Improvement", *Support for Learning*, 14 (1999), pp. 179~183.

所以，从总体上看，当代西方将社会融入概念理解为制度完善的理想目标，即在个人与社会的各种制度资源之间实现和谐状态。正如有学者所指出的，西方语境下的社会融入，"是一个全球化背景下为了提高全体社会成员的福利，使人能够平等、全面地参与经济、政治和社会生活，以促进社会包容，最终实现社会团结的过程，也是人类发展追求的结果和目标"。

相比之下，国内的研究者更偏向将社会融入理解为个人与非制度环境之间的协调关系。例如，个人与家庭、邻里、朋友的互助关系。这种"关系"及其所附着的资源在当前的中国学术语境下被称作"社会资本"或者"关系网络"。在城市移民研究中，重视社会资本的作用已经变成一种重要的学术传统。[1]这类观点普遍认为，社会融入在一定程度上依靠私人的社会支持网络，包括亲戚、朋友、老乡、同学等。[2][3][4][5]私人关系网络，尤其是较为亲近的"强关系"对于一个人改善经济和社会处境，较好地融入社会具有显著影响。[6][7]这个结论，无论是对于精英群体，如干部阶层，[8][9]还是弱势群体，如下岗职工、普通求职者、农民工、外地人群体，[10][11][12][13][14][15]

〔1〕 张文宏：《中国社会网络与社会资本研究30年（上）（下）》，载《江海学刊》2011年第2期；2011年第3期。

〔2〕 刘林平：《外来人群体中的关系运用——以深圳"平江村"为个案》，载《中国社会科学》2001年第5期。

〔3〕 曹子玮：《职业获得与关系结构——关于农民工社会网的几个问题》，载柯兰君、李汉林主编：《都市里的村庄——中国大城市的流动人口》，中央编译出版社2001年版，第71~94页。

〔4〕 王毅杰、童星：《流动农民社会支持网探析》，载《社会学研究》2004年第2期。

〔5〕 刘传江、周玲：《社会资本与农民工的城市融合》，载《人口研究》2004年第5期。

〔6〕 Yanjie Bian, "Bringing Strongties Back In, Indirect Ties, Network Bridges, and Job Searches in China", *American Sociological Review*, 62 (1997), pp. 366~385.

〔7〕 边燕杰、张文宏：《经济体制、社会网络与职业流动》，载《中国社会科学》2001年第2期。

〔8〕 周玉：《社会网络资本与干部职业地位获得》，载《社会》2006年第1期。

〔9〕 冯军旗：《中县干部》，北京大学2010年博士学位论文，第50~60页。

〔10〕 王汉生、陈智霞：《再就业政策与下岗职工再就业行为》，载《社会学研究》1998年第4期。

〔11〕 丘海雄、陈健民、任焰：《社会支持结构的转变：从一元到多元》，载《社会学研究》1998年第4期。

〔12〕 赵延东：《求职者的社会网络与就业保留工资——以下岗职工再就业过程为例》，载《社会学研究》2003年第4期。

〔13〕 赵延东：《再就业中社会资本的使用——以武汉市下岗职工为例》，载《学习与探索》2006年第2期。

〔14〕 李培林：《流动民工的社会网络和社会地位》，载《社会学研究》1996年第4期。

〔15〕 王春光：《流动中的社会网络：温州人在巴黎和北京的行动方式》，载《社会学研究》2000年第3期。

都是同样适用的。当然，由于，不同阶层其社会网络资源的数量和质量存在巨大差异，其社会融入的状态也完全不同。[1][2]

所以说，社会融入包含着个人与制度环境和非制度环境之间的交往关系，即制度交往与非制度交往（关系交往）。社会融入除了包含交往维度，还应包含信任维度，即制度信任和非制度信任（关系信任）。制度信任是一种普遍信任，是一种利用制度资源的能力。而非制度信任则属于特殊信任和关系信任，是一种利用非制度的关系资源的能力。这样，如果把信任理解为一种协调人与社会关系的能力，即制度信任反映了制度融入状况，而关系信任体现了非制度的关系融入状况，那么信任与交往便共同构成了社会融入的一对范畴。于是，社会融入的概念就可以被划分为四个维度：制度交往、制度信任、关系交往、关系信任。其中，关系交往情况可以被细分为家人交往、邻里交往、朋友交往。制度交往可以被细分为公共服务和社团参与。一个人在这些方面的状况也就反映了其社会融入的状况。如表 6-1所示：

表6-1　社会融入概念的分析维度

社会交往					社会信任	
制度交往		关系交往			制度信任	关系信任
公共服务	社团参与	家庭交往	邻里交往	朋友交往		

2. 社会融入感

社会融入感是社会融入的主观维度，其社会学意义不容小觑。有人指出，相比于社会融入的各种客观事实状况，融入者的主观认同才是界定群体归属的核心。[3]就个体和一个民族国家的关系而言，联结一个社会的众多成员的

---

〔1〕 边燕杰：《城市居民社会资本的来源及作用：网络观点与调查发现》，载《中国社会科学》2004 年第 3 期。

〔2〕 张文宏、李沛良、阮丹青：《城市居民社会网络的阶层构成》，载《社会学研究》2004 年第 6 期。

〔3〕 M. Moerman, "Ethnic Identity in a Complex Civilization：Who are the Lue", *American Anthropologist*, 1965, 67 (5), pp. 1215~1230.

纽带是一种共同的想象，而不是客观的交往。[1][2]戈登提出社会融入包括结构融入和文化融入，而文化融入就是心理和价值层面的认同，即社会融入感。伯纳德[3]和恩泽格尔等人[4]也都主张心理的和文化的认同是社会融入的主要方面。任远和乔楠[5]认为一个人对自己身份的认同、对城市的态度、对社会的态度等心理感知方面是社会融入的主要因素。李培林和田丰[6]也认为，心理的接纳和身份的认同是城市移民社会融入的两个核心。所以甚至可以说，主观心理融入，即社会融入感，是社会融入的较高层次和完成的标志。[7]

但显然，社会融入感也是一个多层次、多维度的概念。那么，如何对社会融入感进行分类呢？郭星华在对流动人口的社会融入感进行研究后认为，社会融入感实质上是一种社会认同，即在心理上能接受某种客观现实状态的程度。其包括两个方面：一是对自身的认识和评价；二是对自身与社会关系的认识和评价。[8]雷开春则认为，移民中流入者的社会认同包括五个方面：群体认同、地域认同、地位认同、文化认同和职业认同。[9]但不同群体的社会融入感受制于不同的环境因素，本书所关注的城市退休老年人的社会融入感，显然不能等同于流动人口的社会融入感。例如，文化认同、地域认同和职业认同并非退休人员的主要问题。那么，我们需要针对城市退休老年人的特殊情况，提出一种不同的维度划分。

---

〔1〕 [美] B. 安德森：《想象的共同体——民族主义的起源与散布》，吴叡人译，上海人民出版社 2005 年版，第 6 页。

〔2〕 M. M. Gordon, *Assimilation in American Life：The Role of Race, Religion and National Origin*, Oxford University Press, 1964, p. 80.

〔3〕 P. Bernard, *Social Cohesion：A Critique*, Ottawa：Canadian Policy Research Networks, Inc, 1999, p. 6~7.

〔4〕 H. Entzinger and R. Biezeveld, *Benchmarking in Immigrant Integratio*, Erasmus University Rotterdam, 2003, pp. 44~46.

〔5〕 任远、乔楠：《城市流动人口社会融合的过程、测量及影响因素》，载《人口研究》2010 年第 2 期。

〔6〕 李培林、田丰：《中国农民工社会融入的代际比较》，载《社会》2012 年第 5 期。

〔7〕 崔岩：《流动人口心理层面的社会融入和身份认同问题研究》，载《社会学研究》2012 年第 5 期。

〔8〕 郭星华等：《漂泊与寻根：流动人口的社会认同研究》，中国人民大学出版社 2011 年版，第 205 页。

〔9〕 雷开春：《城市新移民的社会认同——感性依恋与理性策略》，上海社会科学院出版社 2011 年版，第 219 页。

引起城市退休老年人社会认同感和融入感包括两个因素的变化：自身状况的变化，以及自身与环境关系的变化，这些变化又具体包括行动能力的下降、社会地位的降低、社会身份的丢失、社会关系的淡化、社会环境的不确定。这些因素共同构成了一个城市退休者面对的个体与环境的失调，并由此在主观上产生了社会融入的消极感受。具体包括：遗弃感、挫折感、歧视感、孤独感、焦虑感。如表6-2所示：

表6-2 城市退休老年人社会融入感的分析维度

失调因素	社会身份丢失	社会地位下降	行动能力降低	社会关系弱化	社会环境不确定
反向社会融入感	遗弃感	歧视感	挫折感	孤独感	焦虑感

（三）影响因素

如前所述，城市退休老年人的社会融入问题涉及与制度环境和非制度环境的关系。老年人由于年龄的增长、生理机能的衰退以及社会职业的终止，从社会结构的中心位置外移到社会边缘，社会地位下落，变成了相对弱势群体。这时候，其获得制度资源的情况，如公共服务和社团参与，都可能会影响其社会融入感。与此同时，非制度资源（包括家人、邻里和朋友关系）也可能会影响到其社会融入感。

1. 制度融入对社会融入感的影响

很多研究表明，制度性排斥会对社会融入感产生显著的消极影响。例如，户籍制度障碍，农民工及其子女的排斥，会显著降低这个群体的认同感。[1] 其他制度因素还包括养老保险、医疗保险、住房保障等社会保障制度，都会直接影响到受排斥对象群体的社会融入感。制度壁垒导致的社会排斥和公共服务的滞后，让那些处于劣势的社会群体陷入了非常被动（甚至是任人宰割）的境地，在心理和精神层面产生非常负面的影响。可见，制度层面上公共服务的质量对社会融入感的影响是极有可能存在的。在社团参与对社会融入感的影响方面，有不少研究发现，社团参与（例如老年人健身社团）为老年人的社会参与和社会互动提供了稳定的组织支撑，使他们得以更好地融入社会

---

〔1〕 张展新、侯亚非：《流动家庭的团聚：以北京为例》，载《北京行政学院学报》2010年第6期。

生活。[1]我们将制度融入划分为制度交往状况和制度信任状况两个层面。以往的研究表明，制度交往状况和制度信任情况会显著影响到社会融入感的状况。由此我们推出以下假设：

假设1：良好的公共服务对城市退休老年人的社会融入感产生积极影响。

假设2：社团参与行为对城市退休老年人的社会融入感产生积极影响。

假设3：较高的制度信任对城市退休老年人的社会融入感产生积极影响。

2. 非制度融入对社会融入感的影响

不少研究指出，在中国的城市中，人们与亲属和同事之间常常存在密切联系，互相支持。[2][3]赖蕴宽发现，上海居民通常依赖配偶和父母来获得工具性和情感性的社会支持。[4]还有一些针对城乡居民的研究也发现，强关系，特别是亲属关系在社会支持方面（财务支持和精神支持）都发挥着重要作用。此外，同事和朋友在精神支持中的作用比较明显，在农村，邻居的财务支持和精神支持均发挥了相当重要的作用。[5]不难发现，多数研究认为，家人、邻里和朋友等私人关系和私人信任都会对社会融入感产生积极作用。但也有一些研究指出，私人关系和私人信任在当前的社会支持功能越来越弱，有时甚至会增加社会融入的成本。非制度融入，包括关系交往和关系信任两个层面。其中，关系交往又包含家人交往、邻里交往和朋友交往，这些因素也都可能影响到城市退休老年人的社会融入感。我们由此推出以下假设：

假设4：经常的家人交往会对城市退休老年人的社会融入感产生积极影响。

假设5：经常的朋友交往会对城市退休老年人的社会融入感产生积极影响。

假设6：经常的邻里交往会对城市退休老年人的社会融入感产生积极

〔1〕 任海：《体育与"乡—城移民"的社会融入》，载《体育与科学》2013年第1期。

〔2〕 阮丹青等：《天津城市居民社会网初析——兼与美国社会网比较》，载《中国社会科学》1990年第2期。

〔3〕 Danching Ruan, "A Comparative Study of Personal Networks in Two Chinese Societies", in *The Chinese Triangle of Mainland China, Taiwan and Hong Kong: Comparative Institutional Analyses*, edited by Alvin Y. So, Nan Lin and Dudley, Poston Westport Conn: Greenwood Press 2001, pp. 189~206.

〔4〕 Gina Lai, "Social Support Networks in Urban Shanghai", *Social Networks*, 23 (2001), pp. 73~85.

〔5〕 Wenhong Zhang and Danching Ruan, "Social Support Networks in China an Uban-Rural Comparison", *Social Sciences in China*, 3 (2001), pp. 45~55.

影响。

假设7：较强的关系信任会对城市退休老年人的社会融入感产生积极影响。

（四）研究设计

1. 因变量的测量

根据前面对城市退休老年人"社会融入感"的界定，我们设计了5个问题，每个问题回答"是"或者"否"。以此来衡量社会融入感状况。如表6-3所示：

表6-3 社会融入感各指标的问题设计和赋值

指标	问题	赋分
遗弃感	退休后，您是否感到被社会遗弃？	是=1；否=0
歧视感	您是否经常感觉被别人轻视？	是=1；否=0
挫折感	您在日常生活中是不是经常感到力不从心？	是=1；否=0
孤独感	您在日常生活中是否经常感到孤独？	是=1；否=0
焦虑感	您是否觉得周围环境越来越不确定？	是=1；否=0

2. 自变量的测量

（1）制度交往。公共服务的测量，可以通过个人与制度资源之间是否发生过关系失调反映出来，因此设计为系列问题："在过去的一年中，您和您的家人是否经历过下列事情：①不利政策；②干群冲突；③到政府部门办事不顺；④医患纠纷；⑤不当执法"，赋值为：有=0分；没有=1分。5个问题的总得分为"公共服务得分"，得分区间为0分~5分。

社团参与的测量，设计问题为：您是否经常参加社团活动，例如，健身、艺术或表演社团？赋值为：有=1分；没有=0分。

（2）非制度交往。非制度交往的情况主要包括与家人、邻居、朋友的交往情况。因此，将该指标设计为系列问题：过去的一年中，您与下列人员（家人、朋友、邻居）保持联系的情况。赋值为：从不=1分；一年几次=2分；至少每月一次=3分；至少一周一次=4分；一天多次=5分。于是就得到了"家人交往指数""邻居交往指数""朋友交往指数"。

（3）制度信任因子与关系信任因子。把信任问题设计为里克特问题量表：

"您对下列对象（家人、邻居、朋友、医生、律师、专家、警察、雇主、银行、媒体、司法机关、地方政府、中央政府）的信任程度如何?"赋值为：完全不信任=1分，不太信任=2分，一般=3分，比较信任=4分，完全信任=5分。我们对这13个问题进行因子分析的适合性检验，发现KMO系数高达0.916，Bartlett球形度检验的相伴概率也达到了显著水平（sig=0.000），可以进行因子分析。然后，采取主成分法对问题量表进行因子分析后得到两个显著因子：制度信任因子（F1）和关系信任因子（F2）。两个因子分别解释了62.19%和14.27%的方差，可解释总变异的76.46%，两者解释力较高（参照表6-4）。

表6-4　社会信任因子分析的旋转后因子载荷矩阵

原始变量	因子1	因子2
X1：家人信任	.192	.821
X2：邻居信任	.131	.897
X3：朋友信任	.257	.906
X4：医生信任	.792	.293
X5：律师信任	.880	.186
X6：专家信任	.828	.224
X7：警察信任	.870	.215
X8：雇主信任	.808	.217
X9：银行信任	.848	.213
X10：媒体信任	.836	.096
X11：司法机关信任	.872	.191
X12：地方政府信任	.892	.226
X13：中央政府信任	.797	.080

根据因子系数得分矩阵，进行回归分析，可以计算每个样本在制度信任因子（F1）和关系信任因子（F2）的因子值，计算公式如下：

$$F1 = -0.083X_1 - 0.105X_2 - 0.083X_3 + 0.101X_4 + 0.132X_5 + 0.118X_6 + 0.127X_7 + 0.115X_8 + 0.123X_9 + 0.137X_{10} + 0.130X_{11} + 0.129X_{12} + 0.133X_{13}$$

$$F2 = .386X_1 + 0.414X_2 + 0.400X_3 + 0.028X_4 - 0.036X_5 - 0.011X_6 - 0.021X_7 -$$
$$0.011X_8 - 0.019X_9 - 0.073X_{10} - 0.033X_{11} - 0.019X_{12} - 0.075X_{13}$$

于是，我们就得到了自变量中的制度信任变量和关系信任变量。

3. 控制变量的测量

控制变量：男性（参照女性），受教育年数，信教（参照不信教），党员（参照非党员），体制内退休（参照体制外退休），经济状况（很差＝1；较差＝2；较好＝3；很好＝4），自有住房（参照无自有住房）。

4. 计模型

本书使用了二项 Logistic 回归来检验研究假设，回归系数以最大似然比法估计。方程为：$\sum Z = \alpha + \sum \beta X + \sum \gamma C$。其中，$\sum Z$ 是因变量矩阵，包括负向社会融入感的 5 个维度：歧视感、遗弃感、挫折感、孤独感、焦虑感；$\sum X$ 是自变量矩阵，包括社会交往层面的公共服务、社团参与、家人交往、邻里交往、朋友交往和社会信任层面的制度信任、关系信任，以及存在交互作用的上述变量之积；$\sum C$ 是控制变量矩阵。α、β、γ 是回归参数向量，衡量独立变量的效果。

5. 抽样情况

本书采取立意抽样和随机抽样相结合的方式，多阶段抽取样本。第一阶段，在烟台市 13 个街道的 107 个社区中随机选取东花园社区、只楚社区、毓璜顶社区、西炮台社区、白石社区、惠安社区。第二阶段，在上述 6 个社区中，每个社区随机抽取 100 名老年人，样本总量为 600 人。问卷调查先后于 2013 年 7 月至 8 月、2014 年 1 月至 2 月份分两阶段进行。本调查发放问卷共 600 份，回收 596 份，其中有效问卷 544 份。从样本的结构来看，男性 164 人，女性 380 人；60 岁以上的 498 人，55 岁~59 岁的 46 人。

（五）统计结果分析

1. 城市退休老年人社会融入的基本状况

制度交往方面。样本中退休老人接受公共服务的整体状况比较理想，在过去一年中，多数退休老人（64.7%）在接受公共服务过程中没有不愉快的经历。但是，也有一定数量的样本（35.3%）在制度交往中至少有过一种不愉快的经历。具体说来，有近 20% 的老人遇到过对自己和家庭不利的政策；有约 13% 的退休老人遇到过干群冲突和不当执法；有近 15% 的老人遇到过医患矛盾；退休老人遇到的最多的不愉快经历是在政府部门办事不顺，高达

24.6%，接近总样本数的1/4。社团参与方面，544个样本中，经常参加社团活动的人数为364人，约占2/3。可见，大部分城市退休老年人都参与了各种形式的社团来丰富自己的退休生活。总体而言，在制度交往层面上，城市退休老人的社会融入状况尚可（如表6-5所示）。

表6-5 城市退休老年人接受公共服务的经历情况

公共服务经历	有	没有	百分比
不利政策	106	438	19.5
干群冲突	70	474	12.9
办事不顺	134	410	24.6
医患纠纷	78	466	14.3
不当执法	70	474	12.9

关系交往方面。所调查的样本，与家人保持联系的频率多数是"一周多次"，或者"一天多次"，交往频率较高；与邻里的互动频率，分布比较均匀，选择"至少每月一次"和"至少一周一次"的超过50%，与朋友的互动频率主要集中在"一年几次""至少每月一次""至少一周一次"三个选项上。总体上，城市退休老年人与这三种交往对象的互动频率依次降低。如表6-6所示：

表6-6 城市退休老年人的关系交往情况（n=544）

	从不	一年几次	至少每月一次	至少一周一次	一天多次	合计
家人交往	0%	11.8%	11.4%	32.4%	44.5%	100%
邻里交往	9.2%	18.8%	24.3%	28.7%	19.1%	100%
朋友交往	5.1%	27.6%	34.2%	27.2%	5.9%	100%

社会信任方面。城市退休老人关系信任的平均得分（4.04分）明显高于制度信任平均得分（3.43分）。关系信任方面，家人信任得分高达4.61分，接近"完全信任"；其次是朋友和邻里，分别为3.79分和3.73分，接近于"比较信任"。制度信任的对象中，媒体的信任度是最高的，高达到4.7分，几乎是"完全信任"，但是在这个对象上分歧是所有信任对象中最大的；其次

是对中央政府的信任度较高，达到 3.83 分，接近于"比较信任"；其他制度对象的信任得分基本接近"一般"，得分从低到高依次为，雇主信任 3.04 分，医生信任 3.06 分，专家信任 3.18 分，律师信任 3.23 分，司法机关信任 3.24 分，地方政府信任 3.31 分，银行信任 3.33 分，警察信任 3.38 分。

社会交往与社会信任的关系方面。对二者进行相关分析后发现：制度信任程度与公共服务状况和社团参与状况高度相关，与邻里交往和家人交往也存在一定的相关性；而关系信任程度与家人交往、邻里交往、朋友交往之间均存在强烈相关，与公共服务和社团参与也有一定的相关性。由此看来，大体上社会交往与社会信任之间是存在交互的正向关系的。而且，进一步观察可以发现，制度信任与制度交往，关系信任与关系交往相关性更加明显，呈现出了明显的对应性。如表 6-7 所示：

表 6-7　社会交往与社会信任的交互关系

	公共服务	社团参与	家人交往	邻里交往	朋友交往
制度信任	.483＊＊	.460＊＊	170＊＊	.278＊＊	-.027
关系信任	.215＊＊	.152＊＊	.486＊＊	.411＊＊	.480＊＊

注：Pearson 相关系数；＊＊. 在 .01 水平（双侧）上显著相关。

2. 城市退休老年人社会融入感的基本情况

（1）城市退休老年人社会融入感的基本情况。调查对象中，不同情况地存在着社会融入感问题。近 1/5 的退休老年人有遗弃感，近 1/4 的老人感觉到被别人轻视，约 1/4 的老人有孤独感，高达 45.2% 的退休老年人有挫折感，25% 的退休老年人有焦虑感。这些数据说明，在城市的退休老年人中，普遍存在不同情况的社会融入感问题，即存在社会疏离感（参见表 6-8）。

表 6-8　城市退休老年人的社会融入感状况

反向社会融入感指标	频数	百分比
遗弃感	104	19.1%
歧视感	134	24.6%
孤独感	124	22.8%

续表

反向社会融入感指标	频数	百分比
挫折感	246	45.2%
焦虑感	136	25%

（2）社会融入感各维度的相互关系。社会融入感源于不同面向，分别涉及社会身份、行动能力、社会地位、社会关系、社会环境等。但遗弃感、歧视感、挫折感、孤独感和焦虑感相互之间也可能存在关联。我们采取计算Lambda系数的方式来确定相互之间的路径关系图如6-1所示：

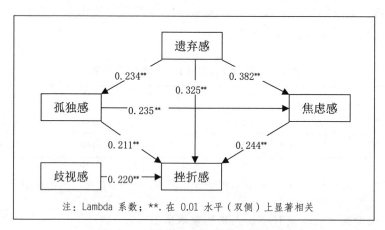

图6-1　反向社会融入感的路径关系图

路径关系图显示，退休老年人最先遇到的问题是从工作场域中退出，制度化身份丧失所带来的遗弃感，遗弃感会加重孤独感、焦虑感和挫折感，而挫折感还受到歧视感、孤独感和焦虑感的影响，此外，孤独感还会加重焦虑感。

3. 社会融入状况与社会融入感的交互关系

我们将自变量和因变量的各个指标进行相关分析，发现大部分指标之间存在明显的相关关系（见表6-9）。简而言之，遗弃感、歧视感、孤独感、挫折感和焦虑感与制度交往、关系交往、制度信任、关系信任之间均存在较为明显的相关性。对比数据还可以发现，制度信任比关系信任、制度交往比关系交往，对社会融入感的影响更为明显。为了进一步确定二者之间的因果关系，我们需要将所有自变量纳入回归模型。

表6-9　社会融入与社会融入感的 Pearson 相关系数

	歧视感	遗弃感	挫折感	孤独感	焦虑感
公共服务	-.656＊＊	-.710＊＊	-.385＊＊	-.370＊＊	-.607＊＊
社团参与	-.106＊	-.532＊＊	-.303＊＊	-.362＊＊	-.424＊＊
家人交往	-.206＊	-.388＊＊	-.152＊	-.225＊＊	-.265＊＊
朋友交往	-.195＊＊	-.175＊＊	-.102＊	.018	-.144＊＊
邻里交往	-.249＊＊	-.345＊＊	-.196＊＊	-.167＊＊	-.305＊＊
制度信任	-.243＊＊	-.636＊＊	-.318＊＊	-.510＊＊	-.475＊＊
私人信任	-.259＊＊	-.280＊＊	-.117＊＊	-.035	-.200＊＊

注：＊＊. 在0.01水平（双侧）上显著相关，＊. 在0.05水平（双侧）上显著相关。

4. 模型分析

我们分别以遗弃感、歧视感、挫折感、孤独感、焦虑感为二分因变量，以制度交往、关系交往、制度信任、关系信任等测量指标为自变量，控制基本情况变量，进行二项 logistic 回归，建立模型1、3、5、7、9。同时，除了既有的自变量和控制变量之外，我们将参照"表6-7 社会交往与社会信任的交互关系"中的结果，建立5个交互作用变量：公共服务×制度信任；社团参与×制度信任；家人交往×私人信任；朋友交往×私人信任；邻里交往×私人信任。交互变量是用来考察两个变量互为条件时会对因变量产生何种影响。引入交互变量后建立模型2、4、6、8、10。总共得到10个模型拟合度较佳，且均通过显著性验证。

表6-10　社会融入感的二元 logistic 回归模型

	遗弃感		歧视感		挫折感		孤独感		焦虑感	
	模型1	模型2	模型3	模型4	模型5	模型6	模型7	模型8	模型9	模型10
自变量										
制度融入										
公共服务	-.921＊＊	-1.078＊＊	-2.902＊＊	-4.659＊＊	-.554＊＊	-.336＊	-.151	-.287	-.983＊＊	-.440＊＊
	(.213)	(.386)	(.309)	(.546)	(.119)	(.158)	(.140)	(.193)	(.171)	(.275)

续表

	遗弃感		歧视感		挫折感		孤独感		焦虑感	
社团参与	-1.051	.887	3.900**	2.572**	-.478*	-.257	-.400	-.476	-.887*	-.345
	(.542)	(1.576)	(.768)	(.714)	(.249)	(.276)	(.330)	(.396)	(.361)	(.441)
制度信任	-1.278**	-5.060**	.297	6.599**	-.213	-1.343*	-1.125**	-1.268*	-1.014**	-3.921**
	(.299)	(2.017)	(.263)	(1.130)	(.136)	(.755)	(.202)	(.673)	(.212)	(1.188)
公共服务×制度信任		-.616*		-.930**		-.327*		-.148		.-770**
		(.355)		(.267)		(.161)		(.146)		(.252)
社团参与×制度信任		-3.613**		-3.512**		-.231		-1.207**		-.909*
		(1.165)		(.759)		(.286)		(.402)		(.469)
非制度融入										
家人交往	-.588*	-1.033**	1.202**	1.486**	.099	.140	-.585**	-.640**	.257	.801
	(.294)	(.414)	(.285)	(.319)	(.133)	(.137)	(.170)	(.175)	(.199)	(.255)
朋友交往	.103	-.536	-.628**	-.726*	-.144	-.370	.406*	.356*	.003	-.356
	(.275)	(.401)	(.229)	(.312)	(.126)	(.147)	(.174)	(.182)	(.198)	(.240)
邻里交往	.046	.066	.310	.288	.018	-.004	.019	.120	.082	-.085
	(.233)	(.276)	(.183)	(.236)	(.101)	(.105)	(.136)	(.140)	(.151)	(.172)
关系信任	-.349	-5.616**	.821**	1.378	.234	-2.681**	.196	1.941**	-.212	-10.104**
	(.312)	(2.122)	(.293)	(.956)	(.150)	(1.034)	(.195)	(.573)	(.200)	(1.845)
家人交往×关系信任		-.631		-.892*		.084		-.502*		1.525**
		(.547)		(.423)		(.237)		(.291)		(.385)
朋友交往×关系信任		2.384		.-835		.700**		-.286		.498
		(.584)		(.353)		(.222)		(.250)		(.346)
邻里交往×关系信任		.009		.432		.132		.212		.525*
		(.376)		(.352)		(.137)		(.164)		(.219)
控制变量										
男性（参照女性）	.886*	.500	-.342	-.057	-.352	-.342	.422	.428	-.187	-.506
	(.456)	(.634)	(.408)	(.451)	(.231)	(.239)	(.284)	(.296)	(.360)	(.462)
受教育年限	-.047	.052	-.211**	-.266**	-.072	-.057	-.081	-.093	.013	.009
	(.077)	(.118)	(.081)	(.103)	(.040)	(0.42)	(.053)	(.055)	(.060)	(.077)
信教（参照不信教）	1.091*	2.201**	.713	1.476*	-.338	-.294	.059	.030	1.055**	1.170**
	(.487)	(.685)	(.524)	(.663)	(.287)	(.291)	(.348)	(.372)	(.369)	(.407)
党员（参照非党员）	.714	.865	.595	1.137*	.817**	.946**	-.438	-.667	-1.861**	-1.891**
	(.574)	(.761)	(.427)	(.501)	(.262)	(.271)	(.353)	(.374)	(.493)	(.593)
体制内退休（参照体制外）	-.497	-1.330**	-.390	-.338	-.965***	-1.026**	-.525*	-.602*	.444	1.011**
	(.468)	(.619)	(.347)	(.430)	(.221)	(.230)	(.277)	(.288)	(.335)	(.390)
经济状况	.721	1.293	-.801**	-1.086**	-.659***	-.786**	.124	-.080	-.403*	-.723**
	(.427)	(.688)	(.260)	(.323)	(.166)	(.177)	(.209)	(.211)	(.237)	(.250)
自有住房（参照无住房）	.178	-.679	.190	.285	.141	.044	-.392	-.098	-1.667**	-2.451**
	(.609)	(.688)	(.418)	(.500)	(.279)	(.285)	(.345)	(.380)	(.378)	(.449)

续表

	遗弃感		歧视感		挫折感		孤独感		焦虑感	
常量	1.131*	.166	3.311*	11.206**	5.707***	5.250**	1.321	2.756*	4.547**	1.661
	(1.104)	(3.420)	(1.634)	(2.507)	(.997)	(1.227)	(1.182)	(1.438)	(1.47)	(2.007)
Cox&Snell R2	.480	.528	.472	.528	.251	.282	.285	.315	.423	.480
Nagelkerke R2	.770	.848	.702	.785	.336	.378	.432	.479	.626	.711
Sig.	.041	.005	.001	.000	.000	.000	.030	.008	.000	.000
N	544	544	544	544	544	544	544	544	544	544

注：＊＊. 在 0.01 水平（双侧）上显著相关，＊. 在 0.05 水平（双侧）上显著相关。（）内为回归系数的标准误差。

对表 6-10 中的模型分别进行分析，可以大体上得到影响城市退休老年人社会融入感的因素及其作用条件：

（1）城市退休老年人遗弃感的影响因素及其条件。通过对模型 1 和模型 2 进行分析可以发现：公共服务状况与退休老年人的遗弃感成反比，制度信任程度也与退休老年人的遗弃感成反比。也就是说，顺利获取制度资源和较高的制度信任能有效减轻退休老年人的遗弃感，增强他们对制度的认同感。同时，在制度信任的前提下，社团参与也能有效减轻城市退休老年人的遗弃感。模型还显示：与家人之间的接触越多，遗弃感越轻。将交互作用变量引入模型之后，关系信任也能减轻退休老年人的遗弃感。除此之外，模型还显示，与朋友、邻里的互动频率与退休老年人的遗弃感没有直接关系。由此可见，遗弃感与制度融入和家庭融入的关系密切，同邻里共同体和朋友圈的关系不大。

（2）城市退休老年人歧视感的影响因素及其条件。模型 3 和模型 4 显示：对于城市退休老年人来说，个人与制度之间的冲突会显著增强个体的歧视感，无法顺利获得制度资源会使他们觉得自己被轻视；制度信任只有在获取公共服务顺畅的情况下才会减轻退休老年人的歧视感，否则反而会加剧退休老年人的歧视感。当老年人对社会制度身份和社会机构保持较高信任的情况下参与社团会有效减轻歧视感。家人交往只有在关系信任较高的情况下，才会减轻退休老年人的歧视感。也就是说，与没有信任感的家人交往，或者与信任的家人缺少交往，并不会减轻退休老人的歧视感。同时，与朋友的交往能有效降低老年人的歧视感。此外，邻里交往情况与退休老年人的歧视感没有关系。

（3）城市退休老年人挫折感的影响因素及其条件。模型 5 和模型 6 显示：退休老年人的挫折感与公共服务和社团参与有关。良性的公共服务和社团参与能减轻退休老年人的挫折感。但引入交互作用变量之后，社团参与对挫折感的影响被消解。制度信任和私人信任与退休老年人的挫折感之间存在反向关系，也就是说，制度信任和私人信任都能减轻城市退休老年人的挫折感。模型还显示，那些愿意相信朋友的退休老年人，与朋友交往越多，反而越会增强退休老人的挫折感。此外，邻里交往和家人交往与退休老年人的挫折感关系不明显。

（4）城市退休老年人孤独感的影响因素及其条件。模型 7 和模型 8 显示：制度信任，以及制度信任条件下的社团参与，能帮助城市退休老人克服孤独感。家人交往的频率（主要是与值得信任的家人交往）会减轻老年人的孤独感。朋友交往的频率反而与孤独感成正比，对此能说得通的解释是，那些与朋友过密交往的退休老年人可能是由于自身的孤独感更强。在引入交互作用变量之后可以发现，私人信任非但不能减轻孤独感，反而会较大程度地增加孤独感。除此之外，公共服务、邻里交往与退休老年人的孤独感无关。

（5）城市退休老年人焦虑感的影响因素及其条件。模型 9 和模型 10 显示：公共服务的情况与退休老年人的焦虑感密切相关，不良的公共服务状况会加剧其焦虑感。制度信任的程度也与这一群体的焦虑感成反比，对制度越是信任的退休老年人，其焦虑感越轻。另外，社团参与也会缓解退休老年人的孤独感。而且，制度信任下的社团参与，会减轻退休老年人的焦虑感。关系信任会显著减轻退休老年人的焦虑感。模型还显示，持较高关系信任的退休老年人，其家人交往和邻里交往越多，其焦虑感越强。除此之外，朋友交往与退休老年人焦虑感的关系不明显。

综上所述，对于城市退休老年人群体而言，社会融入感与社会融入状况的关系复杂。总体上来说，制度融入比关系融入能更有效地提高其社会融入感。本书提出的具体假设，也需要做出修正：

命题 1：良好的公共服务对城市退休老年人克服遗弃感、歧视感、挫折感和焦虑感均能有积极影响。

命题 2：在制度信任较高的条件下，社团参与对城市退休老年人克服遗弃感、歧视感、孤独感、焦虑感产生积极影响。

命题 3：制度信任对城市退休老年人的社会融入感产生积极影响。

命题 4：那些更愿意相信私人关系的城市退休老年人，多与家人交往，会对社会融入感产生积极影响。

命题 5：朋友交往会对城市退休老年人的社会融入感的影响不能简单而论，增强孤独感、挫折感与减轻歧视感并存。

命题 6：邻里交往对城市退休老年人社会融入感的影响不明显。

命题 7：关系信任对城市退休老年人的社会融入感的影响也有两面性。减轻遗弃感、挫折感和焦虑感的同时，却加重了歧视感和孤独感。

（六）研究结论

可见，在城市退休老年人群体中存在较为普遍的社会融入感问题，社会融入感的不同侧面受到了各种社会融入状况的影响。鉴于以上统计结果，我们认为，对于如何推动退休老年人重新融入社会，增强社会融入感，可以得到以下基本结论：

第一，提高公共服务质量，提升制度信任，是增强城市退休老年人社会融入感的最有效方式。多数模型显示，公共服务状况和制度信任几乎直接影响到了退休老年人社会融入感的各个方面。特别是公共服务状况，无条件地影响着城市退休老年人的歧视感、遗弃感、挫折感和焦虑感，这种影响直接而且显著。这也从一个侧面证实了，在现代社会，个人与制度之间的密切关系，衣食住行、生老病死都依赖于制度提供的资源，与制度的关系是否融洽和对各种制度身份和机构的信任程度关系到每个人（包括退休老年人）能否真正感受到融入社会。所以，从这个意义上说，加强制度建设，提高公共服务的质量，从而提升人们的制度信任程度，无疑是增强城市退休老年人社会融入感首要的和最佳的途径。

第二，谨慎评估家庭功能，重视老年人的家庭需求。现代化理论主张，在市场经济的影响下，家庭的功能退化不可逆转。本书也发现，家人交往对城市退休老年人群体的影响比较复杂，而且这些影响也往往是有条件的，在某些方面还是消极的。例如，只有那些被信任的家人才能为城市退休老年人的社会融入感起到积极的精神抚慰作用。家庭作为情感港湾，情感抚慰功能是现代家庭功能最后一座堡垒，对老年人的遗弃感和孤独感发挥调适作用。但随着家庭功能的弱化，随着个人对家庭的依赖相对减弱和对制度的依赖相对增强，要增强老年人社会融入感，就应适当考虑到现代家庭的承载能力，不可寄予太高的期望。

第三，对于城市退休老年人群体的社会融入感而言，邻里和朋友的影响基本消退。朋友群体虽然在有些情况下有助于增强城市退休老年人的社会融入感，但是其作用要么是有前提的，要么是微不足道的，有时甚至是起到了消极作用，而邻里交往的影响更是微乎其微。这说明，在熟人社会曾经发挥着重大整合作用的社会纽带，在现代陌生人社会中的凝聚作用正在消解，已经很难为人们提供认同感和归属感。从这个意义上看，现代社区是制度资源能够有效保障个体需求的微型社会，而传统邻里则是一个地域和情感共同体。显然，对于城市退休老年人而言，生活在一个制度完备、服务便利、设施齐全的社区要比重建一个守望相助的传统社区更具有现实意义。因为朋友（较少见面的熟人）和邻里（经常见面的陌生人）关系的疏远，使得当前在城市社区中重新构建传统共同体的愿望难以实现。

第四，在制度健全的情况下，社团参与能有效提高退休老年人的社会融入感。社团参与是现代社会中人们参与社会生活的重要方式。社团不是以邻里关系和朋友关系为纽带，而往往具有较为明确的普遍规则，成员之间的联系呈现为尊重平等规则的"团体格局"，而不是关系复杂的"差序格局"。团体格局的社团往往以最大限度地培养个人兴趣、发展个人潜能、提高个人生活质量为目的，是满足个人需求的生活场域。社团连接了个人与社会之间的关系，为个人融入社会提供了一个有效路径。对于城市退休老年人来说，他们参与的大多是健身、艺术、娱乐一类的社团，这一类社团对于老年人重新寻回自身价值，回归社会，克服孤独和焦虑具有显著的积极意义。但是，社团参与的社会融入功能依赖于制度信任，在制度信任得到保障之前，社团参与的积极功能常常会受到限制。

二、老年社会参与的意义和现实问题

（一）老年社会参与的概念

国外学者关于老年社会参与的概念界定有很多，大体分为四种：①社会参与是指人们参与各种社会活动的程度；②社会参与是指各种具有不同特征的社会角色的组合；③社会参与就是指社会资源的共享；④社会参与就是指人们共同参与社会活动。

在国内，学者杨宗传认为，老年社会参与主要是指老年人参与社会的各项活动，而且这些活动都是对社会有益的活动，包括五个方面的内容，即参与社会的经济、文化、家务、人际交往以及旅游活动，并且应该包括在家庭领域内参加的文化活动以及娱乐活动。[1]张钟汝和范明林则认为，老年社会参与有狭义和广义之分，广义的老年社会参与指老年人与社会保持联系；狭义的老年社会参与指老年人参与各项社会发展活动，主要包括老年人再就业、老年人力资源开发、老年人才开发等。姚远和张恺悌则更进一步提出，社会参与就是老年人参与社会活动，实现自身社会价值。[2]这一概念主要包括三个方面：第一，社会参与是从社会的角度而言的；第二，社会参与就是讲人与人的联系；第三，社会参与可以体现人们的个人价值。

可以认为，老年社会参与是指老年人主动参与有利于社会发展的各项活动，既包括有偿的社会参与，也包括无偿的社会参与。老年人通过参与各项社会活动满足自身需求，实现个人价值，推动社会发展，这就是老年社会参与的内涵所在。

党的第十九次全国代表大会宣告中国特色社会主义进入新时代，指出我国社会主要矛盾已经转化为人民日益增长的美好生活需要和不平衡不充分的发展之间的矛盾。由此开始中国社会进入新时代。因此，新时代中国老年社会参与的基本意涵也必然有其特殊性。

第一，老年人社会参与将更趋于普遍化，这一方面是依托于我国老年人日渐提升的个体意愿、能力和水平，以及更为成熟和充分的制度和体系性建设这些现实基础。另一方面是源自社会对老年人价值的再审视，除了在经济活动和社会公益方面的贡献被认可以外，老年人的非正规就业、家庭代际支持、文化传承等价值也愈加受到承认和重视。我国老年人口整体数量、健康程度和人力资本水平均处于不断提高的状态，这就为老年人广泛的社会参与创造出了充分的前提条件。越来越多的老年人有社会参与的能力和可能性，与此同时，不再仅仅局限于市场和正式组织这些平台，我国老年人正在家庭、社区和社会等领域做着非常多的贡献，如家庭中的隔代照顾以及一些社区设立的老年自助组织等。他们所创造的绝不仅仅是生活价值，在人口和家庭结构急剧转型而相应的支持尚不充分的背景下，我国老年人这些参与活动也是

---

〔1〕　杨宗传：《再论老年人口的社会参与》，载《武汉大学学报（人文社会科学版）》2000年第1期。

〔2〕　姚远：《养老：一种特定的传统文化》，载《人口研究》1996年第6期，第26页。

极具社会价值的。

第二，对老年人社会参与的促进和保障，是新时代积极应对人口老龄化的必然选择。在农村地区，虽然绝对性贫困已经随着我国社会经济的全面发展而基本消除，但仍然有相当大一部分老年人仍然面临着物质生活的不充分和困难，绝大多数农村老年人是没有退休金的，而目前的养老保障虽然覆盖率较高，但保障水平却依然很有限。在此背景下，农村广泛存在的养老问题都需要继续依赖老年人自身的积极参与。大量事实证明，中国老年人在经济的发展和社会的稳定方面发挥着不可低估的作用，因此在当下及未来相当长一段时期内，更进一步促进和发挥老年人社会参与是顺应时代发展的应有之义。

（二）老年社会参与的理论基础

1. 角色理论和活动理论

角色理论是1942年由科特雷尔提出的，属于功能派的观点。角色理论关注老年人角色变化，认为老年人的角色变化是一种不可逆转的角色丧失或中断。一个人的老年生活中不可避免地会面临各种角色的变换和丧失，其中最重要的就是退休和丧偶，这会导致老年人心理上的失衡，导致老人产生孤独感和消极的情绪，不愿主动参与社会活动。活动理论认为，参与才能提高生活质量，参与才能增强自我认知，老年人参与的活动越多，他们就越发感觉到生活的充实、幸福。角色理论和活动理论告诉我们，应该帮助老年人采取积极的方式去面对角色改变或丧失所带来的不适感，老年人应该积极参与社会各方面的活动，在不断变化的社会中建立新的角色关系以弥补其他角色丧失带来的打击。

2. 再社会化理论

当一个人离开原本的生活环境进入到一个具有不同社会规范和价值观念的新环境时，需要重新进行社会化，重新学习价值观念以及行为规范。再社会化就是指个人在适应新的生活环境的过程中，人们舍弃原有的行为观念，接受新的行为规范的过程。老年人之所以需要再社会化，主要原因依然在于老年人角色的转变，老年人逐步由主导角色变为边缘角色，由家长角色变为受照顾角色等。对于角色转变，老年人需要不断学习、自我调整。

（三）老年社会参与的意义

本书主要从个人和社会两个角度入手，分析老年社会参与的必要性以及它所带来的积极意义。

1. 个人层面

（1）老年社会参与有利于老年人身心健康。很多老年人难以接受自身某些社会角色的丧失，工作角色的丧失会使得老年人十分不适应，更有甚者会认为自己对于家庭、社会而言已经成了废人，从而导致情绪低落。有研究发现，一个人从原本快节奏的生活中骤然停下来会严重影响身心健康。老年人参与社会会使老年人逐渐地接受自身角色的转换，逐步增强自信心，缓解失落情绪。同时，老年人通过社会参与还可以丰富晚年生活，不与时代脱节，这在一定程度上会使老年人保持积极的心态，有利于身心健康。

（2）老年社会参与有利于改善老年人的生活质量。现实中不少老年人生活单调，日复一日重复单一的生活模式，他们对生活失去热情，幸福感很低。相比于那些退休后无事可做的老年人，积极进行社会参与的老年人拥有更加丰富多彩的生活，减轻了一部分空巢、独居等带给老年人的心理落差。老年人有事可做，并且愿意去做，可以极大地提高老年人的生活热情，老年人参与社会活动还可以结交朋友，得到更多的陪伴和关怀，独自生活的隐患也会大大降低，使生活质量得到提高。

（3）老年社会参与有利于提高家庭的收入水平。老年人退休后，如果身体状况允许，可以再就业，获得报酬。对于那些具有较高知识水平和技术水平的老年人而言，不仅可以继续发挥余热，致力于各项科研事业，培养新一批的优秀人才，还可以通过再就业获得劳动报酬，增加家庭收入。

（4）老年社会参与有利于推进老年人的社会融入。退休后老年人的生活圈子变小，容易被边缘化，甚至与社会脱节。为了摆脱这种状态，老年人应当从家庭中走出来，重新走上社会，寻找适合自己的社会角色定位，获得新的社会地位和社会关系。老年社会参与是老年人融入社会的重要路径，推进老年社会参与就等于帮助老年人适应社会、融入社会，使他们可以跟随社会发展的潮流，恰当地扮演自己的社会角色。

（5）老年社会参与有利于老年人自我价值的实现。生活水平的提高必然带来需求层次的提高，当今时代，不少老年人仍然"老骥伏枥，志在千里"，希望能够在晚年继续发光发热，发挥自己的价值。他们积极参与社会生活，发掘自身潜力，充分施展自己的才能，为社会创造更多的价值，并在此过程中获得满足感与自豪感。

（6）老年社会参与有利于改善老年人的社会形象。工业社会以来，老年人的社会形象一路下跌，人们大多只会喜爱、夸赞年轻人，认为他们有能力、有梦想、有干劲、肯付出、有责任感，是社会发展的生力军。对于老年人，人们想到的大多只有顽固、保守、病殃殃、被照料等词汇，赞美之词很少。其实，如果老年人可以努力参与各项社会活动，利用好经验优势，他们同样可以创造巨大的价值，甚至毫不逊色于年轻人。这不仅可以提升自己的社会形象，还可以得到更多人的尊重。

另外，很多人对老年人持有不良印象，认为有相当数量的老年人倚老卖老、为老不尊。近几年来，社会舆论报道多次提到年轻人好心帮助老人反被讹诈的事件，这严重损害了老年人在广大民众心目中的印象，老年人被人尊重敬仰的地位也有所改变。人们对老年群体逐渐产生了很多偏见，很多人主张躲着老年人，不敢也不愿帮助他们。这种状况一旦继续下去，中华民族尊老敬老的传统美德将大打折扣，社会的和谐稳定也将受到很大影响。要想改变这一状况，老年人自身必须有所改变。老年社会参与可帮助缓解这一问题，老年人可以积极参与一些公益活动，扭转在人们心中形成的不良印象。另外，老年人参与社会生活，可以接受教育，认识到不良行为带来的严重后果并有所改变，老年人和善、慈祥的形象就会被再次建立起来，社会形象改善必然会带来老人社会地位的提高。

2. 社会层面

（1）老年社会参与有利于社会文化的传承。老年群体一般具有较深的文化积淀，老年人受到中国传统文化的熏陶多年，对于很多传统文化理解深刻。老年人重视孝道、诚信，这都是他们所能够传递给后人的优秀品质。另外，现代社会很多文化传统、民间技艺等面临消失，比如捏糖人、皮影等民间工艺，只有一些老年人擅长。这些老年人可以在自己的晚年生活中把自己的技艺传授给年轻人，以促进传统文化传承。

（2）老年社会参与有利于促进老年人力资源开发。当前，我国是人力资源大国但并非人力资源强国，开发人力资源是国家复兴路上的必要措施。老年人拥有丰富的经验、熟练的技能，是一种重要的人力资源，在劳动力成本提高的发展阶段，重视老年人力资源开发是社会发展的需要。老年社会参与可以避免老年人力资源的浪费，从一定程度上促进经济的持续发展。

（3）老年社会参与有利于落实积极老龄化战略。积极老龄化战略是指以健康为前提，以和谐、共享、幸福为目标，以参与为手段，以关注人生的全过程和生活质量为核心，由个人、家庭、社会共同参与，合力构建完善的社会支持系统以应对人口老龄化挑战的过程。"参与、健康、保障"是积极老龄化的核心要素，老年人积极参加社会活动也是积极老龄化的一部分，是积极老龄化战略的内在要求。

（4）老年社会参与有利于第三产业的发展。需求创造市场，老年人在参与社会生活的过程中会产生各种各样的需求，从而衍生出各种相关行业。其中最重要的、发展最为明显的应当是老年服务产业，这一产业的诞生，又会在一定程度上刺激老年人购买服务产品。生产决定消费，消费也影响生产。随着老年人消费水平的提高，老年参与老年消费必然为第三产业的进步注入新的动力，进而推动社会经济发展。

（四）当前老年社会参与存在的问题

老年社会参与应当是"适度参与"。也就是说，老年人应当在自己的能力范围之内适度参与社会生活。老年人社会参与的积极性过高或者过低都会产生一些不良影响。目前，老年社会参与存在的主要问题可以分为两大类，即消极懒惰型社会参与和过度型社会参与。

1. 消极懒惰型

老年社会参与中的消极懒惰现象主要是指老年人社会参与的积极性和参与度不高。对社会参与了解较少、传统的家庭养老观念较强是不少老年人参与动力不足的主要原因。很多老年人认为自己现在不愁吃穿，没有必要参与，或者认为即使参与也不会对自己的生活带来多大改变。这些老年人没有强烈的社会参与动机和意愿，没有认识到老年社会参与的重要性，影响了老年人整体社会参与水平的提高。

与此同时，一些老年人希望参与社会生活，有着较强的社会参与意愿，但他们过于依赖政府、依赖社区，不会主动寻求社会参与的机会。这一类型的老年人大多希望可以利用别人建设好的平台来进行活动，属于被动参与。然而，当前国家和社区的服务还很难达到这样的水平，导致一部分老年人放弃社会参与。总之，老年人参与社会活动的水平比较差，很多老年人的观念还有待转变。

2. 过度参与型

尽管我国老年人的社会参与的整体水平还比较低，但老年人过度参与的现象也大量存在。部分老年人在退休后仍然不愿离开工作岗位，千方百计停留在适龄劳动人口的工作岗位上，与年轻人争夺就业机会。过度参与现象在农村老年人身上表现得更加明显，或者是因为家庭经济压力较大，又没有退休金，一旦停止工作，他们便会丧失生活来源，或者是希望通过自己的努力帮助子女减轻生活压力。总之，很多农村老年人在达到较高年龄后仍会从事社会活动，尤其是生产活动。这一类型的老年人心理压力较大，难以享受平静、安逸的老年生活。

三、促进老年社会参与的思路

（一）社会层面，完备相关政策法规体系，营造老年人社会参与的良好环境

首先，要更加重视老年人力资源开发，制定全面的老年人力资源开发计划，积极发展各种老龄产业，将老年人力资源开发与发展养老服务业紧密联系起来。同时，要全方位落实积极老龄化战略，大力宣传老年人力资源开发的种种好处，潜移默化地改变老年人的价值观念，让老年人从传统的居家养老模式中走出来。倡导并强化终身学习理念，鼓励老年人持续学习，在退休之后仍然可以为社会发展做出自己的贡献。其次，应当建立完善的法律法规，依法依规推动服务老年社会参与和老年人力资源开发，把老年参与置于权利高度，尽可能满足老年人的合理需求。国家还应加大投入力度，推动老年产业发展，为老年人再就业提供机会与岗位。再次，国家应该对当前的退休制度进行改革，积极推进渐进式延迟退休制度。目前，"一刀切"的退休制度在一定程度上导致了老年人力资源的浪费。对于接受过良好教育的老人来说，他们达到退休年龄后，不少人仍然具备一定的劳动能力。所以，退休制度应该有所改变，以更加充分地发挥老年人的作用。最后，发展各类老年社会组织，为老年社会参与提供组织平台。社会组织具有凝聚人心，增强活力的作用，新时代，各类老年组织（比如老年协会、老年社团）面临很大的发展契机，社区要结合自身情况，孵化和培育老年组织，为老年参与奠定基础。

（二）社区层面，做好社区社会工作，充分发挥社区对老年参与的支持作用

推进老年人口的社会参与，社区的推力是最直接、最有效的。社区应该整合自己所拥有的资源，推动老年人积极参加社会活动。

1. 拓展老年社会参与空间

社区是老年人日常生活的主要领域，也是老年社会参与的主要阵地，要

尽力挖潜。社区可以建立老年人档案库，方便为其安排相匹配的工作岗位。可以将有某方面技术专长或技能的老年人推荐给相关的单位和企业，让老年人可以充分发挥余热，为社会再做贡献；社区可以定期举行就业培训活动，为老年人提供指导和帮助，并由社区为之安排合适的岗位，如社区看守员，安全巡逻员、邻里纠纷调解员等。

2. 建设供老年人活动的场所

社区应该建立老年人活动中心，这种活动中心应该是综合性的，可以满足老年人的多种需求。老年人活动中心可设立老年学校、老年图书馆之类的机构。一方面，老年人可以一起讨论学习，使老年人不再那么孤独；另一方面，还可以丰富老年人的精神生活。另外，很多老年人年轻时没有机会接受好的教育，甚至没有接受过正规的教育，老年学校恰恰可以为老年人提供学习、受教育的机会，弥补老年人的遗憾。

3. 组织老年人参与社区建设

老年人参与社区建设，可以根据自己的体验和感受提出一些更加合理的意见和建议，也会提高参与社区建设的积极性，做一些力所能及的工作，比如负责社区的治安检查工作，定期检查社区内是否存在安全隐患；维护社区环境，可以修剪一下社区的花草，负责浇水等工作。社区应该组织老年人做一些这种力所能及的事情，并且给予一定的工资补助，更好地促进老年社会参与工作的发展。

4. 引进专业的社会工作者

目前，社区工作者大多缺乏专业素养与能力，对推进老年人社会参与这一任务来说，社区工作人员难以制定出全方位、实用性的方案规划。加之专业社工待遇较低不足以养家糊口，社会工作者流失严重。社区应该积极采取措施引进社会工作专业人才，并保持队伍的稳定性。这样，一方面可以防止人才流失，另一方面也可以让老年人接受专业的服务，促进老年人社会参与积极性的提高。

5. 推行"时间储蓄"计划

当前，有越来越多的高龄老年人需要类似于医疗服务和陪护服务的社区养老服务。然而，我国的老年陪护人员紧缺，无法满足老年人的需求。"时间储蓄"就是建立一个"时间储蓄银行"，鼓励身体健康的低龄老年人参与社区服务，由他们为高龄老年人提供帮助。低龄老年人付出的时间将被计入"时间储蓄银行"进行储存,当他们更加年老,也需要社区给予服务以及照顾时,可以享受同等时长的免费服务。"时间储蓄"是老年人社会参与的重要平台,上海、广州等地实行的"时间储蓄"计划既可缓解社区工作的压力,又可满足老年人的需求。计划很容易实施,减轻社区负担的同时也鼓励了老年人的社会参与。

(三)个人层面,做好老年人心理健康工作,增强老年人社会参与动力

老年社会参与水平的提高不能仅仅依赖政府、社区以及老年人自身的努力,还应该整合各类社会力量为老年人社会参与提供支持。目前,社会上出现了越来越多的公益类组织,促进老年人社会参与可以借助这些公益组织的力量。公益类组织可以通过募捐、爱心义卖等活动获得资金,满足老年人的需求,比如利用募集而来的资金组织老年人社会参与交流活动,让老年人互相谈谈心里的感受,诉说一下对未来生活的要求,让越来越多的老年人从家中走出来并爱上社会参与。

并非只有公益类组织可以联合,我们也可以联合营利性企业、公司的力量,让这些企业有针对性地服务于老年人的参与。比如,可以推荐一些老年人才,让公司雇用他们成为顾问,这样就能使老年人获得重新拥有工作的机会,促进老年人积极参与经济生活。

每个人都应该为促进老年社会参与贡献自己的一份力量,比如多和老年人交流,鼓励他们重新踏入社会,去寻找自己新的角色。个人的力量虽然渺小,但通过越来越多人的努力,一定会帮助到越来越多的老年人,使他们的生活变得更加积极乐观。

第七章

坚持公众参与，鼓励非政府组织支持养老

中国社会已经进入新时代，政府一元化管理逐步向社会多元化治理转变已经成为一种发展主流。养老服务业是公益事业，更是全民性事业。坚持公众参与，鼓励社会力量支持和发展养老服务业是化解养老难题的必要措施，也符合党中央的相关文件精神。

一、非营利组织的社会服务功能

（一）非政府组织的特点

非政府组织，是指独立于政府和企业之外，为增进社会公益事业而成立的具有正式组织形式的各种专业性社会组织。在中国，非政府组织包括在民政部门登记的社会团体、民办非企业单位和基金会，也包括未经登记的民间机构、非营利机构等。从一般意义上讲，非营利组织具有以下突出特征：

1. 非营利性

非营利性，即不以营利为目的。非政府组织的性质类似于公益事业，虽然在运营的过程中可能会营利，但所得利润绝不会在组织内部，在经营者和捐赠者中进行分红，而是全盘当作提供社会福利的经费。只有保证非营利性，才能获得外界的广泛信任，得到更多的社会支持。

2. 非政府性

非政府性是指非政府组织是独立的法人，而不是政府的附属机构或组织。非政府组织的这一特性，能够使其独立于政府之外，对政府和社会的发展起到监督和建议的作用，推动社会福利建设、提高服务水平，同时还能够在一定程度上提供社会公共服务和公共产品，与政府进行公平竞争，防止政府垄断现象的发生。此外，非政府性还能进一步促进现代民主社会建设的进程。

3. 志愿性

非政府组织的参与人员普遍具备较高的社会责任意识，他们不以物质回报为条件，纯粹出于一种志愿精神参与社会服务。其工作人员分为专职人员和兼职人员，来自社会的各个领域，既包括社会各界的爱心人士，也包括来自各类学校的学生。另外，为非政府组织捐赠的个人、团体和企业也都是基于志愿精神，他们甘愿为社会公益和社会福利无偿地奉献自己的力量。

4. 独立性

独立性是指其不属于政府、政治团体和宗教组织的范畴，而是一种独立的组织。非政府组织能够进行有效的自我管理，能够自己进行决策并实施决策，它与政府既互为补充又相互竞争。非政府组织的资金多为自己从各个渠道筹集而来，虽然政府在某些方面会为非政府组织进行财政补贴，但依然不能制约非政府组织。

5. 组织性

正式的社会团体都具有组织性，非政府组织也不例外。任何非政府组织都有正式固定的工作场所、从业人员和特色活动等。一个正规的非政府组织要遵守国家的法律法规，依法建立。另外，非政府组织内部也建立有自身的规章制度和管理政策。

在现代市场经济中，非政府组织所具有的灵活服务性、讯息充分性和高社会参与性在弥补"市场失灵"和"政府失灵"两方面发挥着相当重要的作用，发展非政府组织，既能够提高公民的自治意识，又能够推动我国市场经济建设。

（二）非政府组织在社会服务中的优势

1. 灵活性高、沟通能力强

非政府组织具有灵活性。相比于政府，非政府的组织小而灵活，在面对突发事件时，政府需层层递进向上级报告，还要依靠专家的调查与研究，在得到上级的命令指示后才可以做出相应的行动。而非政治组织因为规模小，不需要复杂的手续和过程，能够迅速地对突发事件作出反应。另外，非政府组织处在政府和社会大众的中间地带，它既能向政府传达民情，反映群众的呼声意愿；也能深入基层民众之中，向社会大众宣传法律法规和社会政策。

2. 专业性强、工作效率高

非政府组织在招募工作人员时，常常以某种专业化的能力为标准，因此其工作人员多具备较强的解决实际问题的专业素养。非政府组织人员的专业素养与政府工作人员的专业素养不同，前者较多地倾向于解决社会热点问题和实际困难，后者则更倾向于处理文案、行政。非政府组织的专业优势能为公众提供更加及时有效的福利与服务。

3. 多样性发展、覆盖面广

政府提供的服务属于公共服务，普遍性强，由于社会发展是多元化的，政府很难保证每一个体的需求满足，相较之下，非政府组织具有多样性，它能够代表不同的利益群体，相应也就能够满足不同利益群体的需求，例如老年人群体、青少年群体、妇女群体等等。因此，非政府组织能够为各种利益团体提供有效服务，弥补政府的不足。

4. 民间性强、深入基层

政府能够从宏观角度制定法律、方针、政策，把握社会发展的大局，但因其难以深入社会基层，因此不能准确了解基层群众的真正意愿，也不能及时发现和制止或纠正社会中存在的问题。而非政府组织则具有民间性、草根性，能够深入基层，联系大众，倾听群众呼声，了解群众意愿，及时有效地为他们解决迫切需要解决的困难和问题，并且能够切实参与相关政策和资源分配，提高管理的针对性和有效性。

（三）非政府组织对养老的支持作用

1. 突破单一的家庭养老，推动养老主体多元化发展

传统观念认为，养老服务是家庭的责任，老年人去机构、社区养老会影响家庭的声誉。但是，现代社会，养老仅仅依靠家庭是行不通的，甚至只依靠政府也是不现实的，养老是家庭、政府、社会三者共同的事情，现代养老服务体系建设的目标就是以家庭为基础、以社区为依托、以机构为支撑。与政府开办的养老机构相比，非政府组织在养老服务过程中，能够设立各种福利设施、养老服务收费较少甚至免费、配备专业的照护人员、开展老年娱乐活动、采用科学的管理办法等，可以充分发挥专业性，更好地满足老年人的多样化需求。

2. 兴办养老机构，促进养老社会化发展

非政府组织通过整合社会资源、财政支持，大力发展养老产业，在社区兴办养老机构，完善社区的养老服务设施，为老年人创造更好的生活条件；非政府组织通过招聘专业的工作人员、提供高效的、专业化的养老服务；可

以调配合理的资源配置，满足不同老年人的个性需求。同时，非政府组织的参与，可以对市场与政府起到一种协调作用，拓展社会力量参与的空间，促进养老的社会化发展。

3. 开展资金筹集，提供一定的资金支持

非政府组织拥有广泛的社会资源、丰富的信息渠道，因而在资金筹集上具有一定的优势。一方面，非政府组织可以运用其巨大的社会影响力，向政府部门提出建议，争取提高养老体系建设所需资金在财政拨款中的比例，获得更多的国家财政支持，并成立专项资金；可以开展公益医疗救助等公益活动，为无力承担养老保险费用的老年人代缴费用；可以开办养老院、老年文娱中心、老年医院等社会公益机构，开展社会养老。另一方面，非政府组织可以通过社会募捐、义卖等形式筹集善款，集中社会力量发展建设老年服务业。此外，国际上的慈善组织对贫困地区提供的资金援助，可以由非政府组织代其支配开展养老援助工作。

4. 参与养老服务，满足多元化的养老需求

目前，非政府组织参与养老服务主要有四种类型：受政府委托承包社区养老服务、企业化微利润运营、志愿参与养老服务、老年人自助互助服务。政府通过公开竞争的原则选择合适的非政府组织来参与社区养老服务，委托关系公开透明，经费运用合理高效，人员任用机构管理透明，有利于提高服务工作效率、服务质量和社会公信力。企业化微利润运营是指非政府组织通过企业化的形式管理机构，以公益为目的，以微薄的利润维持机构的运转或者通过盈利来创造更好的服务；非政府组织通过组织社会各界志愿者参与养老服务，以有序的组织对拥有不同技能的志愿者进行合理分工，使志愿者的服务效率最大化。社区的老年人自发组织起来形成的自助互助的非政府组织，服务人员与服务对象都是老年人，通过互帮互助的形式开展老年人活动，有利于提高老年人的精神生活。

5. 推动老年人参与社会，促进实现老有所为

非政府组织也是一种就业平台，它的出现能够为社会提供就业机会，也包括老年人。很多老年人退休后会因突然之间无事可做而感到困扰，特别是子女不在身边的老年人，生活很容易缺失目标，变得精神空虚。此时此刻，非政府组织能为这部分老年人提供机会，通过专业性的指导和训练，让他们加入非政府组织，一方面吸纳他们参与社会，让他们得到满足，精神不再空

虚，生活有变得充实，真正实现老有所为、老有所乐；另一方面也能促进老年人力资源开发，为国家和社会做出贡献。

二、发展慈善事业，破解养老难题

(一) 慈善事业与社会保障职能

慈善是人类最古老的保障制度，在西方现代社会保障制度建立之前，慈善事业一直承担着社会保障事业的职能。从 1657 年在美国波士顿建立的苏格兰人慈善协会开始，到后来陆续在波士顿、纽约等地建立的圣公会慈善协会、爱尔兰慈善协会、德意志人慈善协会、法国慈善协会等，都是通过捐钱捐物帮助贫苦穷人，体现了一定的社会保障职能。[1] 但是，早期慈善事业无论是规模还是作用都受到一定限制。随着现代社会经济的不断发展，现代慈善事业突破了早期的限制，慈善团体掌握了大量的慈善资源，其慈善事业已经形成制度化、规模化、正规化，在公益事业中扮演越来越重要的角色。尤其是在救灾、教育、扶贫等多领域里发挥了重要的作用。随着老龄人口的不断增加，老龄群体也将成为慈善事业资助的主要对象。

发展慈善事业有助于提高老年社区服务水平。老龄社会的来临意味着必须建设和强化社区老龄化设施并提供相应的服务。值得注意的是，慈善事业资源不仅包含慈善款项，还包括参与慈善的志愿者。慈善捐赠的价值显而易见，但慈善志愿服务却往往被忽略。其实，志愿者的经济价值和社会价值是慈善事业中不可小觑的资源。众所周知，老龄群体的需求包括物质和精神两个层面，志愿者的积极参与不但能够化解老龄群体的某些非物质需求，也能带来一定的社会效益。一份美国发布的志愿者报告显示：在 2007 年，美国约有 6080 万 16 岁以上的人口在社区参与有组织的志愿者活动，总计义务工作约 81 亿小时，创造价值超过 1580 亿美元。2008 年，人数比前一年增加了 100 万人，达到 6180 万。2008 年，美国志愿者共做志愿服务超过 80 亿小时，这些服务时间的价值估计超过 1620 亿美元。我国的志愿者规模和队伍发展也很迅猛，《2008 年度中国慈善捐助报告》显示：15 年来累计已有 3.82 亿多人次为社会提供了超过 78 亿小时的志愿服务。在 2008 年度有 1.14 亿人次的注册志

---

〔1〕 黄安年：《社会救济时期的社会保障：17 世纪初至 20 世纪 30 年代的美国》，载《山东师范大学学报（人文社会科学版）》1997 年第 4 期。

愿者提供了 17 亿小时的志愿服务。其中，仅参加 5·12 抗震救灾和灾后重建，团委系统就组织了超过 506 万名志愿者，北京奥运会期间，参与志愿服务的各类志愿者共 170 多万名，提供服务 2 亿小时。如果将如此庞大的志愿者资源合理地投入老年人社区服务建设，为老年人义务提供急需的帮助，这显然可以在一定程度上促进老年社区服务的发展。

慈善事业、养老事业走官民结合的道路符合埃莉诺·奥斯特罗姆强调的公共事务的解决之道观点。官民结合（政府与民间共同出资方式）是完善现代社会保障事业的路径选择之一。埃莉诺·奥斯特罗姆在《公共事务的治理之道：集体行动制度的演进》中指出：政府管理由于信息不完全等问题往往会导致行政成本高、效率低下等问题。政府参与过多，凡事都要政府主导，不仅会影响效率而且容易产生道德风险问题。由于社会保障制度不完善，相关部门之间、地方与中央之间协调成本非常高，导致各方积极性不强，效率低下，而且管理者是政府而不是受益人，这很容易导致行政上的低效和无作为，还容易引发挪用社保基金等道德风险。所以，无论是出于对政府能力的考虑，还是出于对政府行为效率和公平的考量，未来老龄化问题都不能只依靠政府。仅仅依靠政府制定相关福利政策解决养老金缺口问题很难改变财政养老的脆弱性。在公共管理与可持续发展方面，应该冲破公共事务只能由政府管理的唯一性教条和政府既是公共事务的安排者又是提供者的传统教条，多种组织和多种机制对于公共事务管理而言是更有效率的。[1] 我国现阶段无论是老龄化问题的解决还是慈善事业的发展，都存在大政府、小社会的现象。在解决老龄化问题过程中，政府途径为唯一的问题非常突出，政府独体性参与老龄群体的养老、助老过程，民间的力量始终处于弱势的地位，从长期来看，这种模式不利于社会效益和经济效益的统一。慈善事业是建立在民间资金和民间人力资源基础上的，民众的广泛参与是慈善事业得以发展的保障。从慈善事业入手，大力发展现代慈善事业，改变政府和民间在慈善事业中的力量格局，使民间力量在慈善事业中占据主导，将慈善事业的资金和人力资源用于解决老龄化问题，缓解财政压力，将是政民结合道路上的一次有益探索。如果我国慈善事业能够沿着政民结合的路径发展，不但可以解决现实和未来的老龄化

---

〔1〕 〔美〕埃莉诺·奥斯特罗姆：《公共事物的治理之道：集体行动制度的演进》，余逊达、陈旭东译，上海译文出版社 2012 年版，第 22～44 页。

问题，慈善事业自身也会得到很大发展。

（二）我国慈善事业的发展特点

《慈善事业发展指导纲要（2006－2010年）》的颁布，标志着我国慈善事业进入了一个跨越式发展阶段。据统计：2007年度我国国内公众与企业的捐赠额为223.16亿元，约占我国2007年GDP的0.09%，比2006年增长了123%。2008年公众与企业捐款更是达到了846亿，社会捐赠款物总额也达1070亿元，占GDP总量的0.356%，是2007年的3.5倍；增加志愿者1472多万人，年增长率达31.8%。随着人民生活水平的逐步提高，慈善事业逐步深入人心，人们更加关注慈善事业的发展。从2010年到2020年，我国境内接收的国内外款物捐赠从700亿元猛涨到2253.13亿元，10年增长了3倍之多，2021年，全国社会公益资源总量预测为4466亿元，其中社会捐赠总量为1450亿元，志愿者服务贡献价值折现为1954亿元。[1]

目前我国慈善事业呈现出如下几个特点：

第一，善款流向突发性事件的比例高。在发生自然灾害时，慈善事业捐助出现了"井喷"现象。例如，2008年的雪灾和汶川大地震等自然灾害的发生，引发了我国慈善事业捐助高潮，两次自然灾害所募款物达774.72亿元，占两年捐赠总量的72.3%。

第二，教育领域依然是受捐赠最多的领域。2008年，除了救灾外，助学、济困依然是最主要的善款流向。日常捐赠总量309.7亿元，其中47%用于教育领域，18%用于奥运及发展体育事业，22%用于扶贫济困等综合慈善领域，6%用于发展文化艺术事业和医疗卫生事业。2019年，虽然捐款流向发生了一些变化，但是，教育仍然是主要流向，达到29.17%；其次是扶贫，为25.11%，18.04%用于医疗健康，7.26%用于公共事业，6.56%用于人群服务，3.02%用于文化、艺术和体育。（见表7-1）。

表7-1　慈善捐赠流向

单位:%

捐赠资金流向领域	比例	捐赠资金流向领域	比例
教育	29.17	科学研究与倡导	2

---

[1]　https://www.pishu.cn/zxzx/xwdt/586987.shtml.

续表

捐赠资金流向领域	比例	捐赠资金流向领域	比例
扶贫与发展	25.11	减灾救灾	1.71
医疗健康	18.04	生态环境	1.48
公共事业	7.26	就业创业	1.37
人群服务	6.56	慈善行业发展	0.97
文化、艺术和体育	3.02	其他	0.94
非定向	2.38		

资料来源：《2019 年度中国慈善捐助报告》。

第三，志愿者服务体系进一步完善。各类志愿者队伍建设都取得了显著的发展。2008 年，奥运会的举办和汶川地震都对志愿者产生了重大影响。无论是志愿者新增人数还是志愿者服务时间都比往年有较大提高。据《2008 年度中国慈善捐助报告》，共青团、民政、红十字会三大系统共增加 1472 万志愿者，年增长率达 31.8%。

第四，国内个人捐款首次超过企业。据统计：2008 年我国公民个人捐款达 458 亿元，占捐款总额的 54%，远高于企业捐款的 388 亿元。2007 年，我国内地个人人均捐款为 2.5 元，2008 年增长到 34.66 元，是 2007 年的近 15倍，此后一直保持增长趋势，2015 年我国个人人均捐款为 81.69 元，2019 年人均捐赠额增加到 147.77 元，增长速度可见一斑（参见表 7-2）。

表 7-2　我国个人人均捐款额

单位：元

年份	个人人均捐款额
2007	2.5
2008	34.66
2015	81.69
2016	100.74
2017	107.90

年份	个人人均捐款额
2018	103.14
2019	107.81
2020	147.77

从慈善款的流向来看，主要涉及教育、扶贫、医疗健康、公共事业等领域，未来这些慈善职能必将在老龄化社会有所发挥。以老龄人口为主的教育、扶贫、医疗健康、公共事业等方面的需求将超过社会其他群体。随着我国人口老龄化的加剧，未来的慈善事业发展重心必然向老龄化倾斜。

（三）我国未来慈善事业的发展趋势

近年来，我国慈善事业自身特点和发展趋势将使慈善事业在解决我国老龄化问题的过程中发挥建设性作用，未来慈善事业资金将成为财政的有效补充。

1. 我国慈善事业发展迅速且发展空间巨大

2005 年之前，我国每年慈善捐赠总量只有几十亿元，而 2007 年达到 309 亿元，2008 年更是达到 1070 亿元。2008 年雪灾、地震等自然灾害大大激发了民众的慈善热情，人们积极参与慈善事业，各项慈善指标均达到历史最高水平，这也使我们看到了我国慈善事业发展的巨大潜力和空间。但是，我们必须承认，现阶段我国慈善事业的规模还不大，除了 2008 年，我国每年募集到的慈善资源不到我国 GDP 的 0.1% ，而美国慈善公益团体掌控的资源高达美国 GDP 的 8%~9%。如果我们能够借鉴美国等发达国家慈善事业发展的成功经验，将我国慈善事业发展成为先进的现代慈善事业，未来慈善事业将有能力为弥补养老金缺口做出贡献。2022 年，全国社会公益资源总量为 4505 亿元，其中社会捐赠总量为 1400 亿元，彩票公益金总量为 1190 亿元，全国志愿服务贡献价值折现为 1915 亿元，[1]社会捐赠占我国 GDP 的比例约为 1.17%，慈善捐赠总量和比例都在稳步增加。

2. 慈善捐款将更多地流向助老领域

发展慈善事业的宗旨是帮助弱势群体。随着社会的不断发展，平均寿命不

---

〔1〕　https://www.pishu.cn/zxzx/xwdt/602270.shtml.

断增长的老龄人口将是弱势群体的主体。因此，作为弱势群体中最重要的两大群体儿童和老年人都应该是慈善事业关注的对象。但我国现阶段的情况则是慈善事业对于儿童的关注甚多，每年青少年教育都是受慈善捐赠最多的领域，而对老年群体的关注则远远不够。在我国慈善事业总体还不发达的情况下，助老一项仅占慈善捐赠资金的不到1%。我国慈善事业没有关注老年人群体的主要原因在于：首先，我国虽然已经面临严重的老龄化问题，而且人口红利快要消失了，但由于人口基数庞大，劳动力仍比较充足，老龄化问题对国家经济发展的负面作用还没有完全显现，人们对老龄化问题的重视显然还没有跟上人口老龄化的速度，老龄化问题的严重性还没有在人们的意识中形成。其次，随着国家对基础教育的大力投入和九年义务教育法制化等措施的实施，教育观念得到普及，高校的扩招和工作单位对学历越来越高的要求也使得教育层次越来越高，教育乃国家之本的观念逐渐深入人心，导致慈善事业的关注重点也放在了对教育的支持和投入上。最后，作为捐赠主体的企业家们的自身经历和社会认知也左右着善款的流向。很多企业家都是白手起家且小时候没接受过好的教育，这使得他们格外关注善款在教育中的投入。同时，由于生活富足，他们也很难切身感受到老龄化带来的问题，所以慈善企业家在捐赠时往往首先考虑的是教育。

从以上分析不难理解慈善捐款主要流向教育领域的原因。但是，空账、社区服务建设落后等老龄化问题逐渐暴露了国家财政的脆弱性和社保制度的不完善，老龄化问题必然会越来越受到重视。随着老年人口比重的不断加大，人们会切身感受到老龄化带来的种种问题，对老龄化问题的关注也会随之不断提高。随着老龄人口比重不断加大以及国家和民众的日益关注，未来慈善事业捐赠必然会更多地向老年群体倾斜，慈善事业资金自然会成为财政的有效补充，为社保制度等相关制度的建设和完善巩固基础，因此解决我国未来社会老龄化的路径之一必然是走"官民结合"的道路。

（四）积极推动慈善事业对老龄工作的支持

西方发达国家一般都是先富后老，而我国是未富先老，面对日益严重的老龄化问题，积极发展慈善事业是破解老龄化难题的明智选择。

1. 加强内生型慈善文化建设

美国慈善事业的一个重要根基就是慈善文化深入人心，美国人景仰的不是美国的富人，而是热心慈善、回馈社会的富人，这使得美国人尤其是富人热心慈善。因此，我国发展慈善事业不能简单地要求民众积极参与，不能简单地追求慈善捐款的数额，更重要的是构建一种慈善文化，使民众从内心关注慈善、热心慈善。

慈善文化是指在早期慈善思想基础上伴随慈善实践活动而发展起来的指导人们慈善行为的一整套思想观念和价值体系。它主要包括慈善意识、慈善理念以及相应的典章制度等。慈善文化是人类慈善实践的产物，它反过来又影响人们的慈善活动。慈善文化是慈善实践活动的思想基础和行动指南。先进的慈善文化对人们的慈善行为产生激励作用，相反，落后的慈善文化会对慈善行为产生抑制作用。文化是不断变迁的，慈善文化也是不断演变的，先进的慈善文化是社会文明和社会进步的表征。

内生型慈善文化建设是指以民族文化为根本，以继承优秀文化传统为主要途径，坚持自觉自省、全民参与，从传统慈善文化中汲取营养，形成与现代慈善发展相一致的文化建设。内生型慈善文化建设看重慈善文化的民族性、本土性，强调慈善文化建设要立足于民族文化，继承优秀传统。它有以下几个突出特点：

（1）从渊源上看，内生型慈善文化建设具有根植性，即根植于民族文化的土壤之中。民族文化是一个民族的立身之本，是民族区别的标志；民族文化是民族的发展之本，它为文化建设提供肥沃的土壤。文化有民族性，慈善文化也有民族性。内生型慈善文化建设就是要从民族文化之中汲取营养，体现民族特色，就是要保持慈善文化建设的民族本色，彰显文化自信。

（2）从建设主体角度看，内生型慈善文化建设具有更强的群众性。就本质而言，慈善是一种社会保障方式，是社会再分配的途径，是保护弱势群体的手段，在根本上符合群众利益，有群众基础。慈善事业的发展需要社会力量，需要全民参与，慈善文化建设是慈善事业的一部分，是慈善发展的思想基础，更需要全民参与，共同建设。

（3）从建设路径方面看，内生型慈善文化建设是自下而上进行的，具有草根性。自下而上的建设特点与慈善文化建设的根植性和群众性是分不开的，人民群众是文化的创造者，是名副其实的慈善文化建设主体。只有当群众慈善意识觉醒、慈善理念加强的时候，慈善文化建设才会形成一种真正的群众性运动，从而夯实慈善文化建设的大众基础。

（4）从效果上看，内生型慈善文化建设具有易传播性。文化传播是文化建设的基本途径，文化传播又是有规律的，它以文化发祥地为中心，按照同心圆的方式向周围扩散，但扩散范围有远近，速度也有快慢，最重要的影响因素就是文化差异，文化差异程度同文化传播远近和快慢成负相关关系。因此，内生型慈善文化建设由于其发根于民族文化，因此可以自然地在传播效果上占据优势。

内生型慈善文化建设是继承优秀文化、推动先进文化建设的必要手段。中国是文明古国，传统文化博大精深，自成体系。中国传统文化是民族之魂，蕴含着中华文化的精髓，在中国人的日常生活中扮演着重要角色，立足于中国传统文化，走内生型慈善文化建设之路比较容易被国人接受，发展阻力较小，效果更佳，堪称明智之举。

中国是世界上最早倡行与发展慈善事业的国家。早在先秦时期，孔孟、老庄等对此即有精辟阐述，随后的儒家和道家的典籍里亦有关于慈善的论说。当然，同为慈善之举，不同的人有不同的价值观和不同的出发点，从而反映出慈善文化的阶级性和层次性。尽管如此，这些带有阶级性和层次性的慈善思想始终是中华民族文化的一部分，都是中国内生型慈善文化的思想渊源。

慈善文化建设最重要的是要植根，根深方可叶茂。中国传统文化历经几千年，博大精深，许多思想观点千锤百炼，脍炙人口，已经成为民族之魂，嵌入民众的骨髓，成为判断是非善恶、指导人们行为的标准和价值取向。当今社会是开放的，慈善文化建设需要有一个开放的态度，需要汲取世界文化营养，但是立足民族文化，深入挖掘民族文化中蕴含的慈善资源，才是事半功倍的明智之举。丢了魂魄的慈善文化建设是没有前途的。

慈善是人们心中的一缕阳光，慈善文化建设是这缕阳光持续照耀的基础。文化建设是社会建设的重要组成部分，慈善文化建设水平是社会文明程度的重要标志。文化建设不能丢掉国本，慈善文化建设也不能丧失民族性。政府主导型慈善和内生型都是慈善文化建设的途径。然而，内生型慈善文化建设是本，政府主导型慈善文化建设是辅，政府主导型慈善文化建设必须以内生型慈善文化建设为基础。在慈善文化建设中，如果不注意培植根系，不注意加强内在动力，一味地依靠政策政令法律法规，那就会缺少内驱力、缺乏号召力、缺乏持久力。

内生型慈善文化建以民族文化为本，不丢国魂；内生型慈善文化建设以民众为根，根深方可叶茂；内生型慈善文化建设以宽容为怀，多元并存，合力共进。总之，站稳脚跟，立足国本，继承传统，弘扬国粹，走内生型慈善文化建设之路，力求把我国慈善文化建设事业推向更为纵深广远的发展。

2. 突出慈善事业在解决老龄化问题中的作用

无论是早期慈善事业还是现代慈善事业，助老都是慈善事业的天职。虽然现阶段我国慈善事业还不发达，总体规模也不大，但是我国慈善事业的发展前景和趋势必将显现慈善事业在解决我国老龄化问题过程中扮演的重要角色。

党的十七大报告指出：要以社会保险、社会救助、社会福利为基础，以基本养老、基本医疗、最低生活保障制度为重点，以慈善事业、商业保险为补充，加快完善社会保障体系。随着我国经济不断快速发展和政策的正确引导，人们在客观上将有能力扩大慈善事业的发展，在主观上人们将愿意从事慈善事业。随着慈善观念逐渐深入人心，我国慈善事业必将走上正规、快速发展的道路，突出慈善事业本身所具有的调动社会资源的巨大优势，解决我国老龄化存在的问题。

3. 进一步完善慈善事业相关制度

大力发展现代慈善事业，在制度上为慈善事业未来发展扫清障碍。现代国家，慈善文化建设还要立足法治社会，坚持与时俱进，法为国本的原则，建章立制，以法律引领慈善行为，以法制规范慈善行为，为慈善文化建设创设一个清明的社会环境。值得注意的是，良好的社会信用能促进人们对慈善的信心，进而推动慈善事业和慈善文化建设的发展。相反，慈善腐败作为社会转型易发的毒瘤，会损害社会信用体系。政府要充分发挥对慈善事业发展的服务、监督作用，完善慈善立法，使慈善事业走出一条政民结合和法制化的道路；建立适合慈善事业发展的宽松的环境，做好宣传和引导，使民众关注慈善事业，关心老龄化问题。[1]

三、倡导大学生志愿者参与养老服务

（一）大学生志愿者及其发展概况

1. 大学生志愿者的特点

志愿者是指在自身具备一定的条件与能力的基础上，参加到志愿活动组

---

〔1〕　任振兴、江志强：《中外慈善事业发展比较分析——兼论我国慈善事业的发展思路》，载《学习与实践》2007 年第 3 期。

织中，不以获取物质或者金钱报酬为目标，合理地利用自身所拥有的资源或者技能，志愿奉献于公益事业，为有需要的人开展力所能及的、具有一定可行性的相关活动的人。志愿者队伍存在着多种主体，他们分别属于不同的类型，并且按照自身的特点与意愿开展各种各样的志愿活动。"大学生志愿者"属于志愿者中的一类，指以在校大学生为主体的，不以获得物质或报酬为目的，自愿利用自己的课余时间与精力从事扶危济贫事业，支援教育、环保、体育、灾害救助等社会事业的高校在读青年志愿者。

利他性、自愿性、无报酬性、公益性等是志愿服务的基本属性，这些基本属性可以增强服务者的内驱力，提高服务的自觉性，激发服务者的创造性，提高服务质量。除了具备以上特点和优势之外，大学生志愿服务还具有自己的特殊性。

（1）流动性大。我国相关教育规定，大学生在修满学分与学时后达到毕业条件就要在规定时限内离开学校，正是由于这种规定，使得大学生志愿者一直处于流动的状态。老的志愿者会因为工作或接受进一步的教育而离开，新的志愿者又会加入其中，新老成员交替频发。于是，大学生志愿者团队一直处于不稳定状态。这种流动性会对志愿服务中与被服务者建立长期情感联系带来阻碍，因此做好大学生志愿者的新老交替工作非常重要。

（2）时代性强。大学生是新时代的先锋，他们思维敏捷，学习能力强，对新事物充满好奇心且接受能力较强，志愿服务作为处于探索阶段的新事物，自然会成为大学生参与的目标。另外，他们敏锐性较高，创新能力强，能随着社会的发展创造性地开展活动，在相关志愿服务活动设计与构思上提出具有建设性、时代性的意见。

（3）专业性强。专业知识背景是大学生志愿者与其他志愿者团体最大的不同之处，大学生志愿者在某个领域具有较高的专业性。因此，以大学生的专业背景为依托开展针对性的养老志愿服务，对于拓展志愿养老服务的内容与形式，实现老年人对高质量服务需求的满足很有意义。

（4）易融入性。志愿服务的效果同志愿服务主体与客体之间的信任密切相关，是志愿服务目标得以实现的关键。服务对象对服务主体身份认同感的强弱会直接影响志愿服务效果。这种认同感增强时，主体与客体的信任关系就容易建立起来，主客体之间就容易进行良性互动。相反，当认同感缺乏或者存有偏见时，即使勉强开展志愿服务，也难以实现预期的目标。大学生身份具有较强的社会认同感，比较容易建立合作关系。首先，大学生志愿服务活动的动机是单纯的，比较容易消除被服务者的戒备之心；其次，大学生志愿者富有青春朝气，活泼开朗的性格同样可以消除或者减少被服务者对"外人"的戒备和质疑；最后，大学生服务还会促使人们形成一种积极健康的情感，让人对未来充满希望，比如对于一些老年人、残疾人、疾病患者，大学生志愿服务可以驱赶其消极颓废的想法，逐步形成积极的生活心态。

2. 大学生志愿者队伍的发展

大学生志愿服务是以 1963 年 3 月 5 日毛泽东主席向全国号召"向雷锋学习"活动为开端的。1994 年 6 月，党和政府组织了大学生志愿者暑期文化、科技、卫生的"三下乡"活动，每年组织大学生志愿者到农村进行扫文盲、传播卫生知识以普及科学知识等，使大学生志愿服务在全国兴起、发展。1994 年 12 月 5 日，青年志愿者协会成立，至此志愿服务遍布全国各个地区与高校。

进入 21 世纪以来，我国大学生志愿服务的形式和内容更加丰富多样，如大学生志愿服务西部计划，输送各地高校大学生志愿者前往西部地区，为西部地区带来了高级、专业化的人才，更快地推动了西部地区的经济发展；青年志愿者协会几乎在每所高校都有志愿协会的分支，他们组织大学生志愿者参与助残、扶贫、留守儿童保护等各种志愿活动。关爱农民工子女志愿服务行动，是由共青团中央发起并组织大学生志愿者与农民工子女建立结对关系，进行结对服务。2011 年，四川青年志愿者与儿童结对 271 989 对；河南省青年志愿者与儿童结对 97 040 对；江西省青年志愿者与儿童结对 446 137 对；重庆市青年志愿者与儿童结对 284 276 对，其他省份青年志愿者与留守儿童结对也较多。近几年，全社会参与志愿服务热情高涨，志愿者队伍不断壮大。全国志愿服务信息系统显示：截至 2021 年 10 月 31 日，我国志愿者总人数达 2.17 亿人，占总人口的比例为 15.4%，志愿团体 113 万个，志愿项目 621 万个，累计志愿服务时长 16.4 亿小时，人均志愿服务时长 7.4 小时。2021 年年底，该系统显示：14 岁~35 岁的注册志愿者已超过 9000 万人，青年志愿者逐渐成为志愿服务的生力军。

中国政府一直致力于推动志愿服务事业发展。习近平总书记在与高校大学生通过座谈、回信等形式交流的过程中说："实践对大学生成长成才的重要作用，鼓励大学生在实现中国梦的伟大实践中锻炼成长。"〔1〕在党和政府的关心下，大学生志愿者服务将会迎来更加光明的发展前景。

（二）大学生志愿者参与养老

"大学生志愿者参与养老"这一概念包含两大主体——大学生志愿者与被提供养老服务的老年人，"志愿参与"指将两大主体按照自愿性的原则连接在一起，因此大学生参与养老服务的实质即是大学生志愿者针对养老服务领域有组织地向老年人提供适切性支持或帮助的社会服务行为。我国目前的养老方式主要有居家养老、社区养老、机构养老三种类型。因此，我国大学生参与养老服务的机制中包含了多个主体，这些主体在大学生参与养老服务机制构建的过程中具有不同的含义与作用〔2〕。

1. 养老服务的直接提供者——大学生志愿者

大学生志愿者是养老服务机制主要组成要素，一系列的养老服务实践证明，一些与老人需求密切相关专业的大学生（例如医药、营养、心理咨询专业等）可以很容易针对老年人的需求提供相应的养老服务且服务的效果良好，但这并不意味着其他专业的学生不适合参与养老服务，只要大学生拥有志愿服务精神与热情，便可以参与养老服务并在养老服务中发挥重要的作用。

2. 养老服务的监督调控者——政府及高校

在大学生志愿者参与养老服务的过程中，政府及高校作为监督调控者发挥着重要作用，政府制定养老服务的相关规划与规章制度，利用各种资源为老人提供优惠政策，为大学生志愿服务提供资金与资源促进志愿活动的连续开展，协调其他四个主体之间的关系。高校则从三个方面为大学生志愿者参与养老机制提供支持，即智力支持、行政支持、心理支持。两者各自发挥作用的同时又相互作用，为大学生参与养老机制的构建提供坚实的后盾。

3. 养老服务的接受者——老人及其家庭

大学生志愿者所提供的志愿养老服务的对象不仅包括老年人，还应包括老人的整个家庭成员，因为家庭成员在对老人进行照顾的过程中也承受着心理、精神等多方面的压力，造成其社会交往减少甚至家庭成员之间的冲突。

---

〔1〕《让青春在实现中国梦的伟大实践中焕发光彩——各地多种形式举行纪念五四运动 95 周年》，载《中国青年报》2014 年 5 月 6 日。

〔2〕魏彤儒、郭牧琦：《大学生参与社区居家养老志愿服务长效机制构建路径探究》，载《北京青年政治学院学报》2012 年第 2 期。

对于老人的服务包括物质行动方面的帮助，即卫生服务、护理服务，更包括精神方面的服务，如节假日祝福、聊天陪伴等。对于家庭成员的志愿服务主要包括心理疏导、家庭辅助等。通过自身行动真正推己及人，感染他们全心照顾老人。

4. 养老服务的合作者——社区、机构及其他社会服务组织

社区、机构其他社会服务组织本身就是养老服务的提供者，且更具有组织性与专业性，大学生志愿者参与养老服务是为这些社会服务组织注入新鲜的血液，因此大学生志愿者在参与养老服务的过程中要学会与这些服务组织合作，共同开展养老服务活动，在活动的过程中学习提供养老服务的经验，努力提升自身的服务技能，更好地开展志愿养老服务。

（三）大学生志愿者参与养老服务的双重意义

1. 对养老的意义

（1）改变养老方式单一现象，推动养老服务多元化。目前，我国的养老方式主要有居家养老、机构养老以及社区养老三种。[1]"9073"是我国的养老格局。居家养老是目前我国主要的养老方式，然而"421"家庭模式使得传统意义上的居家养老保障功能日趋弱化。机构养老式近几年在我国虽然有所发展，但目前仍面临着床位数量严重不足、地区分布不均衡、精神养老匮乏以及传统养老观念阻碍等问题。社区养老兼具居家养老与机构养老的优势，既能为老年人提供专业性服务，又能让老人感受到家庭的温暖，是目前最具优势的养老服务方式，但我国刚刚开始对社区养老模式的探索，社区养老模式不完善，资金支持、专业人员严重不足，因此其普及度较低，推广受限。三种养老模式都有一定的缺陷，都面临人手不足的窘境，而大学生志愿者参与养老服务可以突破资源瓶颈，弥补三种养老方式的不足，推动多元化养老服务健康发展。

（2）丰富非正式照顾资源，完善养老支持体系。目前的养老服务资源由正式照顾资源与非正式照顾资源两类组成。正式照顾资源科学性较高，在养老服务专业性上具有无法比拟的优势，但花费高、情感性较弱，且目前存在着正式照顾资源缺乏等问题。非正式照顾资源在提供情感支持、推动积极老

---

〔1〕　杜小艺：《社区养老服务中大学生志愿者资源的开发与利用》，载《人才资源开发》2016年第15期。

龄化方面发挥着重要作用，志愿者正是非正式照顾资源的组成要素。目前，我国虽然重视并在志愿者队伍建设方面取得了重要成就，志愿者规模及服务质量有了明显提升，但志愿者主要集中于体育、教育等领域，在养老服务领域的志愿者数量仍较有限，且主要以低龄老人、社区公职人员为主。[1]大学生志愿者规模较大、易于组织、时间相对充裕、综合素质较高等特点使其在参与养老服务中占据优势，可以有效弥补养老服务领域志愿者不足的劣势，推动正式照顾与非正式照顾协调、良性运作，形成更加完善的养老服务支持体系。

（3）有针对性地满足养老服务需求。传统的养老方式由于提供服务的人员较为单一，主要是专职人员或者是家庭成员，使得其能够提供的养老服务形式往往较为固定，内容缺乏多样性，形式化较为严重，针对性不强。而随着人们生活水平的提高，老年人在养老服务方面的要求也在提高，他们不仅要求舒适的居住条件与三餐的温饱，还注重身体健康与精神方面的满足，追求晚年生活的质量。大学生志愿者拥有的专业背景恰好可以针对老年人新的需求提供具有针对性的服务。例如，体育专业的学生可以在健康方面提供指导，医学专业的学生可以为老人普及医学常识，护理专业的学生可以提供更加专业化的护理服务，社工专业的学生可以设计相关的活动满足老年人的精神生活，心理类专业的学生则可以为老年人提供心理咨询等。社区或者机构可以对志愿者的性格特点、专业背景进行提前了解，最大限度地发挥大学生志愿者的个人特长，有针对性地安排相应的工作与服务，充分利用大学生志愿者资源。除此之外，大学生志愿者本身具有较高素质和时代性优点，大学生志愿组织也越来越注重志愿服务的质量，因此在参与志愿养老服务的过程中，他们越来越有意识地提供精神养老方面的服务，满足老年人对养老服务质量的要求。

2. 对大学生的意义

（1）提供专业实践机会，锻炼自身能力。在校大学生在学习与生活过程中更多的是接受书本知识，缺乏将理论与现实相结合的机会，参与志愿养老服务则为大学生提供了一个社会实践的机会。大学生可以运用自身的专业优

---

〔1〕 李文华：《大学生志愿者事业发展状况及未来发展方向》，载 https://wenku.baidu.com/view/6623a1eaae1ffc4ffe4，2019 年 3 月 23 日访问。

势提供相关的服务，尤其是与老年人需求密切相关的专业，包括护理、医药、营养、烹饪等。通过实践，学生更容易将书本知识运用到实际生活之中，并将此作为检验自身专业学习的机会，不断地积累相应的经验，为未来踏上对应的专门工作岗位奠定坚实的基础。对于其他专业的大学生志愿者来说，参与志愿服务是对自身综合能力的考验，因为在参与养老服务的过程中需要动用志愿者多方面的能力，包括与他人交流的能力、时间安排能力、服务能力等。对于志愿服务的组织者与协调者来说，参与志愿活动的规划过程更是一个锻炼其组织协调能力、创新能力与领导能力的宝贵机会。

（2）体现社会价值，培育正确价值观。志愿服务是奉献自己、服务社会的过程，大学生志愿者在参与养老服务的过程中奉献自己的劳动，服务他人，传播与继承尊老爱幼的传统文化，培养孝心。真诚地帮助老年人解决问题，帮助他们减轻痛苦，改善其生活状况，提高其生活质量，会丰富大学生的生活体验，获得成就感，体验助人的快乐与生命充实感。志愿参与养老服务的过程也是将学校与社会生活相结合的过程，校内外环境结合的根本目的就是促进价值观的形成，志愿服务为大学生提供了一个了解与接触老年群体的机会，可以通过倾听老年人的阅历与生命历程，促进其对生命意义的思考，体会时间的易逝与生命的珍贵，引导其形成正确的人生观与价值观。[1]同时，在参与志愿养老服务的过程中可以为社会贡献自己的力量，尽到作为社会公民的责任与义务，学会关爱弱者，培养爱心，增强自身的人文精神。参与养老服务也会涉及与多元主体的交流，包括老年人、其他志愿者以及社区、机构工作人员等，大学生志愿者可以学会与不同领域的人交往，掌握与他人沟通的技巧，扩大自己的生活与朋友圈。

（四）大学生志愿者参与养老服务的现状

1. 养老服务参与相对较少

尽管目前我国高校志愿者队伍建设有了一定的发展，高校志愿者数量与规模有了一定提升，但目前高校大学生的志愿服务参与度仍不高，仅有1/3在校大学生加入志愿组织，而且大学生志愿者组织开展的活动主要涉及环保、教育、公益等领域，包括助老助残、关注青少年、公益宣传、环境保护以及

---

〔1〕《大学生志愿者参与志愿服务的意义探究》，载 https://wenku.baidu.com/view/0732b611c950 ad02de80d4d8d15a2，2018 年 10 月 28 日访问。

关爱弱势群体等，养老服务参与率较低。相关调查表明：在大学生开展的志愿活动中，助老服务活动仅占 10% 左右。原因主要有两个：一是养老服务需要与老人建立长期联系，培育感情，这对于流动性强的大学生志愿者而言是一个挑战；二是大学生志愿者与老年群体接触较少，缺乏对老年群体的了解。相关的调查还显示：有 54.3% 的大学生志愿者认为养老服务较为单调从而不愿参与。所以，即使各地区先后采取了一定的鼓励性政策，但大学生志愿者参与养老服务的数量仍然相对较少。

2. 形式比较单一、内容空洞

一方面，随着人们生活水平的提高，老年人对于养老服务的专业化与个性化提出了越来越高的要求，他们不仅需要日常生活照料，还需要得到精神慰藉、医药护理及电子产品使用等方面的服务。但是，由于大学生志愿者在时间、组织机制等方面的问题，大学生在提供养老服务方面存在着诸多困难，开展的活动大多层次浅、缺乏新意、随意性强。他们在提供养老服务前往往并没有进行实地调研，只是以可能出现的情况（如季节、温饱或者自身所具有的专长）为出发点开展服务，服务地点主要为敬老院或者康复中心，很少针对居家老人，活动内容主要集中于聊天与卫生清理、节假日送温暖等，面子工程较多，缺乏老年人急需的急救知识，常见疾病预防、心理问题疏导、沟通技巧传授等服务活动。另一方面，参与志愿服务机制不健全，志愿活动缺乏资金支持。由于缺乏有效的支持，大学生志愿者开展的活动多为短期性活动，比如一场趣味运动会、一场法律小课堂等，此类活动虽然短小精悍、可行性较强，但缺乏持续性，难以为老人提供实质性帮助。而且，如果这种内容空洞的短期性活动过多，会让人感觉流于形式，还会产生负面效果。

3. 缺乏组织化，效率较低

大学生志愿者在参与养老服务的过程中缺乏组织化，效率低下。第一，大学生志愿参与养老服务在大多数情况下都是通过志愿者社团或者志愿者组织进行，在各志愿者组织中，校级青年志愿者协会直接在学校的领导下开展志愿服务，因此具有较高的组织性，但其他各志愿者组织在开展活动时大多各自行事，彼此之间并未建立联系，校级志愿者与各级志愿者之间也缺乏一个互相协调行动的桥梁，从而使得在开展活动时各志愿者组织之间相互摩擦、活动重复。第二，大多数志愿者社团并未建立长期的志愿养老服务机制，只是临时性或者暂时性地参与养老服务活动，他们并未对老年人的真正需求进行了解，也缺乏了解的意识，以至于出现节假日送爱心等活动扎堆现象，导致志愿服务资源被浪费。第三，就目前的大学生志愿者招募而言，由于时间不协调等问题，临时招募志愿者是常态，很多志愿者更是仅因为参与志愿活动有入党等优先政策才会参加，平时缺乏对志愿者的管理与培训，在提供服务的过程中很容易出现问题，从而影响志愿服务的效率。

（五）大学生志愿者参与养老服务的实践模式

1. 入住服务型

入住服务型是以社区中的高龄独居老人为服务对象，在社区的组织管理下，由大学生志愿者入住独居者家中以提供"安全性夜间陪伴服务"的一种服务模式。这种模式需要一定的运作流程，包括筛选服务对象、签订协议、分组搭配、服务质量评估等。

首先是筛选入住服务对象。入住服务对象一般是独居老人。当前，社区中的独居老人不在少数，但是，不是所有的独居老人都需要志愿服务，也不是所有的独居老人都可以安排这种服务。因此，社区管理者要把入住服务的条件及好处向大家说明，由独居老人自己提出申请并明确服务需求。然后，由社区和志愿者组织共同论证入住服务的可行性。符合入住服务条件的独居老人可以进入下一个流程。其次是签订入住服务协议。高龄独居老人接受大学生志愿者入住服务需要经过监护人同意，并签订服务协议，由协议书规定双方的权利和义务、服务内容、服务时间以及服务的安全性原则等内容。协议书对于双方而言都是必要的。协议书的签订，一方面可以督促志愿者以积极的心态入住，努力提供高质量服务；另一方面，对于双方而言都是一种约束，促进形成平等、尊重的服务关系。再次是分组搭配。分组搭配坚持安全、合理的原则，一般来说，分组时，两人一组，同性搭配，女性大学生志愿者与女性服务对象结对，男性志愿者与男性服务对象结对；每个服务对象家庭一般安排两组人员，轮流入住服务对象家中。最后是服务评估。社区负责人和志愿者组织每周以电话回访的方式了解入住服务的满意度并做好记录，服务结束后进行经验总结和效果评价。

2. 设点服务型

设点服务型是指在社区设立固定服务点或者临时服务摊，面向社区内60岁以上的空巢老人，由大学生志愿者到社区服务点不定期开展小组工作、社区工作，为老人提供某些服务的模式。

首先，确定服务点并进行前期需求调查。由志愿者组织出面与社区进行沟通，达成合作意向，设立社区服务点。服务点设立要结合社区居民和实际居住人口的数量合理确定社区公益性服务设施用房的使用面积；室内活动用房要有必要的活动设施和设备，并有一处面积较大的集体空间，便于居民开展集体活动；室外活动设施要有供居民开展健身、休闲等活动的场地和必要的设备。之后，采用入户访问或者问卷调查方式对整个社区的空巢老人进行调查，了解其需求特点，以保证服务具有针对性。其次，设计活动方案。基于社区空巢老人的需求内容和特点，设计活动方案、策划活动内容。服务活动的方式有小组活动、社区活动以及定期的文艺表演活动等。小组活动的内容主要包括智能手机学习小组、象棋学习小组、手工艺术小组、生活技能展示小组等；社区活动的内容主要包括传统节日庆祝活动、周四有约社区卫生活动，志愿者与社区艺术团联合演出等。科学的方案是服务活动有效开展的重要保证。再次，设立经常性服务项目。设点服务要区别于因形势需要而临时集中开展的大型公益活动，要根据居民的需要，设定长期的服务项目，并不断丰富和发展。目前，不少社区开展的设点服务，虽然在内容上受到了广大居民欢迎，但还没有形成相对稳定的服务项目，没有足够的吸引力，因此社区志愿服务要向长期化、稳定化方向发展，全力打造服务品牌。最后，要精心打造服务特色。社区志愿服务组织要确立有所为、有所不为的服务原则，围绕社区福利性、公益性服务领域，充分发挥志愿者的专业特长和资源优势，增强社区志愿服务专业性，创造自己的鲜明特色。

3. 定期上门服务型

定期上门服务型是以社区高龄空巢老人为服务对象，大学生志愿者定期上门提供诸如卫生清理、信息化服务、精神慰藉、就医陪伴等服务的模式。

定期上门服务型的服务对象是特定的，由社区根据社区内空巢老人的需求和意愿确定合适的服务对象。上门服务的内容是明确的，志愿者提供的服务项目是具体的，服务人员安排要依据服务项目进行搭配，挑选并安排最擅长从事此类工作的志愿者提供服务。定期上门服务要制定上门服务时间安排表，科学合理安排上门服务人员姓名、时间以及服务项目。时间表要由双方通过协商共同制定。另外，上门服务一定要在社区管理部门的指导和组织下进行，最好是签订服务合同。合同的签订有两个好处：其一，保证双方的安全；其二、加强监督，促进提高服务质量。

第八章

创新社会工作，促进养老服务专业化

社会工作是以利他主义为指导，坚持助人自助，运用专业方法向弱者提供帮助和支持的服务行为。社会工作既是一种职业，也是一种价值，作为职业，它有严格的职业规范，作为价值，它展现情怀，是一种精神升华。社会工作是社会服务走向社会化、专业化、法治化的必然要求，更是社会治理走向成熟的重要标志。新时代，养老服务高质量发展需要社会工作的参与和创新。

一、社会工作价值与社会工作本土化

（一）西方进程与社会工作的核心价值

专业价值是被社会工作者认同和共享的信念，既指导专业实践的方向和准则，也决定社会工作的使命、过程、模式和方法。比斯泰克、泰切、阿曼多·莫勒斯和舍尔福等人对社会工作价值都有过专门阐述。美国社会工作协会（NASW）将服务、社会公正、个人的尊严与价值、人际关系的重要性、正直、能力等六项内容列为社会工作者应接受的核心价值。然而，自社会工作被引入我国以来，关于社会工作价值取向的争论从未中断。迄今为止，有两种分歧明显的观点：一种观点秉持西方现代化的价值理念，坚持认为应在个人主义的原则下开展社会工作；另一种更为流行的观点则强调中国特定的社会结构和特殊的文化系统，大力倡导开展本土化的、家庭取向的社会工作。

西方经典现代化理论认为，生产方式和生活方式的变迁会导致传统共同体走向崩溃，重回共同体只能成为一种纯粹的心灵寄托。[1] 社会的理性化趋

---

〔1〕 19 世纪后期至 20 世纪初期的西方学者一致断言了传统共同体的衰落。齐美尔认为，工商业经济的崛起，使熟人社会难以维系，陌生社会已经到来。滕尼斯指出，共同体生活最终会被社会组织生活所取代。桑巴特指出，传统共同体已经处在"从内部毁灭"的边缘。韦伯指出，在逐渐商业化和

势要求个体摆脱对传统共同体的依附，走向独立，有能力作为"权利-义务"的主体参与社会事务，即所谓的"个体化"。[1]同时，个体化需要依靠宏观制度条件的保障，即个体在脱离了传统共同体约束的同时，也必然相应地失去了它的庇护，这需要社会组织和国家制度为个体生存和发展提供足够的资源支持和基本保障。可见，实现个体化需要两个条件：个体成长为有责任能力的主体；社会宏观层面创造保障个体利益的制度条件。两者缺一不可，否则现代社会秩序就会受到威胁。[2]实际上，社会工作正是伴随着这种个体化的推进而产生的，它着眼于家庭、邻里等传统共同体被现代都市生活冲击，逐渐萎缩并面临瓦解的背景下，个体该如何应对新的社会环境的问题。当个人无法从共同体中寻求援助的时候，就需要个人要么"求诸己"，要么求诸制度。社会工作的历史使命就是努力促成社会成员的个体化：一方面挖掘个体潜能，争取个人权利以帮助其脱离传统共同体，立足现代社会；另一方面推动制度建设，促进和完善社会制度的保障功能，为个体化的实现创造条件。因此，巴克尔把社会工作定义为："一门应用科学，为求帮助人们达到有效程度的心理及社会功能，并借着实现社会改革以加强全体人民的福祉。"[3]

"助人自助"是西方对社会工作核心理念最具代表性的表述，源于基督教"神助自助者"的教义。这种观念符合韦伯提出的新教伦理，暗合现代化所需要的个人主义原则。与其他宗教相比，新教伦理缺少温情，将个体确定为完全的责任主体，在上帝的"召唤"下，个人肩负着"此生必要有所作为"的神圣使命。作为责任主体的个人唯有尽力取得事业成功才配得到上帝的眷顾。[4]同样，"助人自助"的理念也强调只有自强者才配得到别人的帮助。受到新教伦理的影响，西方社会工作最初旨在发掘个体潜能进行自救，而并非把财物救济

（接上页）理性化的现代社会，"个人不再承认家共同体是其所要献身的客观文化财富的担纲者"，家庭退化为"共同消费的场所"。这些判断揭示了这样一个事实：在经济现代化的推动下，私人事务演变为公共事务，人们越来越依赖熟人共同体之外的社会组织所提供的物品和服务。这使得个人有条件也有必要从共同体生活中独立出来，实现个体化。

〔1〕 ［德］乌尔里希·贝克：《风险社会》，何博闻译，译林出版社 2004 年版，第 12 页。

〔2〕 ［德］埃里希·弗洛姆：《逃避自由》，陈学明译，工人出版社 1987 年版，第 52 页。

〔3〕 R. L. Barker, *The Social Work Dictionary*, Washington DC: National Association of Social Workers, 1995, p. 5.

〔4〕 ［德］韦伯：《新教伦理与资本主义精神》，康乐、简惠美译，广西师范大学出版社 2010 年版，第 182~183 页。

作为自己的工作内容。历史上第一位社会工作者，著名的英国牧师查莫斯（Thomas Chalmers）就特别强调把激励和自助作为济贫工作的准则。在这样一种个人主义理念的指导下，社会工作首先承认人的价值、肯定人的能力、发展人的潜能，[1]而且西方长期以来的社会工作实践证明，这一价值是一套能够给社会、团体和个人带来积极变化的指导性规范，当个人的自主权得到尊重时，就会提高其自尊和自信，以及处理问题的能力。[2]

"增权理论"（Empowerment theory）强调提高个人能力，主张服务对象有权利参与、控制和影响那些左右其生活的事件和他们所关注的事件，并帮助个体依靠自身所获得的能力摆脱困境。[3]它坚持这样一条原则：引导服务对象积极地参与、规划和控制自己的生活，为案主在整个生命历程中实现充分的自我发展创造机会。[4]1967年比斯泰克（Biestek）提出的社会工作价值体系尤其强调人的生理、理智、情感、社会、美感和心理等多方位的潜能，并指出了人有与生俱来的动力和责任，也有权利以适当的方法实现其潜能，而社会有责任帮助个人完成自我实现。[5]基弗将增权目标归纳为提高个体的政治权利，指出社会参与、社会批判、发展行动、集体目标是实现增权的四个先决条件。[6]可见，增权理论强调人应该被视为有价值和尊严的独立个体，有权自决，应被鼓励参与社会变迁。

除了强调个体能力和权利之外，西方社会工作也重视社会制度层面的保障。制度保障主要包括两个层面：一是企业等社会组织的发展，使个体从一个共同体成员变为社会组织的职员，并从社会组织中获得生存和发展资源；二是社会福利制度的发展，国家作为个体生存的主要依托，为个体提供基本的

---

〔1〕 H. M. Baretlett, "Working Definition of Social Work Practice", *Social Work*, 3（1958）, p. 6.

〔2〕 曾家达、殷妙仲、郭红星：《社会工作在中国急剧转变时期的定位——以科学方法处理社会问题》，载《社会学研究》2001年第2期。

〔3〕 陈树强：《增强：社会工作理论与实践的新视角》，载《社会观察》2004年第1期。

〔4〕 L. M. Gutiérrez, R. J. Parsons and E. O. Cox, "A Model f or Empowerment Practice", In L. M. Gutiérrez, R. J. Parsons and E. O. Cox（eds.）, *Empowerment in Social Work Practice：A Sourcebook*, Pacific Grove, CA：Brooks Cole Publishing Company, 1998, p. 53.

〔5〕 全国社会工作者职业水平考试教材编写组编写：《社会工作综合能力（初级）》，中国社会出版社2007年版，第39~40页。

〔6〕 C. H. Kieffer, *The Emergence of Empowerment：A Development of Participatory Competence Among Individualsin Citizen Organizations*, Doctoral Dissertation, University of Michigan, 1981, p. 23.

保障条件。[1]显然，无论从哪个方面来讲，制度保障都是个体化的必备条件。个体能力和权利能否实现，需要宏观制度提供的社会保障和市场环境。唯有如此，个体才有能力走出家庭等共同体的庇护，才有机会在开放的社会生活中立足。所以，西方社会工作理论认为，社会有责任提供足够的机会和资源来支持个体的成长和发展，帮助其解决困难和问题，参与社会生活。[2]总之，西方主张在"成熟的行动个体+完善的制度保障"的目标框架下开展社会工作，体现的是个人主义的核心价值。

（二）中国国情与社会工作的本土化

社会工作被引入中国以后，出现了两种本土化思路：政府依赖和共同体依赖。前者也就是通常所说的"行政性非专业社会工作"，就是由政府通过行政手段开展的社会工作，如民政、扶贫、助残、妇女工作等。[3]后者是指在社会工作实践中，帮助个体重建共同体关系，并帮助其从共同体中获得资源支持，特别重视家庭在社会工作中的意义。随着国家行政部门在社会服务领域逐步放权，政府依赖倾向逐渐淡出人们的视野，共同体依赖倾向已经成为社会工作本土化的主流观点。[4]

然而，市场经济和城市化的推进削弱了传统共同体的功能，使得中国社会也呈现出了类似"个体化"或者"原子化"的倾向，对此有本土学者也提出应该积极开展个人主义原则的"发展型社会工作"，[5]但这种提法受到了很多批评。批评者认为，以个体化为目标的社会工作会导致社会结构的紊乱。本土化社会工作应致力于修复共同体的功能："社会工作者要想帮助这些弱势群体走出困境，必须使其获得'自助'的本领，其中最为关键的环节便是修复这些弱势群体的社会关系，重新建立社会联结关系，使其摆脱原子化困境。"[6]这一表述正是本土化理论的典型观点。

从社会结构上来看，与西方"个人-社会"的两极模式相比，中国社会是

---

〔1〕［德］尤尔根·哈贝马斯：《合法化危机》，刘北成、曹卫东译，上海人民出版社2009年版，第40~41页。

〔2〕C. S. Levy, "The Value Base of Social Work", *Education of Social Work*, 9（1976），p. 34~42.

〔3〕王思斌：《中国社会工作的经验与发展》，载《中国社会科学》1995年第2期。

〔4〕王思斌：《试论我国社会工作的本土化》，载《浙江学刊》2001年第2期。

〔5〕陈涛：《社会工作专业使命的探讨》，载《社会学研究》2011年第6期。

〔6〕田毅鹏：《转型期中国社会原子化动向及其对社会工作的挑战》，载《社会科学》2009年第7期。

"个人-家庭（共同体）-社会"的三维模式。[1] 家庭在这个三维结构中连接着个人与社会，维系着社会结构的稳定，地位尤其重要。可以说，从古至今，家是中国社会的核心，而家的价值在很多情况下甚至高于个人价值和社会价值。[2] 家庭在结构中的关键位置决定了"家文化"常常被看作中国传统文化的根基。长期以来，家文化的逻辑延伸和运用于政治、经济和社会交往领域，成了主导社会的文化意识。例如，梁漱溟指出，中国"举整个社会各种关系而一概家庭化之，务使其情益亲，其义益重"，通过家庭，"全社会之人，不期而辗转互相连锁起来，无形中成为一种组织"。[3] 当今，"家文化"依旧渗透在中国社会的各个层面，发挥着维模功能，在社会工作的实践中，也需要充分考虑中国特有的"家文化"可能带来的影响，在"个人-家庭-社会"的三维模式下开展本土化的社会工作。[4]

正是由于结构模式的不同和对"个人"认识上的差异，西方社会工作价值观与中国传统文化存在冲突。如今，受到中国传统文化强调家庭生活的影响，以重建共同体为核心内容的本土化倾向几乎成了当下社会工作价值的主流共识。他们认为，共同体生活既是人成长的摇篮，也是个体获得资源的有效途径，在现代化的背景下重建共同体的职能，能帮助个体应对日常生活中的困境。更有人指出，中国文化以家庭为重的传统，也有健全的家庭制度，因此中国本土化的社会工作应以巩固家庭为首要任务。[5] 这时候，家庭不再是手段，而是变成了目的本身。显然，中国传统文化过于强调共同体对于个人的意义而忽视个人独特性和能动性。这样的文化背景显然不利于发端于西方的个体化取向的社会工作发展。[6]

中国社会工作实践中，确实出现了这样的情况：一旦将个体当成独立的个体看待，就会出现认识上的"盲区"和专业上的限制，这种情况在受传统影响较深的农村地区尤其严重。"社会工作要在中国乡村扎根，必须先处理社

---

〔1〕 笑思：《西方思想中的"个人—社会"模式及其宗教背景》，载《华南师范大学学报（社会科学版）》2001年第5期。

〔2〕 金耀基：《从传统到现代》，中国人民大学出版社1999年版，第24页。

〔3〕 梁漱溟：《中国文化要义》，上海人民出版社2005年版，第72~73页。

〔4〕 田毅鹏、刘杰：《中西社会结构之"异"与社会工作的本土化》，载《社会科学》2008年第5期。

〔5〕 周永新主编：《社会工作学新论》，商务印书馆1996年版，第12页。

〔6〕 陈莹：《从个人与社会的关系看社会工作价值观及其冲突》，载《社会》2004年第12期。

会工作者主体位置的问题，审视在实践中出现文化识盲的原因。我们除了需要细致理解村落文化的内涵和运作，敏感觉察地方性村落文化的重要性之外，更加需要自我反思专业知识的盲点和陷阱，只有这样才能够真正理解村民的行为规范基础，在此基础上专业的‘助人自助’之道、之技，才会行之有效。"[1] 这一两难状况反映了中国社会直接照搬西方社会工作理念和技术所遇到的困境。或者说，对于中国的社会工作实践而言，共同体是目前难以绕过的一道坎。本土化社会工作的最终结论是，中国的社会工作应当充分认识到家庭、邻里、村落等传统共同体在中国社会结构中的重要位置，在承认共同体功能的前提下开展社会工作，并且在共同体功能出现衰落时，社会工作也应当致力于修复它们的功能。

总之，社会工作价值既反映社会结构的特征，也体现了文化价值的偏向。[2] 个体化理论坚持人本主义，支持个体开创理性的生活方式，尊重个体的主体价值，在宏观社会层面形成自由、民主、法治的新秩序；本土化理论认为共同体在中国社会结构中有着重要意义。现代化取向与本土化取向的分歧主要集中在：如何对待个体，增强独立性还是强化依赖性；如何看待共同体，意义消亡还是意义尚存；如何看待制度保障的重要性和紧迫性。[3] 但是，现代化取向与本土化取向并非绝对对立，水火不容。相反，现代化必须立足本土实际，唯有如此，现代化才能生根发芽，以致枝繁叶茂、开花结果。同样，本土化必须坚持现代化取向，唯有如此，本土化才能顺应时代潮流，应民心顺民意，走得长远。

二、社会工作助力独居老人居家安全保护的社会协同机制

（一）独居老人居家安全问题

安全是老年人基本生活和心理需要，一旦出现问题，老年人受到严重伤害的概率也较大。值得注意的是，在老年安全领域，独居老年人群体的安全

---

〔1〕 古学斌、张和清、杨锡聪：《专业限制与文化识盲：农村社会工作实践中的文化问题》，载《社会学研究》2007 年第 6 期。

〔2〕 文军：《个体主义还是整体主义：社会工作核心价值观及其反思》，载《社会科学》2008 年第 5 期。

〔3〕 焦玉良：《社会工作价值的现代取向与本土化策略——基于烟台市"独居老人安全网"项目》，载《山东社会科学》2016 年第 11 期。

问题逐渐成为最急迫和最重要的议题。独居老人缺少家庭支持，完全作为个体来应对风险，其居家安全会受到严重威胁。

独居老人居家安全问题是指独居老人在居家生活中面临的各种意外风险或威胁，包括人身安全、财产安全和心理安全，人身安全包括跌倒、中毒中暑、猝死及其他各种意外伤害等；财产安全主要是被骗被盗被抢等；心理安全则是指老年孤独、老年焦虑、老年抑郁以及由此引发的自杀和孤独死等。毋庸置疑，个体老龄化导致的生理机能衰退是独居老人居家安全风险增大的基础性原因，但是导致独居老人居家安全问题的原因还有很多，外部表现也很复杂，本书综合分析各类居家安全事件及其成因，把独居老人的居家安全问题划分为 5 种：慢性病引发的安全问题、自身行为不当引发的安全问题、家庭硬件设施缺失或者故障引发的安全问题、精神抑郁引发的安全问题、外部侵害引发的安全问题。

目前，独居老人居家安全问题已经成为困扰各国政府的难题，20 世纪 70年代初，日本独居老人在家"孤独死"就开始引起政府关注，2015 年东京都监察医务院在东京的调查发现，65 岁以上的独居者中，在家"孤独死"的居然达到 3116 人，为 10 年前的将近 2 倍。[1]我国近些年来，独居老人居家安全事件屡见报端，据北京急救中心的医生介绍，独居老人因为不能及时报警、错过了急救的最佳时机而失去生命的情况时有发生，甚至有的老人在家中过世多日才被发现。2019 年中国大城市城区 70 岁及以上独居老人问卷调查发现：独居老人因为居住条件或设施差而感到不安全的比例合计高达 91.7%。[2]

（二）目前我国独居老人居家安全保护的瓶颈

独居老人居家安全保护是指社会主体以保护独居老人的居家安全为目标，运用行政、法律、经济、教育和科技等手段，协调独居老人与环境的关系，为其化解风险，排除威胁的行为。独居老人居家安全保护是一种社会责任，更是一项系统工程，有赖于科学的保护系统。独居老人安全保护系统的关键一环就是建立社会协同机制。只有动员各方力量、调动多种资源、发挥独特优势才能有效实现对独居老人的安全保护。遗憾的是，一直以来，我国的社区建设在很多时候还停留在政府自上而下的运动式推动层面，居民、社会组

---

〔1〕　日本内阁府：《平成 26 年版高齢社会白書》，日経印刷 2015 年版，第 39 页。

〔2〕　林文龙：《独居老人的急救通道》，载 http://epaper.bjnews.com.cn/html/2012-08/14/content_364390.htm？div=-1，2012 年 9 月 14 日访问。

织参与的积极性不足，[1]这是当前中国社区管理的基本特征，也是导致独居老人安全保护出现众多漏洞的根子所在。在旧体制的影响下，我国的独居老人安全保护存在以下几个突出问题。

1. 政府职能部门职责定位不准，效率较低

政府职能部门是社会管理的领导者和组织者，理应结合目标任务，把工作重点放在引导、发动、协调、监督等环节上，简政放权、抓大放小，努力做好服务平台和服务环境建设工作。目前，职能部门在社区管理方面管得过多、抓得过细，导致出现了"该抓的不抓，不该抓的抓了，该抓好的却抓不好"的现象。另外，职能部门"管控"意识较强，"服务"意识较弱，官僚作风、形式主义普遍存在，导致人浮于事现象严重，服务效率低下。

2. 公众参与不足，活力不强

在政府一元化管理模式下，秩序维持良好但社会活力不足。在社会服务领域，参与主体之间地位并不对等，政府居于强势地位，而其他社会主体则处于受支配地位。这一方面限制了其他社会主体的话语权，捆绑了他们的手脚，挫伤了其积极性；另一方面也在无意中压缩了其独立开展工作的空间，在一定程度上压制了其他社会主体开展社会服务的创造性。比如，亲属、邻里和朋友作为一种关系资源，是中国熟人社会文化背景下独居老人安全保护的重要力量，历史上也曾在互助服务中发挥过重要作用，但是目前，这类关系资源并没有得到充分的利用，从一定意义上讲，这是一种资源浪费。

3. 缺乏专业化平台，服务不精准

专业化是社会管理现代化的重要标志。然而目前，独居老人安全保护没有摆脱旧体制、旧思维，缺乏专业组织、专业人才，更缺乏专业组织参与的机制；社会工作机构开始服务社区但还没有"进驻"社区，没有嵌入社区治理体系，更没有"指挥权"；社会工作开展的项目制服务虽然具有很强的专业性，但由于缺乏社会协同机制而时常面临资源链接的困难；各类社会组织由于缺乏专业化指导，也难以开展有效性服务。众所周知，企业是社会服务的重要力量，企业有参与社区服务的责任，也有参与社区服务的意识。但是，

---

〔1〕 郑杭生、黄家亮：《论我国社区治理的双重困境与创新之维——基于北京市社区管理体制改革实践的分析》，载《东岳论丛》2012 年第 1 期。

因为缺乏必要的专业平台，企业公益服务形式比较单一，又缺乏针对性和精准性，致使不少企业公益服务流于形式，无关痛痒。

4. 缺乏社会协同性，服务碎片化

独居老人安全管理是一项全方位的工作，需要形成一个立体交叉的系统，多方参与、通力协作。但是，在一元化社会管理体制下，各社会服务主体往往各行其是、各自为战，服务项目更多的是零敲碎打，不成体系，服务措施不到位，安全防范有疏漏，"打冷枪""放冷炮"的现象突出。这是独居老人安全保护缺乏组织性和协同性的集中表现。

综上，在现有体制下：一方面，政府唱"独角戏"的情况依然普遍，很多工作仍然带有自上而下的运动式特征，既不利于提高服务效率又不利于机构改革；另一方面，服务主体各自为战，各行其是，缺乏协同，没有形成联合行动，社会服务呈现突出的"碎片化"特征，从而导致"有资源不利用，有利用但又不充分"的局面。因此，创新管理模式，动员社会力量，调动社会组织特别是社会工作组织的积极性，发挥专业优势，构建新型安全保护系统，是克服以往安全保护动力不足、效率低下问题的有益探索。

（三）社会工作参与社会服务乃大势所趋

社会工作助力独居老人安全保护属于社会服务的范畴。现代社会，社会工作机构是社会服务和社会治理的重要力量，但是由于历史原因，时下的社会治理在许多方面凸显出了其滞后性。比如，政府几乎仍然在社会治理中唱独角戏，机构臃肿、责任不清、人浮于事的现象突出；社会组织参与社会治理的积极性不高，参与社会治理的范围有限、形式单一；社会工作作为一种新生社会力量虽然参与社会治理，但尚未嵌入社区治理体系，其地位还没得到社会的充分认可，社会工作服务的专业化优势没有得到充分的发挥；社会治理成本高、效率低是目前的典型特征。总之，一元化的社会管理模式已经不适应新时代社会建设的要求，协同化社会治理模式呼之欲出。

党的十九大报告明确指出："加强社会治理制度建设，完善党委领导、政府负责、社会协同、公众参与、法制保障的社会治理体制，提高社会治理社会化、法治化、智能化、专业化水平"，"加强社区治理体系建设，推动社会治理重心向基层下移，发挥社会组织作用，实现政府治理和社会调节、居民自治良性互动"。[1] 由以上论述可知，社会治理现代化的方向是共建、共治、共享；社会治理现代化的保证是党委领导，政府负责；社会治理现代化依靠的力量是社会组织；社会治理现代化的路径是治理重心下移，公众参与；社会治理的路径是社会治理社会化、法治化、专业化。2020 年 2 月 23 日，在统筹推进新冠肺炎疫情防控和经济社会发展工作部署会议上，习近平还指出："要发挥社会工作的专业优势，支持广大社工、义工和志愿者开展心理疏导、情绪支持、保障支持等服务。"[2] 二十大报告继续强调，健全共建、共治、共享的社会治理制度，提升社会治理效能。

"善治"是现代社会治理的目标，"共治"是实现"善治"的手段，"共治"的前提则是肯定、尊重、赋予各类社会组织的参与权利，为各类社会组织提供参与社会服务的平台，并且构建适切的机制，充分发挥社会组织的积极性。

社会工作机构是新生的社会组织，是现代社会建设的重要力量，也是社会管理逐步走向成熟的标志。与其他社会组织相比，社会工作机构参与社会服务具有明显的优势。其一，具有专业优势。社会工作者的职能就是在利他主义的指导下利用专业知识向社会提供专业化服务。社会工作专业知识是社会工作者开展服务的基础和条件，也是社会工作者的优势，这种优势可以从服务的效果上体现出来。其二，具有耦合效应。一方面，社会工作可以促进社会服务社会化、专业化和现代化；另一方面，社会服务的发展又可推动中国社会工作专业人才培养体系的完善，从而为社会建设输送社会工作专业人才。其三，具有后发优势。后发优势在这里主要是指国外有成熟的经验可以借鉴。一般而言，市民社会越发达，以自治为特征的社会工作发展水平就越高。在西方发达国家，社会工作发展较早，社会工作参与社会治理积累了丰富的经验，"他山之石，可以攻玉"，这些经验对于我们来说就是宝贵的财富，我们不用再摸着石头过河，因此可以少犯错误、少走弯路。

值得注意的是，随着社会进步，能够为独居老人提供安全保护的主体会

---

〔1〕 习近平：《决胜全面建成小康社会 夺取新时代中国特色社会主义伟大胜利——在中国共产党第十九次全国代表大会上的报告》，载 https://www.12371.cn/2017/10/27/ARTI1509.103656574313.shtml? perid＝4007，2018 年 12 月 16 访问。

〔2〕 习近平：《在统筹推进新冠肺炎疫情防控和经济社会发展工作部署会议上的讲话》，载《光明日报》2020 年 2 月 23 日。

越来越多，但是如何协同各主体的关系，充分利用各类资源是个新课题。本书认为，建立独居老人居家安全保护的社会协同机制是一个有益尝试。这种安全保护机制就是以社会工作为轴，发挥社会工作的核心驱动作用，激活社区内外活力，协同各类社会主体，整合社区内外资源，运用专业方法解决独居老人安全问题。专业社会工作者的重要作用主要表现在三个方面：第一，实现独居老人安全保护的专业化；第二，实现独居老人安全保护的系统化；第三，实现独居老人安全保护的协同化。

（四）社会工作参与独居老人居家安全保护的协同机制

1. 在社工机构和政府之间建立托监机制

在十八届三中全会上，党中央明确提出了社会治理现代化，十九大报告进一步指出，要推动社会治理重心下移，让各类社会组织参与社会治理，参与社会服务，成为社会服务的主体。社会工作机构是专业性社会组织，是社会治理现代化的重要主体，在社工机构与政府之间建立托监机制，使社会工作机构与政府之间形成以稳定的"委托-监理"关系，发展项目服务，这是贯彻政社分离、政事分开原则，提升和强化社工机构在社会服务中的主体地位的需要。

委托是政府与社会工作机构之间的委托代理关系，政府作为委托方出资立项，社工机构作为代理方承接和实施项目。随着《民政部、财政部关于政府购买社会工作服务的指导意见》《关于政府向社会力量购买服务的指导意见》以及《关于加快推进社会救助领域社会工作发展的意见》等政策文件的出台，由政府向社会工作机构购买服务项目、岗位的做法已经在全国范围内广泛推行并逐渐进入制度化轨道。早在2013年，全国政府购买社会工作服务资金就已达17.3亿元。[1]当前，委托代理已经成为中国社会工作介入社区治理攻坚的重要路径之一。

---

〔1〕李迎生、徐向文：《社会工作助力精准扶贫：功能定位与实践探索》，载《学海》2016年第4期。

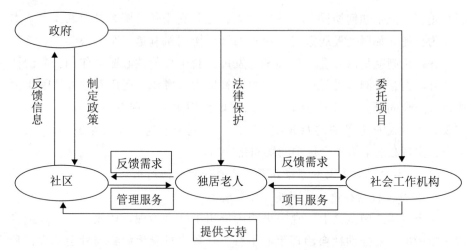

图8-1 政府、社会工作机构和社区的新型关系模式

监理也是托监机制的重要内容。监理是指委托方对出资购买的项目进行视察、检查、评价和控制，旨在纠偏、督促实现目标。所以，托监机制包括立项、督查、评价等环节。

立项，是政府购买的一种方式，就是政府出资，通过竞标的方式，把项目委托给社工机构，由其提供专业化服务，完成服务目标。督查，是指政府对社工机构的服务过程的监督，以保证服务行为规范化。评估，是政府在服务项目完成后，依法依规并由第三方组成评估小组对服务效果进行评估、审核，对服务项目完成的效度作出评价。目前而言，加强立项的规范性、建立项目督查和项目评估制度是托监机制发挥作用的基本条件，更是下一步的工作重点。

托监机制的建立意味着政府、社工机构、社区之间新型管理模式的形成。在这种新型管理模式中，政府的角色是制定政策，委托服务项目；社工机构的角色是联合社区，提供专业服务、实施项目；社区的角色是反馈需求，执行政策，提供管理服务。三者的关系如图8-1所示。

建立托监机制的好处：第一，有利于政府机构精简，明确政府责任，提高政府服务效率和服务水平，有效克服唱"独角戏"，在社会服务中疲于奔命、劳而无功的局面。第二，有利于促进社会参与，推动更多的民间组织和力量加入服务队伍。第三，有利于科学合理、精准高效地使用政府资源，提高社会服务的专业化水平，实现精准服务。

2. 在社工机构和企业之间建立互利机制

企业与社工机构的互利机制就是秉承社会责任精神向社会工作机构提供经济支持，社会工作机构则通过自己的身份和项目服务扩大企业影响，树立良好形象。在企业与社会工作机构之间建立互利机制，使社工机构与企业形成一种"互利-共赢"关系，发展企业公益服务，调动企业类资源实现社会服务目标。这样，企业与社工机构以及政府三者之间就形成了一种新型关系，企业向社工机构提供社会捐赠，或者以低于市场价格的方式提供必要的商品；社工机构可以依法向企业提供免税凭证，在社会服务中塑造企业公益形象；政府给企业以免税政策，给社工机构委托服务项目（参见图8-2）。

值得注意的是，目前社工机构接受企业捐助时提供免税凭据还存在身份认定上的困难，全国绝大多数地方的社工机构还不能向捐赠企业提供免税凭证，这显然不利于整合市场资源，在很大程度上限制了社工机构服务功能的发挥，也与国家鼓励社会组织特别是专业社会组织参与社会治理的十九大报告精神相悖。

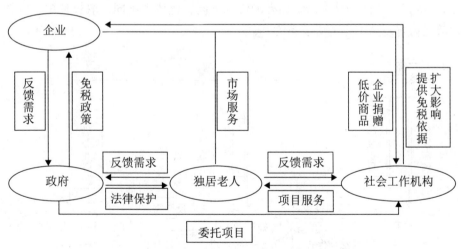

图8-2　政府、社会工作机构和企业的新型关系模式

今后，要重视社工机构在社会服务中的地位，进一步通过立法和制定政策赋予社工机构以公益慈善机构的资格，确立其与企业进行公益合作和接受企业慈善捐赠的法律地位。这样一来，社工机构接受企业捐赠并依法提供免税凭证，可以调动企业支持社工机构的积极性，有效解决专业社工机构多年来一直存在的资源不足的老大难问题，让更多的社会资金注入社会服务领域。另外，这样做还可促进企业社会工作的发展。企业社会工作是社工专业服务在企业的运用，应倡导企业社会责任和社会参与，把推动社会、企业与员工的共赢发展作为最高目标。企业社会工作是建构互利机制的重要基础，也是实现企业目标的重要手段。对于企业而言，盈利是最高原则，开展公益活动、推广产品、树立形象就是一种志在长远利益的攻略。换言之，企业公益活动同社会工作联合起来，对于实现企业目标可谓是事半功倍。

3. 在社工机构和社会组织之间建立联动机制

如前所述，独居老人安全保护系统是一个复杂的系统，影响因素众多。社工机构必须坚持公众参与、社会协同，找到结合点，以联合行动的方式将高校、医疗机构、慈善组织、基金会等社会资源引入独居老人安全管理系统，优势互补，通力合作。

社会组织是社会的基本细胞，社会越是发达，社会组织的作用就越强。在现代社会，社会组织多种多样，已经成为社会治理的生力军。"尺有所短，寸有所长"，不同的社会组织拥有的资源不同，优势也不同，取长补短，发挥优势是做好复杂工作的必要条件。

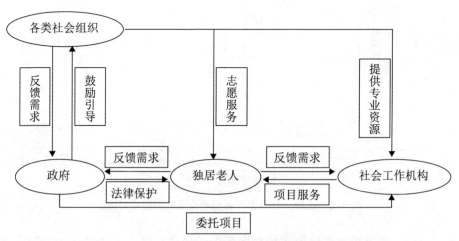

图 8-3　政府、社会工作机构和社会组织的新型关系模式

在社工机构与社会组织之间建立联动机制就是要在社工机构与社会组织

之间建立一种"合作－互助"关系，发展志愿服务，联合各种社会力量，调动志愿服务资源助力独居老人安全保护。具体环节有以下几个：第一，依托社工服务项目，寻求合作对象；第二，与合作方充分沟通，制定合作方案；第三，分工负责，实施方案。值得注意的是，在"合作－互助"关系中，合作互助的双方虽然也可能会出现一方服从另一方的情况，但不存在严格的法律契约关系，因此并不要求一方对另一方负责，各类社会组织在服务目标一致的情况下，地位平等、志愿合作、协同作战。于是，政府、各类社会组织以及社工机构之间也就形成了一种新型关系模式，如图8-3所示。在这种模式里，政府对社会组织主要做好鼓励引导工作，社会组织主要利用自己的优势资源协助社工机构，社会机构则通过项目服务实现老年独居安全目标。

在联动机制中，各个社会组织分别扮演不同的角色，都有自己的具体工作目标和创造性开展工作的空间。但是，社工机构处于核心地位，扮演合作的组织者、关系的协调者、服务方案的设计者，甚至是工作的督导者等角色。

建立联动机制对于独居老人安全保护而言意义重大。第一，有效集中社会力量助力独居老人安全保护，打破政府唱独角戏的局面。第二，调动了社会组织的积极性，引入了专业性资源，增强了独居老人安全保护的能力。第三，社会工作机构的示范作用可以教育公民热心于老龄事业，营造发展老年保障事业的良好氛围。

4. 在社工机构和非正式支持主体之间建立嵌入机制

在中国，社会结构是差序格局，社会关系有亲疏远近，社会信任存在层次差异，即亲疏远近不同，工具性和道德性的责任就不同，关系越亲近，工具性和道德性的责任就越重。亲属、邻里和朋友作为独居老人安全保护的参与主体同样具有这种属性。因此，让亲属、邻里、朋友参与治理共同体建设有坚实的社会基础，但是，如何合理开发关系资源是一个挑战。

在社工机构与非正式支持主体之间建立嵌入机制就是要依托社区，在社会工作与非正式支持主体之间架起桥梁，推动社会工作立足熟人关系，面向制度社会，将制度化要素嵌入互助关系，把亲属、邻里、朋友变成志愿者，使亲属、邻里、朋友之间的互助行为组织化、服务过程制度化。

嵌入机制推动社工机构与非正式支持主体之间形成一种"链接－指导"关系，规范和加强互助服务，通过调动看护照顾、亲情慰藉、临终护理、友情关怀方式为独居老人提供居家安全服务，并使之呈现组织化形态。这种尝试存在一定的难度。一方面，需要把亲属、邻居、朋友转化为社区志愿者，但是这种志愿者身份又带有限制性，即仅为特定关系人提供志愿服务，因此，又被称为"限制性社区志愿者"。另一方面，当"限制性社区志愿者"参与独居老人社工服务项目时，要接受社会工作者的指导，按社工要求提供志愿服务，从这个意义上讲，他们是专业社工的助手，可被称为"社工助手"。"社工助手"参与服务项目要遵循一定的程序。

首先，社会工作者把亲属、邻里和朋友纳入社会工作服务计划，结合关系主体的特点确定其服务目标、设计服务方案、制定服务计划。其次，社会工作者对亲属、邻里、朋友的服务行为进行专业性指导，结合国内外案例，传授相关经验和技巧。最后，对亲属、邻里、朋友的服务进行督导评估。督导是对专业服务行为和过程进行技术监督和技术指导，以保证服务的科学性，督导是社会工作的必要环节。效果评估对于专业服务而言同样重要，评估是查缺补漏、完善工作流程的必要手段。

建立嵌入机制的好处有：第一，制度因素的嵌入可以改变亲属、邻居、朋友等非正式支持主体在独居老人安全保护过程中的无序状态，使安全管理有章可循，更加系统高效。第二，嵌入机制使亲属、邻里、朋友转变为志愿者角色，制度化安排有利于增强其责任心，提高服务质量。第三，嵌入机制不仅拓展了社会工作机构链接资源的范围，而且为解决独居老人的情感慰藉问题提供了重大支持。独居者的情感慰藉问题是社会工作机构在实际服务中遇到的棘手问题，为独居老人寻求合适的服务者极不容易，亲属、邻里和朋友的介入可以有效弥合这种不足，最大限度地满足其心理安全需要。

综上所述，独居老人居家安全保护的社会协同机制是在发挥社会工作专业服务优势的基础上，把项目制服务嵌入社区治理体系，由社会工作协同各种社会力量，用项目制服务统领企业公益服务、志愿服务以及互助服务，形成"社会服务一体化"的格局，推动独居老人安全保护走向社会化、专业化和现代化，进而整合社会各类资源，开源增能，有效地保护独居老人的居家安全。

三、个案工作法介入独居老人居家安全问题

（一）H社区独居老人的居家安全问题

H社区居委会成立于2018年6月，现有住户2878户，常住人口4279人，流动人口1615人。H社区内60岁以上老人为1026人，约占常住人口总数的

24%，其中独居老人 33 人，独居老人由于身体疾病、无人照料、社区关注度低等原因，行动不便，社交较少，居家安全问题突出。

本书以 H 社区开展的"春风助老"项目为依托，主要的服务内容有：①为社区内的老年人提供义剪、特色小组活动服务，丰富他们的养老生活；②为社区内需重点关注的老人（独居、失能、长期病患、失独）提供恒常探访、节日慰问、个案跟踪管理等服务，保障他们的晚年生活质量。因此，对独居老人整体情况有一定的了解，将社区中的 10 位独居老人作为调查样本，围绕其个人、家庭、邻里朋友、社区活动四个方面进行半结构访谈，深入了解其居家生活的真实情况及安全问题。访谈的形式多以面对面访谈为主，这样不仅可以观察每位独居老人的行为习惯，更有利于观察被访谈者家中潜在的人身安全隐患情况，并进行有针对性的访谈及介入，可以为接下来的实务工作做好准备。

1. 居家人身安全问题

（1）环境安全问题。H 社区的独居老人与子女分开居住，身体状况一般较差，日常生活能力下降，对居住环境中危险因素的识别及排除能力较弱，而且 H 社区是老社区，传统房屋内部设计并没有考虑到老年人的特殊需求，所以独居老人的居住环境会存在安全问题。

由居家环境设计不合理导致的安全问题。首先，家中家具的选择或摆放不合理，易使老年人跌倒或发生磕碰。其次，床的高矮忽略了老年人的生理特征，床的高度过低或过高，不利于日常起卧，容易发生意外事故，影响到正常生活。最后，老社区的地板普遍光滑、室内地面有落差等都是引发老年人跌倒的危险因素。通过入户观察可以发现，仅有极少部分的老人通过子女的协助进行了局部的无障碍化改造，主动将屋内有高度落差的地方调至平整，同时将室内地板改成防滑地板。

因物品堆放杂乱、处理不及时导致的安全问题。笔者走访发现，H 社区独居老人出于勤俭节约的观念，家中的废旧物品再多也不舍得丢弃，总感觉以后可以用得上。还有一部分独居老人由于身体健康状况，不能及时处理家中的杂物，家中物品堆积使屋内的活动面积减少。长此以往，杂乱堆放的物品不仅会影响独居老人居家环境的整洁和美观，还会影响居家养老的安全，给老年人的身体健康造成损害。杂乱堆放的物品可能会导致老年人跌倒，杂物中的部分易燃物也存在引发火灾的潜在风险。

由家中缺乏必要的安全设施导致的安全问题。如小区停电时家中没有在紧急情况下提供照明的应急灯，可能会有老年人意外跌倒事件发生；厕所里没有安装防滑扶手，老年人在如厕时可能因腿脚不便而跌倒；浴室里没有防滑垫和防滑拖鞋，老年人在洗澡时会因地板太滑而跌倒；卧室里没有小夜灯提供照明，老年人在起夜时会跌倒或磕碰；在起居室内也未安装呼救设备，老人意外跌倒或突发疾病时，若得不到及时的救助，严重的甚至会危及生命。

H社区的独居老人多以室内活动为主，在居家生活中最常见的意外伤害就是跌倒，主要的场所是在厨房与卫生间。独居老人由于身体机能的退化而腿脚不便，在家中小范围内的活动都有可能让独居老人受到伤害。独居老人年龄的增大带来的是行动更为不便、身体恢复能力更为减弱，独自居住可能让他们在跌倒后得不到及时的救助治疗，从而造成更严重的后果。

（2）行为安全问题。探访的10位独居老人在生活上基本能够自理，但因年长，记忆力减退等原因，在使用水、电、煤气时容易出现安全问题。比如忘记关上水龙头导致地面积水，会造成老年人的跌倒；用电方面的不安全包括使用不合格的电器、插座或使用电热毯忘拔插头等，这些不安全的行为都有可能引发漏电或火灾等事故。独居老人自己独自生活，需要用到煤气、水、电等烧水做饭，10位老人中有8位都表示曾经因烧水或者烧菜时忘记关煤气，导致烧煳锅，甚至煤气泄漏。

曲奶奶说："我一进楼道就感觉楼道里煤气味儿很浓，忽地想起来自己下楼去买东西之前煮粥好像没关火，赶紧开门，屋里老大的煤气味儿啦！我赶紧开窗放，然后又去厨房关了煤气阀。"

煤气使用中存在的安全问题很多，笔者在上门调查的时候发现，有些独居老人家里的煤气管道露在柜子外面，破旧且从来无人检修，这很容易引发煤气泄漏或爆炸的安全事故。部分老人对煤气使用缺乏足够的安全知识，不会正确使用，不按时检修，这些都为他们的晚年生活留下了潜在的安全隐患。

（3）意识安全问题。访谈资料显示：10位独居老人大多患有高血压、心脏病、糖尿病等慢性疾病，有长期服药的习惯。因此，每位独居老人家中都备有不少的药物，但对药物的合理放置，药物的食用规范，过期药物的及时丢弃和防止误服，大部分老人都没有明确的认识，这就成了独居老人家中一个十分重要的居家安全问题。除了药物，变质食物的不及时处理也会给独居老人带来危害，误服下过期的药物或发霉的食物会给独居老人的身体健康造成伤害。独居老人随着年龄的增长，味觉、嗅觉等感官功能逐渐下降，很多隔夜或留置时间更久的食物，即使坏掉也不易被老人察觉。独居老人的主观判断和固有的生活习惯并没有意识到问题的严重性，安全意识薄弱，会伤害到独居老人的身体健康。

岳爷爷说："有几次不想做饭，冰箱里有剩饭剩菜，也忘了几天了，拿出来闻一下好像也没坏，热热就吃了。吃的时候感觉味道还行，也不知道坏了呀，紧接着就拉肚子，拉了好几天，最后还是去社区卫生所打了好几次点滴才好的。"

2. 居家心理安全问题

我国老龄化日趋严重，老年人的数量在不断增长，老年人随着年龄的不断增长，不仅面临着身体健康、身体机能不断下滑带来的意外摔倒、跌倒、因生病造成的行动不便或者瘫痪等生理层面的人身安全的挑战，在心理层面上，老年人在步入老年期后也更容易产生诸如焦虑、抑郁、无用感以及因子女无法在身边提供照料的孤独感等问题。独居老人长期独自生活，他们的心理问题很容易被忽视。10 位独居老人有 2 位是未婚老人，常年单身导致他们性格比较内向，没有子女，经常会感到孤独寂寞。因年龄增长和健康问题，所获得的支持并不充足，从而衍生出了孤独无助的情绪。10 位独居老人中有 6 位老人因丧偶独居，面对另一半的离世，必然导致配偶对老人精神慰藉的缺失。

潘奶奶说：她与丈夫相依为命，丈夫的突然离世，让潘奶奶的生活失去主心骨，精神萎靡不振。两个儿子都已成家，回家探望的次数不多，来家会询问潘奶奶的日常生活情况，常常忽视奶奶的情绪和心理健康。

独居老人的心理健康问题是其安享晚年的重要问题之一。对于有子女的独居老人，其子女应定期回家陪伴老人或与老人通过电话联系，了解其养老生活所需，安抚他们的情绪。对于无子女的独居老人，社区要负起关爱老人身心健康的责任。

3. 居家财产安全问题

独居老人财产安全问题多样，包括电话诈骗、网络诈骗、投资理财骗局、被偷、无效保健品、子女过度索取等，其中最常见的为电话或网络诈骗、购买无效保健品，特别是无效保健品营销形式多样，使得很多老年人上当受骗，是老年人财产损失的重要原因。近些年，随着一些老年人加入智能手机使用的队列，逐步走进数字化社会，在给他们的生活带来巨大便利的同时也有不少老年人被一些诈骗分子盯上，被骗走大量钱财。如一些不法分子利用老年人对养老问题的关注和担忧的心理，对老年人实施五花八门的养老诈骗，心理防线较弱的老年人很容易就会上当受骗，造成老年人经济损失的同时也对其心理造成一定的不良影响，进而影响其晚年生活幸福感，对社会失去基本的信任、对安全的社区生活环境的认同下降。此外，社会上的一些不法分子上门推销保健品或其他商品，会对老人的财产安全和人身安全造成一定的威胁。本次调查发现：有2位独居老人曾遭受电话或网络诈骗，4位独居老人曾购买过无效保健品。

连奶奶："我没事就喜欢下楼溜达，有时候卖药的早早就在楼下宣传，说是去了能领鸡蛋，我跟那几个老伙计早早就拿着板凳去等着，听着他们说的，感觉这药真能治我这长年腿疼的毛病，我和那几个伙计一下就买了好几个疗程的，反正现在吃着，作用也不大。跟我女儿说了之后，她说我指定让人家洗脑了，还让我以后用着啥药跟她说，不让我自己买。"

社区独居老人获取信息有限，很少有机会能够系统地学习财产安全方面的知识，对财产安全知识掌握状况不是很理想，调查的10位独居老人对财产安全知识完全不了解。独居老人的财产防范意识比较弱，涉及子女时，独居老人会更不理性。通过访谈笔者发现，有5位独居老人时常参加保健品的宣传活动并购买，2位独居老人遭受过电信诈骗，骗子自称是其子女因某些原因借款未还，称其如果不还就会影响子女在银行的信用等级，要求向指定账户汇款。

对访谈资料进行分析后笔者发现，这些服务对象的居家安全问题既有共性也有个性，共性是都有居家安全方面的问题，个性是居家安全问题的表现形式之间有差异。这些独居老人的年龄大致为60岁~90岁，10位独居老人均存在不同程度的人身安全问题，部分独居老人孤独感困扰强烈，存在心理安全问题。随着智能信息的发展，他们除了面临人身安全和心理安全之外，还存在财产安全风险。因此，独居老人需要外界的帮助，以保障他们的居家安全。

（二）社会工作介入独居老人居家安全问题的服务过程

第一步：接案

1. 接案途径

H 社区共参与开展了 10 个个案跟踪服务与管理。服务内容包括提供资源链接、物质援助、情感支持服务，以及居家安全改造、居家安全教育、心理慰藉等居家养老上门服务。为研究个案工作对解决独居老人居家安全问题的作用，选取了 3 位独居老人作为本书的个案案主。在个案案例的选择上，主要考虑到居家安全问题的典型性，3 位案主的居家安全问题重点不同，包括了本书所划分的居家安全问题种类。对 3 位案主进行个案介入，已基本满足独居老人居家安全问题个案研究的论证要求。从个案研究的工作量来讲，因本书研究时间和研究深度有限，故不再列举其他个案服务案例。

本案中的三位独居老人，他们在生活中的居家安全问题和需求与个人、家庭、邻里、社区因素有关，个案介入可以帮助他们建设居家安全支持体系，以解决他们在居家养老过程中的安全问题，提高居家安全感。

2. 案主的基本信息及情况

（1）案主 Y 基本情况。案主 Y，今年 65 岁，社区内长期未婚独居老人。案主 Y 未婚未育，有 2 个弟弟，都已经有自己的家庭，每个周会来看望一次案主。①身体情况：案主 Y 退休前长期站立工作，患有腰肌劳损；长期独自居住，生活自理能力较差；工作期间经常三班倒，作息和饮食不规律导致患有高血压、糖尿病，需长期服药。右腿曾在室内跌倒受伤已康复。②经济情况：案主 Y 现每月可以领取退休金 1700 多元，身体情况不允许其从事重体力劳动，有一份看大门的工作（收入 1200 元），但是长期医疗费支出 800 余元，还有基本的生活费用，有一定的经济压力。③社会交往情况：案主 Y 之前在工厂的工作非常繁忙，经常倒班住在宿舍。退休以后来 H 社区居住，和邻居们也都不太熟悉，和以前的同事偶尔有来往。

（2）案主 W 基本情况。案主 W，今年 76 岁，社区长期病患老人，丧偶独居。案主 W 有一个女儿和儿子，丈夫于 4 年前过世，后来儿子也因交通事故离开了，一度陷入消极的情绪之中。①身体情况：案主 W 患有高血压、冠心病等疾病，需长期服药。②经济情况：案主 W 现在每个月有 2500 元的退休金，每月医药费固定支出约 700 元，在医疗费用开销方面，女儿也会给予一定的支持。③社会交往情况：在独自居住的时间里，平常与女儿通过电话或视频沟通，女儿也只是在逢年过节的时候回来。经历了丈夫和儿子离开的双重打击，和之前的朋友也断了联系。案主 W 不愿出门，和邻居沟通较少，平日里基本没有诉说心事的对象。

（3）案主 D 基本情况。案主 D，66 岁，目前的生活状态是离婚独居，一个儿子已成家且单独居住，儿子与儿媳都有正式工作，收入可观，每周带孙子来看望一次服务对象。①身体情况：案主 D 患有骨质增生，经常感冒发烧，认为自己身体虚弱喜欢买保健品，吃了保健品她觉得身体的免疫力会提高，每月还有额外的保健支出（不固定）。②经济情况：案主 D 的主要生活来源是退休金和儿子补贴，家庭经济条件充裕，不存在经济方面的压力。③社会交往情况：案主 D 比较善于出门活动，经常与一起买保健品的朋友参加不同类型的保健品、药品营销活动，和邻里朋友的互动较为频繁。

第二步：预估与问题分析

个案工作的预估，主要是指收集与服务对象相关的资料，确定服务对象目前存在的问题，得出有关服务对象问题的暂时性结论的过程。通过识别服务对象问题的客观因素（包括服务对象的背景材料、所处环境、与其生活有关的重要系统的资料等）和主观因素（指服务对象对问题的实际感受），来决定服务的方式和内容。

案例一

案主 Y 居家人身安全问题突出，这一方面是由自身安全意识薄弱和行为不当引起的，另一方面是因为家庭环境存在较多的安全隐患。案主 Y 的经济支出主要包括基本生活和医疗消费，没有参加过营销活动，接到过诈骗电话但被案主 Y 挂断，财产安全问题较弱。案主 Y 常年单身，社交单一，内心孤独寂寞，存在一定的心理安全问题。因此选取案主 Y 作为居家人身安全问题的典型案例。

（1）意识安全问题。案主 Y 患有高血压、糖尿病并伴有腰肌劳损症状，需长期服用多种药品，但由于记忆力的衰退，对于吃药不能够形成固定的规范且对于药品的功效、服用方法、保质期、副作用等都不熟悉。另外，案主 Y 常年单身，自身生活比较节俭，笔者在探访的过程中发现，家中食品有发霉的迹象。

（2）行为安全问题。在访谈的过程中，案主 Y 谈道，现在的电器过于智能，自己常常乱按一通。通过观察，案主 Y 家中的煤气管道部分裸露在外，插座比较老旧，并且案主 Y 家中的电器插头乱插不拔，这些都会带来极大的安全隐患。

（3）环境安全问题。案主 Y 长年单身，家务能力较差，屋内物品繁多并且随意摆放，室内活动有限。其次，家中的一些硬件设施也存在危险。例如，室内地板光滑、浴室无防滑垫、卫生间未安装扶手、室内未安装应急装置和紧急照明装置。案主 Y 居住的房屋室内地板比较光滑并且没有任何的防滑措施。听案主 Y 叙述，自己上次跌倒就是因为地面上有水，导致右腿摔伤，恢复了 2 个月才敢出门活动。

案例二

案主 W 身患高血压和冠心病，需要服用多种药物，加上情绪的影响，用药依从性差。同时，在入户走访的过程中笔者发现，案主 W 家中也存在煤气管道裸露和插排老化的问题，这些都会导致案主 W 遭遇人身安全问题。案主 W 每月会有固定的医疗支出，之前参加过保健品营销活动并且购买，存在财产安全问题。丈夫和儿子的相继离开给案主 W 的心灵带来了巨大的创伤。女儿距离远、工作忙，陪伴时间少。丈夫和儿子离世后，案主 W 经常一个人待在家里，社交活动明显减少，和以前的朋友也都断了联系，内心悲伤情绪无人诉说，心理安全问题非常突出。因此，选取案主 W 作为居家心理安全问题的典型案例。

案例三

案主 D 的儿子已经帮助其进行了部分适老化改造，安全设施比较齐全，家庭环境较为安全。案主 D 自身对健康比较重视，对于药品和食品的要求较高。不过，由于生理机能衰退和记忆力退化，案主 D 常常忘记自己有没有关煤气，这可能对其人身安全造成威胁。案主 D 经济比较充裕，且注意身体保健，经常参加不同类型的保健品营销活动，觉得对自己身体有好处的都会买一些，保健品支出少则几百，多则上千，这对案主 D 的财产安全构成了极大的威胁。经过访谈笔者发现，案主 D 遭受过保健品诈骗，金额并不大，所以案主 D 也不是很在意，可见案主 D 的财产安全比较突出。案主 D 的儿子和儿媳定期回家探望，案主 D 自身也经常参加集体活动，同辈群体较多，心理安全问题较弱。因此选取案主 D 作为居家财产安全问题的典型案例。

第三步：服务目标与计划
1. 确定服务目标

案例一

总目标：针对居家人身安全问题，构建居家人身安全支持体系，从自身、家庭、邻里、社区、社会组织五个维度给予支持，降低风险和提升生活质量。

具体目标：①向案主 Y 和家人普及食品、药品安全知识，提升安全意识，制定个性化药品食品手册；②提高案主 Y 的防跌倒意识，掌握自救方法，提升邻里互助功能；③协助案主 Y 形成安全行为，制定个性化电气操作指南；④连接社区、社会慈善资源，进行家政服务，安装安全设施，改善居家环境，提升居家安全指数，定期进行安全检查。

案例二

总目标：针对居家心理安全问题，构建居家心理安全支持体系，从自身、家庭、邻里、社区、社会组织五个维度给予支持，降低风险和提升生活质量。

具体目标：①进行情绪疏导，帮助案主 W 走出悲痛，消解负面情绪；②鼓励家人与案主 W 保持稳定联系，加强家庭的情感支持；③密切邻里朋友关系，搭建沟通桥梁；④联动社区志愿者，帮助案主 W 结识同辈群体，促进社区融入，提供恒常探访服务。

案例三

总目标：针对居家财产安全问题，构建居家财产安全支持体系，从自身、家庭、邻里、社区、社会组织五个维度给予支持，降低风险和提升生活质量。

具体目标：①对案主 D 进行防诈骗教育，提升防诈骗意识；②鼓励家人与案主 D 多沟通，满足案主 D 的物质需求；③树立健康消费观，提升邻里互相监督的功能；④在社区开展宣传活动，营造社区内的安全氛围；⑤连接社会资源，为案主 D 提供正规购买渠道。

2. 制定服务行动策略
针对服务对象的问题和确定的目标，围绕服务对象的居家安全问题，在社会支持网络理论和系统理论的指导下，将介入过程分为三个阶段，即介入初期、介入中期和介入后期。在明确服务的阶段和方法之后，了解服务对象拥有的资源，提出具体的活动计划。

（1）介入初期。介入初期是接案以后再次与案主接触的阶段，社会工作者入户与案主进行比较深入的会谈，相互了解，明确自己的角色，建立专业关系。主要内容：在与案主会谈时，社会工作者要全面了解案主面临的问题和需求。注意案主的生活近况及对即将开展服务的接受程度，运用接纳、尊重等相关技巧赢得案主的信任，让案主能够自由地表达感受和想法，可以通过多次入户走访、陪伴，增强案主对社会工作者的信任。

（2）介入中期。根据 3 位案主前期的问题与需求分析，从自身、家庭、邻里、社区、社会组织五个维度设计针对人身、心理、财产三方面的服务活动。运用社会支持网络理论帮助案主增强与社会支持网络的关系，由表面问题到深层问题，层层深入。首先，从案主自身入手，上门看望聊天，与案主谈心，引导案主表达自己的想法，通过向案主普及不同类型的安全知识、开展心理辅导等活动，解决由自身因素造成的各种安全问题。其次，将案主的安全问题放到家庭、邻里系统中，与案主的儿子、女儿、兄弟姐妹沟通，让他们经常能够与案主通过视频、语音聊天、打电话等方式沟通，社会工作者与家庭成员一起，对案主进行支持和肯定。联系邻里朋友，通过走访案主的邻里侧面了解一下他们与案主的情况，并试着让邻居朋友配合我们一起去案主的家里给予支持。通过组织特色活动，邀请家人、邻里朋友共同参与，加强案主与家人、邻里朋友之间的联系，提升非正式支持网络的支持。最后，联动社区协同作用，社会工作者带领社区志愿者及专业人员上门，与案主之间建立联系，针对案主的问题提供具体的服务。连接社工机构或社会组织慈善资源，为案主提供物质资源或依托社区开展特色活动、讲座，引导案主积极参加，为保障其居家安全提供正式支持。

（3）介入后期。经过中期的各种活动，社会工作者与案主之间拥有良好的互动，建立深厚的感情基础。因此，在这一阶段，社会工作者需要注重处理案主的离别情绪，巩固个案工作成果。

第四步：个案介入过程

1. 人身安全问题的介入过程

针对案主 Y 的居家人身安全问题共开展 7 次活动，介入前期主要是建立专业关系，根据案主 Y 的人身安全问题，设计服务活动；介入中期是整个服务过程的主体部分，连接资源，处理安全困境，提供具体服务；介入后期与案主 Y 讨论目标的完成情况，处理其情绪，进行结案。具体服务过程如表 8-1 所示：

表 8-1　案主 Y 的介入过程

介入阶段	介入目的	介入内容
初期	与案主建立良好专业关系；了解案主的需求与问题，讨论并共同制定服务计划。	1. 运用个案会谈技巧，充分尊重案主，获得案主信任，建立良好的专业关系。 2. 预估案主的问题与需求，与案主 Y 讨论并共同制定服务计划。
中期	调动家庭对案主的支持，提高案主用药及食品安全意识，了解并掌握日常药品的使用方法。	1. 此次活动邀请案主家人加入，与家人一起帮助案主对药品进行整理并归类；在社会工作者的指导下，帮助案主了解并掌握日常药品的食用方法。 2. 与案主共同整理家中的食品、保健品，告知案主保质期到什么时候，将他们贴上标签，与家里人一起劝告案主，一定不能因为节约、怕浪费而食用过期食品或保健品。 3. 与案主共同商量讨论制定个性化药品食物手册，强化案主对药品、食物的安全意识。
中期	提高案主防跌安全意识，学习安全防护的基本知识，降低跌倒发生概率。联系邻里朋友，提高邻里互助功能。	1. 了解案主近期生活情况，关心案主的身体并询问其是否参照个性化药品食品手册正确食用。 2. 邀请邻里朋友与案主共同学习防跌知识短片，掌握跌倒后自救的方法。通过观看视频，邻里朋友与案主进行实操练习，并且分享心得。鼓励他们平常要经常联系，可以通过自己的方式互相监督、互相帮助。
	协助案主学习家庭煤气、电器的正确操作流程，修复老化的煤气管道和电源，进行安全检查，提高社区的关注度。	1. 引导案主掌握正确的煤气、电器使用方法，宣传消防知识。 2. 为案主链接社区内专业维修人员，在专业人员以及实习机构的支持下，为案主更换老旧的煤气管道和插座并定期上门检查，保障其用气、用电安全。 3. 与案主共同讨论制定个性化电气操作指南，加深其对用气、用电安全行为的印象。

介入阶段	介入目的	介入内容
	链接社会慈善资源，改善居家环境，提高居家安全指数，扩大社会支持网络。	1. 配对社区志愿者资源，定期进行家政服务，改变目前的居家环境，帮助其整理家中的物品，使之整洁。 2. 链接社会组织、慈善组织等资源，为案主安装安全扶手、室内应急装置和夜间照明装置，提高居家安全指数。 3. 在居家适老化改造的基础上，及时评估案主对改造环境的适应情况；定期对案主家进行安全检查，保证居家环境安全。
后期	处理离别情绪，结束服务关系；巩固个案成效。	共同回顾服务过程，复习巩固掌握的安全知识和安全行为，一起梳理可善用的资源，增强案主的社会支持网络，在轻松的氛围中结束此次服务。

服务过程小结：介入初期，社会工作者与案主建立起了良好的专业关系。表达了对案主的关心，通过深入访谈，社会工作者与案主建立了相互信任的关系，案主会把家庭情况向社会工作者倾诉，告诉自己的难处，社会工作者安慰，理解其困难及无助，同时对目前的案主表达肯定。社会工作者了解到案主的人身安全问题，与案主一起商定了目标和服务计划。

介入中期根据服务计划，社会工作者详细了解了案主的意识、行为、环境的人身安全问题。由于个人疾病和固化意识等因素，案主在社会工作者的指导下对家中的药品进行归类，在过程中适当地表达对案主的肯定，给予案主鼓励。在活动中邀请案主的弟弟，案主表示看到弟弟很高兴，希望弟弟能多来探望。社会工作者建议弟弟及其他亲戚多与案主沟通，时常打电话提醒案主按时吃药，关心案主的生活，积极协助案主度过晚年。针对案主的跌倒问题，社会工作者提前设计了教学短片，在教学中通过实践演练，让案主意识到危险的行为。在此过程中，邀请案主的邻里朋友一起参与，共同学习和模拟，告知邻里案主独自生活的危险，鼓励邻里通过时常拜访的方式监督案主的健康状态。社工向社区提出申请，为案主申报了专业维修人员，将其纳入重点关注对象，帮助案主解决了电气老化的问题。社会工作者与案主制定电气化操作指南，督促其形成了正确的用电用气行为。针对居家环境杂乱的问题，为案主配对了志愿者结对帮扶，定期到案主家中进行收拾整理。同时为案主连接了社会组织慈善资源，提供了各种安全设施并进行安装，使得案主的家庭环境有了很大变化。另外，社会工作者针对前期的服务，与案主共同回顾所学知识，帮助案主再次巩固安全知识，降低案主居家安全风险。本次服务不仅使案主的社会支持增多，还巩固了之前的安全知识，加深了案主对安全行为的认知。通过自身、家庭、邻里、社区、社会组织为案主提供服务，让案主的居家人身安全问题得到了解决。

介入后期，社会工作者通过经常性探访及重点帮扶等措施，巩固了案主自身及其家庭环境的改变，使案主的人身安全问题得到了解决，个案成效显著。社会工作者告知案主应注意的事项并通知个案服务将会结束，但还是会跟进服务，只是跟进的频率可能会没有那么频繁，案主表示理解。

2. 心理安全问题的介入过程

针对案主 W 的居家心理安全问题共开展 6 次活动，介入前期主要是建立专业关系，根据案主 W 的心理安全问题，设计服务活动；介入中期是帮助案主解决心理问题，重构社会支持网络；介入后期与案主 W 巩固个案成效，处理其情绪，进行结案。具体服务过程如表 8-2 所示：

表 8-2　案主 W 的介入过程

介入阶段	介入目的	介入内容
初期	与案主建立良好专业关系；了解案主的需求与问题，讨论并共同制定服务计划。	通过日常化的陪伴和倾听，进一步深入评估案主的需求和资源，并及时协助案主处理生活上的困难，与案主建立信任关系。
中期	运用缅怀往事疗法对案主进行心理辅导，调动家庭情感支持。	1. 倾听案主正面的故事，通过故事的回顾，适当地表达肯定，帮助重建自尊心和自信心。鼓励案主坚强，借鉴过去的人生经验，解决现在面临的问题。 2. 案主对于丈夫和儿子的离开会有不能释怀的情绪，倾听案主对亲人的思念，鼓励案主尽量表达自己的感受，社会工作者给予适当的安慰，从而帮助案主排解心理压力和悲伤情绪。 3. 鼓励女儿与案主多多交流，增加对案主陪伴的时间与频率。保持家里人与案主之间沟通交往，表达对案主的关心，缓解其悲伤情绪，给案主提供莫大精神支持。

介入阶段	介入目的	介入内容
	密切邻里朋友关系，搭建与他人沟通的桥梁。	举办一场小型的茶话会，邀请案主以前的朋友和邻居一起分享日常生活情况，密切与邻里朋友的联系。同时也邀请他们一起参与后期的活动，以便更好地适应社区生活，提升非正式支持网络对案主的支持。
	促进案主融入社区活动，进一步缓解心理安全问题。	1. 强化案主主动获取家庭、邻里支持的能力。 2. 邀请案主走出家门，积极引导其参与社区活动，帮助案主认识更多的同辈群体，扩大社交圈。同时让案主参与其中，找到自己的价值。 3. 联动社区志愿者、社区社会组织为案主提供恒常跟进服务。
后期	处理离别情绪，结束服务关系；巩固个案成效。	和案主一起总结服务过程中的改变，并通过表达感受、鼓励的方法，巩固案主已经取得的进步，结束服务关系。

服务过程小结：在项目走访调研时期，社会工作者已经和案主进行了会面和交流，与案主建立良好的专业关系，案主对社会工作者的态度很友好。介入初期，社会工作者主要表达对案主的关心，通过深入访谈，让案主能够向社会工作者吐露自己的内心想法，告诉自己的伤心处境及无助，社会工作者对目前的案主表达安慰。社会工作者了解到案主的心理安全问题，与案主一起商定了目标和服务计划。

介入中期，根据制定的目标和服务计划，社会工作者首先从案主自身出发，运用缅怀往事疗法对案主进行心辅导，详细了解了案主的故事。这些美好的故事可以改善案主的情绪，使其回忆起当时的喜悦，还可以使案主意识到积极向上的态度对生活的重要性。当说到案主面对困难时，在辅导的过程中社会工作者对案主表达了鼓励和安慰，以积极的态度解决现在的问题。在服务的过程中，社会工作者与案主的女儿也有沟通，获得了案主女儿的支持。由于子女关心缺失，案主内心的抑郁情绪无人倾诉，在社会工作者的鼓励下，女儿会主动陪伴案主，倾听其内心的真情实感，并表示自己以后会常常联系母亲，让母亲的心理得到宽慰。案主在社会工作者的支持下，与之前的朋友、邻居进行沟通并获取邻居的支持。对此，案主感到非常的开心，因为自己在家经常胡思乱想，和朋友们聊聊天心情舒畅多了。在社会工作者的带领下促进案主融入社区活动，社工机构依托社区开展兴趣活动，丰富案主的娱乐生活，社区志愿者积极引导，在活动中案主认识了更多的同辈群体，无形之中，案主的支持网络又增加了。通过社区活动，案主认识了新朋友，学习了新兴趣，让其感受到了生活的快乐和温暖，与不同支持网络之间的交流消除了案主的心理问题。

　　介入后期，案主表示自己的心理情绪得到了改变，能够主动和周围的人交流，心理安全问题得到解决。在服务的过程中案主与社会工作者建立了深厚的情感，得知社会工作者要离开时，案主又比较失落。在结束时应注意案主的情绪，帮助案主梳理自己的支持网络，告知案主个案服务将会结束，但还是会跟进服务，使案主能够积极生活。

　　3. 财产安全问题的介入过程

　　针对案主 D 的居家财产安全问题共开展 6 次活动，介入前期主要是建立专业关系，根据案主 D 所拥有的资源，设计服务活动；介入中期继续维持与案主 D 的专业关系，根据计划推进服务进程；介入后期与案主 D 梳理个案收获，进行结案。具体服务过程如表 8-3 所示：

表 8-3　案主 D 的介入过程

介入阶段	介入目的	介入内容
初期	与案主建立良好专业关系；了解案主的需求与问题，讨论并共同制定服务计划。	通过日常化的陪伴和倾听，进一步深入评估案主的需求和资源，并及时协助案主处理生活上的困难，与案主建立信任关系。
中期	提升案主的防诈骗意识，识别身边的骗局，及时与家人沟通自己的需求。	1. 邀请案主的子女与其共同学习防诈骗知识短片，通过经典案例理解诈骗的类型，识别身边可能存在的骗局，积极应对诈骗行为。 2. 通过询问的方式鼓励案主说出自己被骗的经历，善于领会案主的情绪变化，帮助案主一起分析被骗的原因。 3. 调动家人对案主的支持，了解案主的物质需求并及时满足，避免让案主独自购买。

续表

介入阶段	介入目的	介入内容
	帮助案主链接正规渠道购买保健品和药品，与邻里朋友互相监督。	1. 帮助案主链接正规的药店和诊所，告诉其正规的购买渠道。 2. 在社区内开展保健品食品知识讲堂，邀请邻里和朋友一起听社区医生分享保健品和药品知识，树立健康的消费观，并劝诫案主和朋友们尽量减少参加不同类型的宣传活动，避免上当受骗。鼓励案主与邻里朋友互相分享、互相监督。
	强化社区支持，联动社会组织开展活动，为案主在社区内营造一个安全的氛围。	1. 询问案主近期与子女、邻里的联系情况，强化案主主动获取家庭、邻里支持的能力。 2. 邀请案主走出家门，志愿者积极引导其参与社区活动，尤其是不同形式的防诈骗宣传活动，加深案主对财产安全的认识。
后期	处理离别情绪，结束服务关系；巩固个案成效。	和案主一起梳理整个过程中的收获，发放防诈骗手册，巩固个案成效，结束服务关系。

服务过程小结：介入初期，案主与社会工作之间可能不是很熟悉。虽然之前也交流过，但深入的交流比较少。通过社会工作者引导，社会工作者表达了对案主的关心，适当地自我表露，聊聊家常，与案主建立了相互信任的关系。案主会将自身的情况与社会工作者分享，通过深入访谈，社会工作者了解到案主的财产安全问题突出，与案主一起商定了目标和服务计划。

个案工作中期的主要任务是围绕案主的财产安全问题来展开的，同时在该阶段需要根据初期的服务情况，对服务计划进行适当调整，使计划更符合实务。在第一次服务时，社会工作者邀请案主的儿子和儿媳妇共同参与，在服务中，详细了解了案主购买保健品的原因。在一起观看防诈骗视频后，案主表示会谨记案例中被骗者的经历，吸取自己被骗的教训，有需要会首先向儿子汇报，儿子和儿媳妇也表示会及时满足案主对于保健品等生活用品的需要。在第二次服务时，案主在社会工作者的支持下，与朋友邻里进行沟通，分享自己上次服务中学习到的经验。此外，社会工作者还邀请到了社区医生帮助案主和邻里朋友正确认识保健品，听从社区医生和社会工作者的建议，案主表示不会再参加推销保健品的活动，并且也会告知自己其他一起购买的朋友，建议他们也不要去参加类似活动，谨防被骗。在第三次服务中，社会工作者帮助案主联系了正规的购买渠道，并告知案主如果有需要可以去这几个地方购买。在第四次服务中，社会工作者向机构申请在社区内组织防诈骗宣传活动，社区提供场地和志愿者。在活动中，志愿者向案主及邻里朋友介绍了现在养老诈骗问题的严重性，发放了防诈骗宣传册，告知一定要提高自己的防诈骗意识，同时社区表示也会对外来宣传人员进行控制，为业主们营造一个无诈骗的安全社区氛围。同时，在活动氛围的促使下，案主也认识了更多的同辈群体，他们互相讨论、和睦相处。中期的个案工作服务能够使案主在树立财产安全意识的基础上，促进案主与其他支持主体互动，获得有力的社会支持。

介入后期，主要是巩固案主掌握的知识，处理案主的离别情绪以及评估案主对本次服务的满意度。社会工作者告知案主应注意的事项并通知个案服务将会结束，但还是会跟进服务。

第五步：个案工作评估

1. 结果评估

案例一

首先，案主 Y 的安全意识得到了提升，正确用药、正确用电用气的次数增加。通过参与式教学的方式，案主 Y 对防跌倒安全知识及技能的掌握程度提高，主动向他人求助的次数增加。

其次，案主 Y 的不良行为得到了矫正，家中老化的插座和煤气管道得到了更换。通过观察学习的方式，案主 Y 正确使用煤气、电器的次数增加，参加社区内安全讲座的次数增加。

最后，案主 Y 的居家环境得到了改善，环境变得整洁，安装了安全设施（安全扶手、防滑垫、应急呼救装置、小夜灯），社区志愿者上门进行安全检查的次数增加。

案例二

首先，案主 W 的不良情绪得到了疏解，生活中不再郁郁寡欢，还掌握了自我调节的方法，能积极乐观地面对生活。

其次，案主 W 从一开始的不愿意主动和女儿沟通，到后面的主动和女儿沟通，不仅心理问题得到了解决，还提高了与他人沟通的能力，拉近了自己与女儿的关系。案主 W 在没接受服务之前，跟邻居和以前的好朋友关系比较尴尬，现在他们之间往来的次数明显增多。

最后，案主 W 的生活开始变得多姿多彩，从一开始的很少参与社区活动，到现在每一场活动都不落下，出门社交的次数明显增加。在自我方面，案主 W 认识了新朋友，开发了新兴趣，并且通过服务他人找到了自我价值，同时增强了自信心。

案例三

首先，通过防诈骗知识的普及，案主 D 目前能够清晰地认识身边的诈骗陷阱，在面对不确定的情况时，向子女询问的次数增加。

其次，通过科学服用保健品讲座，让案主 D 对保健品、药品有了新的认识，树立了正确的消费观，消费认知得到改善。通过连接社会组织资源，案主 D 去正规药店购买的次数增加，参与不正当药品宣传活动次数减少。

最后，通过在社区内开展不同形式的防诈骗宣传活动，让案主 D 参与其中，不仅自己能够快速地识别诈骗陷阱，并且能够将他人从诈骗危机中解救出来，最终达到保护财产安全的目的。

2. 过程评估

（1）满意度评估。为了了解 3 位案主对本次个案服务的满意度情况，在最后一次服务活动时，社会工作者利用满意度调查表对案主进行测评，评分项目包括自身受益及效果评价、对服务人员的评价、对服务活动的评价 3 个维度 12 项具体内容。满意度调查表共有 5 个等级的满意度选项，由 1 至 5 分别代表非常不满意、不满意、基本满意、很满意、非常满意，每个选项记相对应的分数，三位案主全部填写，调查数据如表 8-4 所示：

表 8-4　案主的满意度评估表

调查项目	1	2	3	4	5	平均分
自身受益及效果评价	0	0	0	4	8	4.67
对服务人员的评价	0	0	1	4	7	4.50
对服务活动的评价	0	0	2	6	4	4.16
综合评价度						4.46

从上表数据来看，有 19 个 5 分的选项，占比约为 53%，有 14 个 4 分的选项，占比约为 39%，3 分的选项仅有 3 个，不到 1%，1 分和 2 分的选项为 0 个，3 位案主对整个个案服务的综合满意度为 4.46，介于很满意和非常满意之间。从案主的反馈来看，案主对自身受益及服务达到的效果评分最高，这说明个案工作方法介入独居老人居家安全是有效的。对服务人员的打分为 4.50，整体呈中上水平，表达了对社会工作者工作的肯定。同时，在此维度中存在一个最低分 3 分，调查的数据显示，此选项对应的是志愿者，这说明在服务的过程中要重视对志愿者的培养，提高志愿者队伍的综合素质。另外，3 位案主都表示活动的内容可以更加充实丰富，每次活动的时间可以适当延长，每次活动的主要任务和目标完成了，你们就离开了，有的活动任务比较简单，很快就能结束。对于服务的方案设计、活动内容以及活动时间的安排，需要社会工作者不断地总结和学习。

（2）他人评价。通过个案工作服务的干预，案主发生了积极改变，笔者与案主家人、邻里和社区工作人员进行了访谈，通过他们对案主生活的反馈评价，从侧面了解到了个案服务的效果。

在与 H 社区志愿者的交谈中笔者了解到，案主 Y 的居家环境明显变得干净整洁，而且在笔者上门拜访的过程中，到了吃药的时间，他都能够主动地按规定吃药。家中安装的安全扶手对他帮助很大。在闲聊的过程中，他表示："自己上厕所和起床的时候再也不费劲儿了。浴室里有了防滑垫，洗澡的时候也不用担心滑倒了。晚上下床上厕所的时候，那个夜灯就自动亮了，立马就能看清周围的环境。反正我觉得家里各处都很安全，对于我这样长期自己住的老年人来说，这样的活动非常好。"另外，他还主动问我能不能再告诉他一些电器的操作流程，请笔者帮他换电灯泡。笔者觉得，对于他来说，能够主动向他人求助，是保障居家安全的关键之处。

在与案主 W 邻里的交谈中笔者了解到："她现在出门的次数明显多了，也会主动地来我家聊聊家常，之前没怎么见过她出门，更别说来我家了。现在我俩经常约着一起去买菜，别人都说我俩像老姐妹儿，我也很开心。"从与社区工作人员的交谈中笔者了解到："能在许多集体活动中看到案主 W 的身影，我们每次去家里看她的时候，她的脸上总是露出笑容，整个人的精神头看着也比以前好多了。"

在与案主 D 儿子的交谈中笔者了解到："经过此次活动之后，我妈现在有什么需要都会跟我说，让我帮她去买，再给她送到家。家里除了我给她买的保养品之外，也没有其他的了。有的时候她还跟我说，她的哪几个朋友来叫她去参加之前类似的活动，她都拒绝了，而且也告诉朋友别被商家的小恩小惠骗到。"

反馈结果显示：案主的居家安全问题不仅解决了，而且他们自身对居家安全的重视程度也明显增强，居家环境和行为有了很大的改善，和他人的交往增多，安全支持体系仍然能够发挥作用，此次个案服务活动得到了周围人的一致认可，个案工作介入独居老人居家安全问题给独居老人带来了持续性的影响。

第六步：结案

3 个月的个案服务过后，案主 Y 的居家人身安全情况得到了改善：首先，社会工作者对案主 Y 自身进行了食品药品安全知识的学习，向其传授防跌倒知识，进行防跌倒的演练，提升了案主 Y 的安全意识。其次，协助案主 Y 掌握正确的用气用电操作方法，改变了自身的不安全行为，联系社区专业维修人员，帮其更换了老化的插孔和电器管道。最后，针对其居家环境杂乱的问题，社会工作者帮助案主 Y 链接了社区志愿者结对帮扶服务，定期进行整理打扫，社区志愿者在进行打扫的同时帮其排查居家安全问题。针对居家安全设施不健全的问题，社会工作者连接了机构和社会组织慈善资源，为案主 Y 安装了安全扶手、防滑垫、紧急呼救装置等，提升了案主 Y 的居家安全指数。案主 W 的心理安全问题减轻：社会工作者通过缅怀往事疗法、专注倾听的专业技巧，帮助案主 W 打开了心结。案主 W 与家人、朋友的联系增多，丰富了非正式支持网络。联动了社区志愿者、社会组织资源，案主 W 积极参与社交活动的次数增加了，扩大了社交网络。案主 D 的财产安全意识得到了提升：通过对案主 D 及家庭进行防诈骗教育，使其能够快速地识别诈骗陷阱。案主 D 参加财产安全讲座的次数增加，与朋友邻里形成了互相监督的关系。联动整个社区，为案主 D 营造了一个相对安全的社区环境，扩大了财产安全监督网络，深化了案主 D 对财产安全的认识。

从居家安全支持体系的构建来看，3 位案主自身对人身安全、心理安全、财产安全的重视程度均有所提高，掌握了一定的应对技能。3 位案主的家庭、邻里都能为解决他们的居家安全问题提供一定的支持。另外，H 社区委员会、社区志愿者以及笔者所在的实习机构也会为 3 位案主提供服务和资源。所以，社会工作者通过个案介入，帮助 3 位案主构建了自身重视、家庭嵌入、邻里互助、社区协同、社会组织提供服务和资源五个维度的居家安全支持体系。

从 3 位案主目前的生活状况来看，他们的人身安全问题、心理安全问题、财产安全问题均已经得到了解决，建立的居家安全支持体系也比较稳定。所以，社会工作者作出结束服务关系的决定。个案服务关系虽然结束了，但在针对社区老人的服务项目中，基于 3 位案主的独居情况，社会工作者仍将 3 位案主作为重点关注对象。在后续的恒常探访和电访中，社会工作者会及时跟进服务。

（三）结论与对策

1. 结论

3 位案主的居家安全问题解决思路符合居家安全支持体系建设的指导思想和指标要求，即以"自身+家庭+邻里+社区+社会组织"的个案介入模式为案主提供服务。挖掘服务对象自身的潜力，提升家庭嵌入作用，发挥邻里互助功能，强化社区协同作用，发挥社会组织慈善资源助力作用。在个案介入模式的作用下，整合资源为案主解决居家安全问题，为独居老人的晚年生活提供安全保障。

（1）个案介入营造了更为健全、稳定的居家安全支持体系。在解决独居老人居家安全问题的过程中，社会工作者帮助他们寻求多方的支持，扩展他们的支持网络，提高他们应对居家安全问题的能力，从而形成居家安全支持体系。针对案主 Y 的人身安全问题，社会工作者通过个案介入，促使其自身对人身安全的重视明显提高，且掌握了正确应对跌倒的处理方式；家里人对他的关注明显增多，通过电话的方式提醒其正确服药，关心其近期的健康状况；邻里与案主 Y 的互助作用增强，邻里之间会通过上门拜访的方式互相注意对方的情况；社区对其的关注度明显提高，社区志愿者也会定期对家中的生活环境设施进行安全排查。与介入之前相比，案主 Y 的居家人身安全支持体系明显更健全。根据案主 W 的心理安全问题，通过个案介入，社会工作者对案主进行心理辅导，缓解了案主的哀伤情结，使其能够积极面对生活；案主女儿与案主沟通的次数频繁，表达对其的关心和爱，提供情感支持；邻里朋友之间的交往增多，互相分享生活乐事，互相倾吐内心的烦恼，使案主的不良情绪得到宣泄；在社区志愿者的关注和引导下，积极参与社区特色活动，开发新兴趣，提高案主对生活的热情，在学习的过程中结交新朋友，扩大了社交圈。与接案初期相比，案主 W 的心理安全问题支持体系既丰富又稳定。

针对案主 D 的财产安全问题，在个案介入下，案主自身能够树立正确的消费观，清晰地判断不同形式的营销陷阱；其家庭能够及时满足案主的物质需求，减少案主自己消费的频率；朋友邻里与案主互相监督，减少了参加集体保健品营销活动的次数；在社区内进行特色防诈骗宣传，控制不正规的营销活动，创造了一个相对安全的社区环境。本书通过对 3 位独居老人的典型居家安全问题进行个案介入研究，发现个案介入能帮助他们构建更加健全、稳定的居家安全支持体系。

（2）多元支持主体在居家安全支持体系中发挥的效果存在差异。多元支持主体的居家安全支持体系，可以充分发挥不同支持主体的作用，针对独居老人服务，居家安全支持体系资源各自发挥所长，有效满足了服务需求。针对服务对象需求，个人层面的支持取决于自身的情况，如健康情况、收入情况、性格特点等。在面对人身安全问题、心理安全问题、财产安全问题时，独居老人自身的支持都能发挥一定的作用，积极面对问题，掌握应对技能。家庭嵌入，家庭层面的支持往往是独居老人的主要支持主体，特别是对解决独居老人居家心理安全问题起关键作用，家人的关心是无法替代的，提供情感支持和物质支持，陪伴服务对象，满足物质需求。邻里互助，朋友邻里对独居老人的支持比较及时和方便，支持功能的强弱主要取决于独居老人与邻里朋友的密切程度，密切的邻里关系可以使邻里之间互相分享、互相监督。社区对独居老人的支持比较全面，对于独居老人来说是必不可少的。社区在提高独居老人晚年生活质量方面可以发挥重要作用。社区发挥协同作用，统筹各类资源，在社区引领下发挥各自力量；社区志愿者依据自身优势，发挥骨干力量，为服务对象提供具体的执行服务。社会组织根据独居老人的具体需求提供服务，对独居老人的人身安全问题、心理安全问题和财产安全问题都起到一定的补充作用。社会组织、社会工作者是重要的专业力量，在介入服务时有两个重要作用：一是进行需求分析，设计具体的服务活动，二是实施中的资源整合及匹配；社会慈善资源作为重要补充，为服务提供资源补充，弥补其他社会支持的不足。总体来说，本书形成的是一个自身重视，家庭嵌入、邻里互助、社区协同、社会组织提供服务和资源的居家安全支持体系，保障独居老人安全地度过晚年。

2. 对策

独居老人居家安全问题的原因来自自身、家庭、邻里、社区等，因此居家安全支持体系的建设也必须从自身层面、家庭层面、邻里层面、社区层面提出相应的对策。在开展个案实务活动的过程中，发掘并利用独居老人所拥有的资源，使他们之间形成合力，共同保卫独居老人的居家安全。

（1）自身重视居家安全，提高居家安全支持体系的应用性。独居老人主观上不重视自己的居家安全，这是各种居家安全问题频发的根源。在走访的过程中，很多独居老人正在遭受人身、心理、财产安全问题的多重威胁，但他们自身并没有意识到问题的严重性。有些老人甚至认为，自己不会出现意外或上当受骗，所以他们在遇到自己无法解决的问题时，索性就不解决。长此以往，将对独居老人造成无法逆转的伤害。对于已经形成居家安全支持体系的独居老人来说，自身重视居家安全问题，维持其长期应用性是至关重要的。

因此，社会工作者在个案服务的过程中应有意识地传播居家安全支持体系的存在和重要性，让独居老人在出现居家安全问题时及时主动地向各个支持主体求助，这样居家安全支持体系的各个主体就会运作起来。不同支持主体通过增加联系频次、提供情感支持、定期安全检查、连接安全资源等方式，帮助独居老人解决安全问题，提供安全支持。社会工作在开展服务时应加强宣传工作，引起社区的广泛关注，加深独居老人对居家安全的重视程度，这样就充分发挥了独居老人的自主性，实现了"助人自助"的价值观，提高了居家安全支持体系的应用性，从而为独居老人的居家安全保驾护航。

（2）调动家庭情感支持，提高居家安全支持体系的稳定性。家庭作为独居老人最亲近的支持资源，是其他组织和服务所不能替代的。家庭嵌入独居老人的居家安全支持体系，和老人一起关注居家安全问题，能够使支持网络更加稳定。独居老人由于其特殊的家庭结构和子女照顾的缺失，家庭支持较为有限，会对其居家安全造成一定的威胁。社会工作者要充分调动家庭内部资源，发挥其情感关怀的优势。独居老人独自居住的特殊性导致其在居家养老的过程中很容易出现心理安全问题。独居老人的子女及兄弟姐妹定期上门探访，关心老人的近况并及时沟通，在一定程度上能缓解其内心的孤独感，让老人感受到家人的关爱和陪伴。其次，家庭成员的固定探望，在一定程度上能够监测独居老人的居家安全状况。

在探访的过程中，独居老人的家人不仅要了解老人的近况，更应关注其居家环境的安全性和适老性，满足老人的心理安全需求和人身安全需求。首先是检查居家环境中的安全隐患，如地板是否光滑、家具摆放是否合理，家属根据实际情况为其提供安全舒适的居住环境，减少客观原因给独居老人带来的伤害。其次，提升独居老人的居家安全意识，协助老人改变不安全行为，如通过电话告知其日常生活注意事项，提醒其按时按规范吃药，又或是当面沟通，教授安全知识，帮助独居老人掌握正确的用气、用电行为，减少主观原因给独居老人带来的伤害。

（3）密切朋友邻里关系，提高居家安全支持体系的多样性。朋友邻里是社区独居老人的基本社交圈，几乎是老年人全部的社交网络，因此需要充分利用独居老人与朋友邻里的关系，搭建互助网络，为他们的晚年生活提供更多的安全保障。结合 H 社区内独居老人的情况，通过小组活动的方式使社区内老人了解常见的安全隐患、如何避免这些安全隐患、发现安全隐患如何解决，如何互相交流、互相帮助、互相解决。密切朋友邻里关系的好处是当意外发生时，邻里朋友可能是第一时间发现的人，为独居老人提供及时的救助。邻里朋友之间可以通过自己的方式互相分享、互相帮助、互相监督，共同解决所面对的问题。

独居老人在需要帮助时，能够得到充分的安全保护和照料，并且按照自身的需求及能力相应地参与邻里活动，鼓励邻里之间为独居老人提供力所能及的服务，从而有效减缓独居老人居家养老的安全问题。

（4）强化社区支持功能，提高居家安全支持体系的可持续性。H 社区为了提高社区内老年人的生活质量，引进笔者所在的社工实习机构为老年人提供服务，但是由于实习机构的社工数量有限，承接项目较多，社工只在有服务活动的时候来社区，并不在社区进行驻点，因此不能对居家安全支持体系进行及时维护。

社会工作者在构建居家安全支持体系的过程中充当资源连接者和资源整合者的角色，采用自身重视、家庭嵌入、邻里互助、社区协同、社会组织提供服务和资源的个案服务模式为独居老人提供服务，但这种模式建立在社工社区驻点的前提下，一旦社工离开社区，居家安全支持体系的持续性就难以保证。因此，社工要和社区沟通，形成居家安全支持体系以后，由社区分配网格员管理独居老人的居家安全支持体系，志愿者整理制作社区内独居老人信息手册，将社工的角色从中进行撤离，由社区内部人员构成，社区提供平台，并进行监督管理，使居家安全支持体系可以长期存在下去。

社区志愿者需要学习更多的安全知识，扩展自己的知识面，学习如何识别安全隐患、发现安全隐患，并积极地帮助老年人上门识别发现隐患，及时利用所学知识或联系社区资源帮助老年人消除安全隐患。如志愿者参加社区内组织开展的各类知识讲座，或是结合自己多年的工作经验为社区有需要的人群进行服务。志愿者应该及时慰问独居老人，为他们提供必要的保障，也能在一定程度上缓解心理问题。不仅如此，社区志愿者也应该及时向社区、社会工作者反馈独居老人的生活、心理与身体的状况，这有利于社会工作者开展对于独居老人的帮扶工作。

四、发展小组介入老年人融入智能社会

(一) 老年人与智能社会

1. 智能社会来临

智能社会即智慧社会，最初是由欧盟提出来的，旨在"探究如何利用当代技术、社会趋势解决现代社会面临的挑战。智慧暗示了创新、社交、移动和基于传感器的技术的赋能能力，以各种方式在众多部门和应用领域实现需求和资源之间的高效协调"。国际电信联盟发展部（ITU-D）认为："智慧社会是指利用技术的力量和潜力提高人类的生产力，将资源聚焦于重要的活动和关系，并最终改善健康、福祉和生活质量。"智能社会的到来是人类社会的进步，是社会不断变化的过程，也是社会发展进步的产物。智能社会的影响非常广泛，智能社会让我们的未来更有意义，智能家居、智能出行、智能医疗、智能农业、智能教育等方方面面都能够形成相应的规模，给我们的生活工作娱乐等每一个方面都提供便利。智能社会不仅仅是技术层面的创新，更是一种群体开放式的思维创新——在真正的智能社会中，每个人将可以通过更少的时间实现经济自由，我们则有更多的时间来做更有意义的事情。[1]

2. 智能社会中的老年人

任何事物都有两面性。人们在享受智能社会红利的同时，也面临诸多挑战，特别是老年人。随着数字技术的快速发展，各种数字化服务给人们的生产生活带来了极大的便利，然而不同社会群体在获取和使用数字资源时也会面临不同的情景，老年人由于受自身能力和外部资源配备普及等因素的影响，

---

〔1〕 高金波：《智能社会——打造未来全新商业版图》，中信出版社 2016 年版，第 67 页。

有很大可能成为运用智能技术的典型弱势群体。尽管老年人网民的总数量在不断增长，但截至 2019 年，我国 60 岁及以上老年人已接近 2.54 亿人，其中老年网民数量为 6000 万人左右。也就是说，仍有近 2 亿的老年人，并未充分享受到数字化智慧社会的红利。因此，有相当多的老年人，在诸如购物、就医、出行等各个方面面临着越来越多的困境，不会或者不适应在线支付方式、不会在线预约挂号和自助读取检查结果等。尤其是在新冠疫情的影响下，许多老年人受限于智能手机的普及使用，在出行等各个方面受到了很大的限制和冲击。另外，由于一些老年人缺乏对网络信息的判别能力，很容易成为网络诈骗的对象。整体而言，当下老年人所面临的数字鸿沟问题仍然是非常突出的。作为社会人，老年人不愿意与世隔绝，也不可能与世隔绝，面对智能社会，他们有惊喜也有失落，有享受也有烦恼，甚至有愤怒或排斥，矛盾、无所适从，忐忑不安，拿不起又放不下，焦虑、彷徨等是老年人普遍的心理。

3. 老年人融入智能社会的依据

党的十九大会议提出"高质量发展"，为更好地满足人民日益增长的美好生活需要，必须推动高质量发展。推动高质量发展不能忽略老年人群体的身心发展，关爱老年人心理健康。面对日益严峻的老龄化，实施积极应对人口老龄化国家战略，可以给老年人带来更多的获得感、幸福感、安全感，积极应对老龄化也成了一项长期战略任务。2021 年《国务院关于加强新时代老龄工作的意见》提出：有效应对我国人口老龄化，事关国家发展全局，事关亿万百姓福祉，事关社会和谐稳定，对于全面建设社会主义现代化国家具有重要意义。实施积极应对人口老龄化国家战略，把积极老龄观、健康老龄化理念融入经济社会发展全过程，促进老年人养老服务、健康服务、社会保障、社会参与、权益保障等统筹发展，推动老龄事业高质量发展，走出一条中国特色积极应对人口老龄化的道路。推动老龄事业的高质量发展，不得不重视智能社会中老年人的社会融入问题，老年人只有充分享受智能社会的发展成果，才会有真正的幸福感、获得感。

从理论上讲，老年人融入智能社会也有重要理论支撑。凯文提出的活动理论聚焦于老年人调整自己的行为来适应社会，该理论认为活动能力下降和原有生活角色丧失导致老年人脱离社会。[1]该理论强调老年人应该积极参与

---

[1]　范明林、张仲汝编著：《老年社会工作》，上海大学出版社 2005 年版，第 24~26 页。

社会生活,通过参与重新认识自我,提高活动频率从而保持生命的活力,提高社会参与和生活满意度。老年人是有其自身特点和需求的,只是因为缺乏学习的路径和渠道,无法融入智能社会。通过活动丰富老年人的日常生活,提升对智能技术的了解和应用;在活动开展过程中促进老年人保持良好的精神状态,缩小老年人与智能社会的距离,融入智能社会并非难事。

4. 老年人融入智能社会过程

社会融入是社会学中的重要概念,涵盖多个层次和维度。学者们从不同角度分析,总结出了多种不同的定义。本书认为,社会融入是指处于弱势地位的主体能动地与特定社会中的个体与群体进行反思性、持续性互动的社会行动过程。在智能社会背景下,个体为融入社会不断自我调整并能动地、持续地与社区中其他个体或群体交流互动,进行阶段性反思总结,从而达到心理、行为与智能社会协调一致的过程,积极参与互动享受智能技术发展成果的多层面的、动态的过程。社会融入是社会主体与环境相互作用的复杂过程:既有主体的主动适应,又有环境的影响;既有心理倾向,又有行为活动;既有内在因素,又有外在因素。

作为一个过程,老年人融入智能社会大致可被分为:心理排异、接受、学习、参与以及享受五个环节,五个环节相互衔接,形成一个前后连贯的心理和行为链条(参照图8-4)。

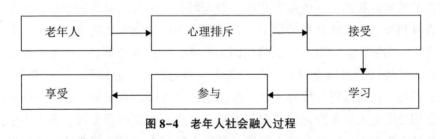

图8-4 老年人社会融入过程

(二)L社区老年人融入智能社会的概况

1. 社区情况简介

L社区位于上海市浦锦街道,属于典型的城市社区,辖区面积为12平方公里,下辖18个居民小区,60岁以上的老年居民有3000余人。坐落于经济繁荣、商业发达的地理位置。L社区拥有优质的环境,交通便利、地理位置优越,形成了众多商业街等社区商业带。生态环境方面,临近河流,社区绿化率高，空气清新，环境优美。交通设施方面，社区覆盖地铁，十几条公交路线途经社区，交通十分便利。生活设施方面，社区购物非常方便，拥有万达商圈、360广场商圈，有千家私营店铺，数个综合市场，并拥有多家银行网点。医疗设施方面，社区设有医院，院内医疗设施齐全。社区还设有社区卫生服务站和多家私人诊所和药店，方便居民就医。文化配套设施情况，该社区内建有小学1所、幼儿园3所，篮球场1个，公园2个。小区内有消防、通信等日常生活会用到的配套设施，是一个兼文化娱乐场所、公共休闲场所和相关一体化全方位配套的小区。社区基础设施完备，拥有的社区资源包括正式资源和非正式资源。其中，正式资源有社区服务中心、党员活动中心、图书阅览室等场所，为社区居民提供多功能的文化娱乐活动。非正式资源包括老年协会、社区舞蹈队等社会团体，该社区情况符合本书对项目实施环境的要求，有利于研究的进一步开展，因此笔者选择在该社区进行问卷调查和开展小组活动，针对社区的老年人随机选取。

2. 老年人融入智能社会情况调查分析

老年人基本情况分析：根据老年人的身心特点，确定采用问卷调查的方法，制定调查问卷，利用假期和实习期对老年人进行问卷调查，采取线下派发调查问卷的形式。选取了L社区的老年人作为调查对象，在社区不同地点随机发放一些调查问卷获得相关资料，目的在于获取老年人对智能产品的使用情况、态度、需求等基本信息。本次社区调查共发放问卷211份，回收问卷211份，问卷全部回收。其中，有效问卷200份，无效问卷11份，无效问卷是由于没有填写完成因而作废，有效问卷比例达到超过90%，达到调研目标。问卷分别从老年人基本情况、对智能产品态度、智能技术使用情况、智能技术对生活的影响以及适老化建议几个方面展开。

问卷的第一部分主要调查服务对象的个人基本信息，从调查统计结果可以看出，此次调查的老年人中大部分为女性，女性人数为113人，占调查总数的56.5%，调查对象的年龄集中在60岁~69岁，占比为81.5%。在社区主要休闲场所中，活动人群也是女性居多，而且人群的年龄分布主要是中低龄老年人。绝大部分调查对象文化程度都在初中及以下，占比达到68.5%。由此可见，社区中大部分的老年人学历水平较低，而且较多老年人在问卷调查中表示，只能达到基本认字的水平。其中的主要原因是该部分老年人在年幼时因社会以及自身家庭原因，缺乏参与学习的机会。

表 8-5　L 社区老年人基本信息表

基本情况	类别	频次	百分比
性别	男	87	43.5%
	女	113	56.5%
年龄	60 岁~64 岁	75	37.5%
	65 岁~69 岁	86	43%
	70 岁~74 岁	23	11.5%
	75 岁以上	16	8%
文化程度	未上过学	7	3.5%
	小学	47	23.5%
	初中	83	41.5%
	高中/中专/职高	48	24%
	本科专科及以上	15	7.5%

（1）老年人对智能产品的态度分析。老年人对智能技术的态度显示：30.5%的老年人对智能产品有恐惧感；其中非常恐惧的比例高达 20.5%，另外有 36.5%和 28.5%的老年人表示不太恐惧和一般，小组活动的目标应为帮助老年人克服对智能产品的恐惧，树立积极的态度；在对智能产品的使用态度上，57.5%的老年人感兴趣，这有利于后期开展小组活动；在对设备操作起来的困难程度这一问题上，36%的老年人认为比较困难，18.5%的老年人认为非常困难，小组活动应更多地为这两部分人群提供服务，帮助老年人融入智能社会（参见表 8-6）。

表 8-6　L 社区老年人对智能产品态度表

问题	类别	频次	百分比
您对智能产品有恐惧感吗	有	61	30.5%
	没有	139	69.5%
您对智能产品的恐惧程度是	非常恐惧	41	20.5%
	比较恐惧	20	10%
	一般	57	28.5%
	不太恐惧	73	36.5%
	不恐惧	39	19.5%

续表

问题	类别	频次	百分比
您对使用智能产品的态度是	非常感兴趣	34	17%
	比较感兴趣	81	40.5%
	无所谓	30	15%
	不太感兴趣	32	16%
	没有兴趣	23	11.5%
您觉得智能设备操作起来	非常简单	15	7.5%
	比较简单	25	12.5%
	一般	51	25.5%
	比较困难	72	36%
	非常困难	37	18.5%

（2）老年人智能技术的使用情况分析。在调查中笔者发现，71.5%的老年人家中有无线网络，这为老年人学习和使用智能技术提供了便利；87%的老年人拥有智能手机，仅13%的老年人在使用老年人专用手机；老年人最常用的手机功能是通信，紧随其后的是方便生活和娱乐；老年人最常用的打车方式仍然是在马路上直接叫车，占比为89.5%，手机软件叫车比例较少占26.5%；在购物方式和支付方式上：老年人倾向于线下实体直接购（72.5%），现金直接付（78%），也有部分老年人会使用购物软件买东西（48.5%），选择支付宝和微信支付（45.5%）；对于自助点餐，53%的老年人习惯传统菜单点，35.5%的老年人认为操作复杂，很不方便；老年人对医院和政务机关的信息化服务满意度认为一般（35.5%）和不满意（33%）的占比较高，对车站、机场的信息化服务满意度认为一般（36.5%）和不满意（30.5%）的占比较高。由此可见：老年人对公共设施的满意度较低，造成这一现象的原因有：①信息化平台操作页面多样，操作流程复杂，老年人应接不暇；②老年人自身视听能力下降，反应迟缓；③信息更新太快，没有对老年人进行培训和教学。老年人使用的智能产品中，电子产品类占比较高，到达了98%。可见，智能手机在老年人中逐渐普及，为后续开展小组活动，帮助老年人融入智能社会提供了工具支持（见表8-7）。

表 8-7 L 社区老年人智能技术使用情况表

问题	类别	频次	百分比
家里是否有无线网络（WiFi）	是	143	71.5%
	否	57	28.5%
您当前使用的手机类型是	没有手机	0	0
	老年人专用手机	26	13%
	智能手机	174	87%
您通常会用手机做什么？（多选）	通信（打电话、发短信、微信等）	200	100%
	娱乐（听音乐短视频、追剧、小说、游戏等）	149	74.5%
	方便生活（扫健康码、收付款、挂号、打车）	173	86.5%
	其他	13	6%
您经常使用的打车方式（多选）	马路上叫车	179	89.5%
	打电话预约车	26	13%
	手机软件打车	53	26.5%
	其他	0	0
您的购物方式有（多选）	线下实体	145	72.5%
	电视购物	36	18%
	线上购物软件（淘宝京东等）	97	48.5%
	其他	6	3%
您的支付方式为（多选）	支付宝、微信	91	45.5%
	刷卡	21	10.5%
	现金	156	78%
	其他	3	1.5%
您认为自助点餐怎么样	方便	23	11.5%
	操作复杂	71	35.5%
	习惯传统点餐	106	53%
	其他	0	0

问题	类别	频次	百分比
您对医院、政务机关的信息化服务满意吗	满意	52	26%
	一般	71	35.5%
	不满意	66	33%
	没接触过	11	5.5%
您对车站、机场的信息化服务满意吗	满意	59	29.5%
	一般	73	36.5%
	不满意	61	30.5%
	没接触过	7	3.5%
您使用过下列哪些智能产品（多选）	智能家电（如：扫地机器人）	29	14.5%
	电子产品类（如：智能手机、数码相机）	196	98%
	健康管理类（如：智能手环）	63	31.5%
	其他	10	5%

（3）智能技术对老年人生活影响分析。调查显示：有高达71.5%的老年人在智能产品使用过程中遭遇过人身或财产方面的损失，这个比例还是很高的。其中，占前两位的是遭遇网络诈骗和购买假冒伪劣产品，分别占69.2%和67.1%，因此加强老年人的信息安全意识，提高防骗能力至关重要。在智能手机对生活的改变这一问题中，排名前三位的分别是：生活更加方便（89.4%）、拥有更多娱乐方式（80.7%）、更多了解社会生活（68.4%）。由此可见：老年人对智能设备是有一定的接受度的，在老年人生活中扮演着重要角色。关于怎样看待智能产品和智能技术，59%的老年人认为方便生活、十分有用，另有19.5%的老年人认为操作复杂、程序繁琐，还有19.5%老年人表示很少接触、不太了解，另有19%的人表示很少接触、不太了解。老年人肯定了智能技术的有用性，但是由于主客观原因，仍有部分老年人不能享受到智能产品的便利（见表8-8）。

表 8-8　L 社区智能技术对老年人生活影响表

问题	类别	频次	百分比
您有因为错误或虚假信息造成人身或者财产方面的损失吗	有	143	71.5%
	没有	57	28.5%
您因为错误或虚假信息造成人身或者财产方面的损失是下列哪种情况	购买假冒伪劣产品	96	67.1%
	遭遇网络诈骗	99	69.2%
	诱导购买理财产品	64	44.7%
	听信错误或虚假信息给日常生活造成困扰	85	59.4%
	其他	56	39.1%
您觉得使用智能手机对您的生活有何改变（多选）	没有好处	2	3.5%
	生活更加方便	51	89.4%
	更多了解社会生活	39	68.4%
	拥有更多娱乐方式	46	80.7%
	其他	15	26.3%
您是怎样看待智能产品和智能技术的	方便生活，十分有用	118	59%
	操作复杂，程序繁琐	39	19.5%
	很少接触，不太了解	38	19%
	其他	5	2.5%

（4）老年人学习智能技术意愿分析。调查显示：79%的老年人愿意主动学习使用智能产品，如果社区提供免费培训指导使用智能产品，56.6%的老年人愿意参加。对于学习使用智能手机的途径这一问题，70.5%的老年人依靠晚辈教学，44.5%的老年人会请教同龄人，37.5%的老年人会选择自主学习。老年人能接受的学习智能产品的方式排名为：子女教学（94.5%）、自主学习（50%）、社区开展培训活动（42.5%）。由此可见：老年人学习智能产品的意愿较强，可以通过在社区开展小组活动，促使同龄小组一起参与学习智能产品和技术的使用，激发学习动力与热情，有利于老年人更快地融入智能社会（见表 8-9）。

表8-9 L社区老年人学习智能技术意愿分析

问题	类别	频次	百分比
您是否愿意主动学习使用智能产品	愿意	158	79%
	不愿意	42	21%
如果社区提供免费培训指导您使用智能产品，您是否愿意参加	愿意	113	56.5%
	不愿意	87	43.5%
您学习使用智能手机的途径是什么（多选）	自主学习	75	37.5%
	晚辈教学	141	70.5%
	请教同龄人	89	44.5%
	网络	68	34%
	其他	7	3.5%
以下这些学习使用智能产品的方式您能接受哪些	子女教学	189	94.5%
	自主学习	100	50%
	社区开展培训活动	85	42.5%
	智能产品经销商售后服务	44	22%
	相关培训机构系统学习	28	14%
	其他	54	27%

（5）老年人使用智能技术的困难分析。老年人使用智能技术的困难显示：64%的老年人经常遇到困难，31.5%的老年人偶尔遇到困难。在办理生活事务时有39%认为比较困难，21%认为非常困难。老年人遇到的主要困难包括：操作复杂、记不住（84.5%），字体太小、看不清（49.5%），音量太小、听不清（47.5%）。老年人认为造成他们使用困难的主要原因是：产品界面太复杂、操作困难（91.5%），读写能力和视听能力下降（71%）。而老年人不使用智能技术的原因则是：担心造成信息泄露财产损失（24.4%）、很多软件对老年人没用（24%）、对智能产品没有兴趣（23%）（参见表8-10）。

表8-10 L社区老年人学习智能技术的困难分析

问题	类别	频次	百分比
日常生活中，您遇到智能技术使用方面的困难	经常遇到	128	64%
	偶尔遇到	63	31.5%
	没有遇到	9	4.5%

问题	类别	频次	百分比
您认为使用智能手机办理生活事务困难吗	非常困难	42	21%
	比较困难	58	39%
	一般困难	37	18.5%
	不太困难	32	16%
	不困难	31	15.5%
您认为老年人学习使用智能手机时遇到的困难是什么?（多选）	操作复杂，记不住	169	84.5%
	字体太小，看不清	99	49.5%
	音量太小，听不清	95	47.5%
	内容复杂，无法理解	60	30%
	没有困难	8	4%
	其他	14	7%
您认为使用智能技术困难的主要原因是（多选）	文化程度不高，学习难度大	128	64%
	读写能力和视听能力下降，使用不便	142	71%
	产品界面太复杂，操作困难	183	91.5%
	其他	62	31%
您不使用智能技术的原因	担心信息泄露财产损失	49	24.5%
	很多软件对老年人没用	48	24%
	不喜欢接受新鲜事物	29	14.5%
	对智能产品没有兴趣	46	23%
	其他	28	14%

（6）智能工具适老化改进分析。表 8-11 的调查显示：在满足老人需求的智能手机这一问题上，所有老年人都认为应该设置简单、通俗易懂，79.5%的老年人认为应该针对老人的情况，进行个性化定制，另有 39%的老年人认为应该有人工客服指导，方便理解。如果有一款老年人软件，呼声最高的是：老年人的热门歌曲、戏曲分享和下载（97.5%），学习技能、拓展兴趣（88%），医疗科普和健康提醒（80.5%）。老年人最期望智能产品做出的改变，排名前三的为：音量更响、字体更大、操作界面简洁清晰（28%），推出适应老年人的服务，优化网络办事步骤，如一键叫车、一键挂号等（24.5%），提供语音输入系统、降低输入和使用难度（23.5%）。

表 8-11　L 社区智能工具适老化改进分析

问题	类别	频次	百分比
您认为满足老人需求的智能手机应该做到（多选）	设置简单，通俗易懂	200	100%
	人工客服指导，方便理解	78	39%
	针对老年人情况进行个性化定制	159	79.5%
	提供交流平台，让老人跟上互联网时代	63	31.5%
	其他	48	24%
如果现在有一款专门面向老年人的软件，您希望它是怎样的（多选）	操作更加简便的交流平台	45	22.5%
	医疗健康科普和健康提醒 生活小妙招分享	161	80.5%
	分享法律、经济方面的科普/援助	115	67.5%
	学习技能，拓展兴趣	145	72.5%
	老年人的热门歌曲、戏曲、广场舞的分享下载	176	88%
	及时了解新闻、热点活动	68	34%
	其他	16	8%
您期望智能设备做出哪些适老化改变（多选）	音量更响，字体更大，操作界面简洁清晰	176	88%
	提供语音输入系统，降低输入和使用难度	139	69.5.5%
	远程协助，遇到不会处理的情况可以请求亲友帮助操作	85	42.5%
	帮助功能，当出现操作问题时该功能提供相应解决方案	117	58.5%
	推出适应老年人的服务，优化网络办事步骤，如一键叫车、一键挂号等	154	77%
	其他	18	9%

（三）发展小组介入老年人融入智能社会的行动过程

1. 小组基本情况介绍

（1）小组工作介入准备。小组活动主要分为三个阶段：第一阶段是活动前的准备阶段，开展活动宣传，招募团队成员，预计招募 10 人，制定活动计划，针对可预见的困难制定应急预案。第二阶段是活动的发展阶段，在社工、老年人和当地居民的共同参与下，让老年人能够更好地融入智能社会，借助专业社会工作理念和方法，探寻一条适合老年人融入智能化时代的可持续之路。本阶段计划安排 6 次小组活动，每次活动的持续时间预计为 90 分钟。每周小组活动结束后，老年人将收到社工发放的活动评估表。小组成员将根据个人经历和感受如实填写表格，并根据活动经历对活动内容和互动过程进行评分，并提出有价值的意见和建议。工作人员对每项活动进行详细的现场记录，分析收集到的反馈，并对活动计划进行改进。第三阶段是活动的结束和总结阶段，分析发展小组介入老年人融入智能社会小组活动的优势和劣势，为今后开展此类活动积累经验和教训。

老年人融入智能社会小组简介：

小组名称："学用智能产品，乐享品质生活"老年人学习小组

活动时间：2022 年 7 月 4 日至 2022 年 8 月 8 日，每周二上午

活动地点：L 社区活动室

主办人：社会工作者、社区志愿者

计划招募人数：10

年龄范围：60 岁~75 岁

小组性质：发展小组

小组工作介入计划表：

表 8-12　小组工作介入计划

时间	项目
小组工作的准备阶段	社区走访，了解社区基本情况 问卷调查和访谈，调查服务对象需求 以海报、社交平台和口头的方式宣传 招募和接受组员报名 预估小组工作过程阶段侧重点
小组工作的介入阶段和对应的社会融入过程	小组工作的初期（心理排异-接受） 小组工作的中期（接受-学习） 小组工作的后期（学习-参与） 小组工作的结案
小组工作的评估	过程评估 结果评估

招募方式与组员情况：

小组正式活动开展前 2 周为准备期，对组员的招募采用以下方式：①制作宣传资料，如海报和横幅等，在社区活动中心张贴海报；②在社区老年人集中活动的地方发放宣传单页并且进行口头讲解和宣传；③在社区服务中心的微博、微信进行宣传，服务对象自愿报名参加。

本着自愿和尊重的原则，同时综合考虑老年人年龄、身体、情绪、时间等多重要素，本次小组共招募到 10 名老人、小组成员具体情况如下：

表 8-13　小组成员信息表

组员	性别	年龄	文化程度	性格特点	想要学习的智能技术
1	男	67 岁	初中	沉稳内敛	移动支付
2	女	63 岁	初中	热情开朗	社交软件
3	女	71 岁	小学	乐观坚强	健康码、行程码
4	女	65 岁	小学	随和、平易近人	网上挂号、问诊
5	男	63 岁	初中	外向健谈	社交软件
6	女	69 岁	高中	安静	网上购票取票
7	女	64 岁	初中	好学、好奇心强	拍美照、拍视频
8	男	68 岁	小学	要强	移动支付、二维码收款
9	女	62 岁	高中	内敛安静	社交软件
10	女	70 岁	小学	执拗	生活场景中的智能缴费

（2）小组工作模式。小组工作的模式有社会目标模式、治疗模式、互惠模式以及发展模式，因老年人能力有限和可利用资源比较单一，导致其在融入智能社会过程中面临一些困难，老年人无法解决只能默默忍受。所以本次小组工作选择发展性模式，旨在提升老年人的自我意识和自我评价，利用小组的系列活动搭建交流沟通的平台，建立社交支持网络，丰富老年人的可利用资源，增强生活的满意度与幸福感，促进老年融入智能社会。

（3）确立小组目标。根据 L 社区老年人的基本状况，活动的总目标为：满足老年人的人际交往、社会融入需求，文化适应需求以及心理适应需求，多阶段地帮助老年人学会使用智能手机，丰富老年人的兴趣爱好，减少老年人的孤独感和情绪低落，提高他们对现代设备使用的信心和在知识技巧方面的能力，促使老年人尽快融入智能社会。具体目标分为以下几点；

第一，通过参加活动缓解社区老年人在面对智能技术时的无力感，老年人在闲暇时间可以利用智能技术了解资讯，为生活增添更多的趣味性，使老年人感觉生活更有意义。

第二，通过小组活动让老年人认识更多有相同经历的老年人，有同辈群体作为情感的抒发对象；通过参加活动巩固自己学习智能技术的成果，增加自我效能感，形成良好心态、保持乐观心理，增强融入智能社会的信心。

第三，提供社会交往的机会，促进老年人接受新事物，建立满足他们的情感需求和社会支持需求的新社交网络，发动老年人利用自身所长学习智能技术和互相分享学习经验，为老年人实现自身价值，获得他人尊重，增加自我效能感提供途径，使其更加积极主动融入智能社会。

（4）小组活动安排。小组基于优势视角、活动理论和社会支持理论，设计小组的行动框架和内容，旨在培养老年人的社会适应能力，促进他们与智能社会的融合。每个小组活动的主题都与目标相关联，但它不是完全按照预先设计的固定流程，而是一个动态修正过程。在开展小组服务过程中，社会工作者观察老年人的反应和变化成效，及时修正小组，引领小组的动力和发展。当然，小组开展的活动内容与活动后的反馈同样重要，只有合理安排活动内容，才能将服务深入老年人的日常生活，促进其融入智能社会。

表 8-14　小组活动时间安排表

小组次数	活动时间	活动主题	活动目标	对应的社会融入的过程
第一次	2022 年 7 月 4 日	网络学习组队伍	组员与社会工作者、组员彼此之间相互认识熟悉，初步建立专业关系，制定活动小组活动规范，营造温暖信任的氛围。	心理排异-接受：老年人从对智能产品的恐惧到参加小组活动逐渐接受的过程。
第二次	2022 年 7 月 11 日	学习社交新软件	帮助老年人了解主要社交软件的用途、基本功能以及如何操作。	接受-学习：老年人开始学习智能技术，逐步探索的过程
第三次	2022 年 7 月 18 日	掌握支付新方式	帮助老年人了解网络消费观，掌握网络支付技巧，学习新型支付方式。	学习

续表

小组次数	活动时间	活动主题	活动目标	对应的社会融入的过程
第四次	2022 年 7 月 25 日	网络诈骗需谨防	帮助老年人甄别网络诈骗，避免钱财损失。	继续学习
第五次	2022 年 8 月 1 日	智能生活面面观	智能技术贯穿我们生活的衣食住行，使老年人意识到智能生活无处不在，激发老年人对智能生活的探索，促进融入智能社会。	深入学习-参与
第六次	2022 年 8 月 8 日	珍惜网络这段缘	回顾与总结：学会在实践中运用并服务实际生活，需要借此培养新观念和新思维。	享受：享受智能技术带来的文明成果，积极融入智能社会。

2. 发展小组介入全过程

第一节小组活动：网络学习组队伍

（1）活动过程。

活动时间	活动名称	活动目的	活动内容
10 分钟	社工介绍小组概况	社工和组员之间相互认识，建立良好的小组关系。	社工介绍小组活动的目的、意义和主要内容，使小组成员对小组活动有初步的了解。
20 分钟	认识你我他	打破陌生感，建立良好的学习氛围，使组员彼此相互认识，建立友谊，共同学习。	大家做自我介绍游戏"名字接龙"。由社工开始介绍名字、年龄、兴趣爱好、对于电子产品有哪些想要学习的方向等，每位组员轮流介绍，以此类推。
20 分钟	热身游戏"你猜我划"	在组员之间相互认识后，深化组员之间的了解，进一步减轻陌生感，加强组员之间的默契，培养组员间的团队意识。	1. 组员自愿两两结对，分为五组，两人做好分工； 2. 抽取游戏卡片，卡片上写的是生活中动物的名称，一人模仿动物的特点，另一个人来猜。 3. 每组限时 5 分钟，猜对最多词语的小组获胜，猜对最少词语的小组接受惩罚。

活动时间	活动名称	活动目的	活动内容
25分钟	小组规则我来定	社工了解当前小组的实际需求和问题，树立小组契约，告知组员小组规范。	1. 社工引导组员讨论对小组的期望； 2. 共同制定规则，明确小组纪律，确定小组规范； 3. 记录讨论结果，签订小组承诺书。
15分钟	活动总结	总结本次活动。	1. 鼓励组员对本次活动进行总结分享，并且填写小组活动反馈表； 2. 由社工建立网络学习微信群，帮助所有成员进群，方便日后交流分享； 3. 社工告知服务对象下次活动的相关事宜。

（2）小组活动过程记录。通过对整个过程的记录、观察以及分析，本次小组活动的目标基本达成。

第一次小组活动大家的积极性挺高的，来得也早。刚刚开始小组成员相对而言是比较陌生，社工邀请到来的小组成员进行签到，并且与组员进行交谈，从而拉近彼此之间的距离。社工建议组员拿出智能手机连接 WiFi，使用手机，提高组员对于智能手机的乐趣，同时也可以观察组员使用智能手机的熟练程度。

第一次小组活动刚开始，组员们之间存在陌生感和尴尬感，对活动目标和意义的认识也较为模糊，导致气氛有些沉闷。所以社工首先进行自我介绍并对小组开展的目的、意义、规则、活动进行了详细的解释，让大家对此有了初步的了解，缓解了这种紧张的气氛。接下来是"名字接龙"环节，组员相互之间作自我介绍，这一过程可以让组员彼此之间熟悉起来，通过自我介绍认识志趣相投的人，寻求认同感。随后进行破冰游戏"你猜我划"，消除组员的紧张感，从而营造轻松愉快的小组氛围，调动组员的积极性。

在大家互相完成自我介绍后就有组员主动和组内的成员打招呼：

"你也喜欢书法啊，我们还是同一栋楼的，以前好像都没碰到过，这下好了，认识了，以后就可以一起交流探讨了。"（组员3）

在聊起为什么要来参加小组活动时，大家你一言、我一语，热火朝天地聊起来：

"孩子不用的智能手机就给我了，现在的年轻人好好的手机说不要就不要了，我不会使这手机，不习惯，孩子教了老半天也就会接打个电话，太难了太难了。"（组员5）

"对对对，孩子也忙也没耐心教，问多了还烦，想自己摸索又怕整坏了。"（组员2）

"看年轻人手机用得多溜，羡慕死人，老了学东西也慢了。"（组员7）

最后邀请组员一起思考，以头脑风暴的形式讨论协商并签订了小组契约，明确了小组内共同遵守的规范，在这期间有不少组员都非常热烈地参加到讨论之中，大声说出自己的想法与意见，带动了整体的氛围。社工在一旁把组员们同意的条款张贴在墙上，小组契约可以起到一个警示作用，约束着组员的行为，订立契约也在一定程度上增强了小组的凝聚力。

（3）活动小结。本次小组的主要目标是打破小组成员之间的陌生感，形成一个良好的学习氛围，便于后续活动的展开。

从整体来说，这是本次小组活动的开始，主要是让大家相互认识，了解小组活动的目的，制定小组契约，保证小组活动后续的开展。本次活动招募的小组成员虽然在一个社区里面，但是大多数的成员之间还是比较陌生的，相处之间有一些尴尬，所以在小组活动热身游戏开展的时候能够明显感觉出来有人有点拘束甚至紧张。进入游戏环节，最开始小组成员对于游戏的积极性并不高，觉得有一些不自在。之后，经过社工的调节，气氛缓和了不少，尤其是大家在讨论订立小组契约的时候，组员真的是畅所欲言，整个小组的氛围非常融洽。因此，在小组活动中，社工需要很好地调节气氛，提高小组成员的活跃度，从而为接下来的活动内容奠定一个良好的基础，达到增强小组成员归属感的目的。

第二节小组活动：学习社交新软件

（1）活动过程。

活动时间	活动名称	活动目标	活动内容
10分钟	温故知新	回顾上次活动内容，增进组员间的互动，讲述本次活动的主题。	1. 社工引导大家回忆其他组员的名字和爱好，以巩固组员间的相互认识。 2. 社工对本次活动的流程进行介绍。
5分钟	宣传片展示	让老年人了解微信的由来，主要用途和具体功能。	向老年人播放微信的教学视频，展示微信的由来和可以实现的用途，使老年人对于微信有一个综合的认识。
30分钟	学习社交新软件	帮助老年人进一步了解微信，使他们了解微信到底有哪些功能，其中重点功能有哪些，比如：添加好友；语音和视频聊天；扫描二维码	带领老年人依次打开微信的各个界面，对当前界面的图标用途进行讲解完毕后，重点讲解日常常用的主要功能和对于老年人较为实用的功能，让老年人根据自身水平，扩充自己对微信的了解能力。
30分钟	实际操作	让老年人在了解相关功能后，进行实际操作，一方面可以加深记忆，另一方面可以解决实际操作中遇到的困难与问题。	1. 由社工带领，完成刚刚讲授的各项功能的实际操作，在过程中发掘小组领袖，鼓励学得快的老年人分享自己的经验，帮助每一位老年人顺利完成各项操作。 2. 活学活用：连线子女或现场的组员做练习搭档。 3. 分享收获、感受以及自我评价。
15分钟	答疑与反思	针对老年人提出的操作问题进行答疑，鼓励老年人对本次活动提出意见和建议并进行改进。	现场回答老年人关于电子产品使用的其他问题，了解当前小组成员的电子产品使用水平，鼓励组员提出建议，并进行记录。

（2）小组活动记录。第二次小组活动，小组成员都准时到达活动地点，很好地遵守了上一节活动制定的契约规则。小组成员一来到活动室，就把智能手机拿出来使用，组员还主动说智能手机在日常生活中真的挺重要的，可以为日常琐事带来很大程度的方便。为了保证小组活动的持续性开展，促进

内容的递进性，社工先带领小组成员回顾了上一节活动的内容。

正式进入学习微信软件的时候，场面出现了一些小混乱。社工用简明扼要的语言讲述了如何使用微信，例如添加好友、发图片、扫二维码等。但是部分的老人由于没听清或看不清社工的演示过程，导致不会进行操作，跟不上社工讲解的进度。即使社工说待会儿会有专门的时间用来答疑解惑，但部分组员还是坚持询问周围的组员如何操作。这样的行为导致已经讲解完下一个知识点，组员还在上一个知识点停留，然后继续询问周围的人，从而形成一个恶性循环。出现这样的情况主要是因为每一个组员的自我学习能力是不同的，有的人学习能力强，有的组员学习接受力稍弱一点，学习起来就比较吃力，从而导致学习进度的脱节。

解决这个问题的方法就是为学习接受能力较差的组员亲自示范，进行再次授课，在旁边关注他们的学习进度，及时为他们提供指导，不让其打扰周围的组员，影响大部分人的学习。社工临时充当了教育者的身份，教导这些小组成员进行学习，同时安抚这些人的情绪，让他们继续保持学习的积极性。在答疑环节，社工会尽可能帮助那些没有听懂讲解的组员，一步一步告诉他们如何进行操作，或者让组员把刚刚学习的比较重要的内容拍照记录下来，便于之后的查看。

后分享阶段，有些组员对于部分不太熟悉的内容会主动询问如何操作，也会礼貌道谢，同时吐槽自己年龄大了，记性就是不好，刚刚学习的经常都会忘记了。东西还是需要不断学习，才能紧跟时代的步伐。

"学习这个智能手机啊，就像小时候上学那会儿似的，得一点一点来，还要反复多操作，我就是不敢摆弄，生怕弄坏了。"（组员1）

"我倒是会一点，但是那些都太简单了，还有好多不会的，要学的东西还挺多，今天就有收获，不过还是没记牢，记性不行了。"（组员4）

（3）活动小结。通过第一节的小组活动之后，小组成员之间相互熟悉了，这一次活动组员会偶尔分享一些琐事，能够一起学习智能手机操作，营造出了一个良好的学习氛围，本节小组活动组员的积极性和投入度明显提高。活动目标主要是讲解微信程序的使用，内容有一点多，没有充分考虑到组员之间的接受程度的不同，导致部分成员脱节。因此，在下次活动的时候需要对接受慢的组员进行单独辅导，考虑他们的接受能力。同时，社工也需要不断鼓励、引导老年人，促使其建立自信心，克服对智能手机的恐惧感，保持持续学习的心态。小组成员之间的相互熟悉，可以稍微削减部分的学习压力，社工不能够一直灌输知识。总之，还是需要以组员为中心，考虑组员的接受能力，减轻小组成员学习的压力。

第三节小组活动：掌握支付新方式

（1）活动过程。

活动时间	活动名称	活动目标	活动内容
5分钟	活动开场	回顾上节活动内容，肯定组员的努力与配合。	社工对上节活动做出简要的回顾，对各组员的积极配合予以肯定。
10分钟	热身环节	活跃现场气氛，调动组员的热情和积极性。	让组员通过视频学习手指操，带动小组氛围。
30分钟	网络支付软件讲解	使组员了解微信支付和支付宝支付的具体使用方法和安全技巧。	1. 帮助老年人下载网络支付软件（微信、支付宝），鼓励老年人先拿出少量的钱，学习如何使用网络支付。 2. 社工针对如何注册账号，如何绑定银行卡，如何转账、收付款、进行生活缴费等常见问题进行教学，使老年人看到支付软件的强大和便利，更加愿意使用支付软件。
30分钟	实操练习	帮助老年人更加熟练的使用支付软件	社工带领组员开展实操练习：每个人都为身边的组员冲一元钱话费，或交一元钱的水电费，或转账一元钱，确保每个人都得到了一元钱，也花费了一元钱，在过程中大家可以看到缴费后和收到费用的信息提醒，更好地了解支付软件的使用。
15分钟	活动总结	对小组活动进行总结和反思，接受意见和建议。	组员依次分享本次活动的收获，社工进行总结，回答小组成员的操作问题，与大家讨论今日活动需要改进的方向。

（2）小组活动记录。第三次小组活动，小组成员之间消除了一些陌生感，组员之间相互熟悉起来了。来到活动中心的组员相互会进行问候，讨论最近发生的趣事，小组的氛围更加好了。社工还发现有一个组员到活动中心直接

询问社工自己对于智能手机的疑惑和之前学习遗忘的内容。

"我的手机电话铃声太小，总是接不到电话，孩子给我打电话都没接着。还有微信怎么加好友来着？这学了就忘。"（组员7）

知道的组员纷纷发言，社工和周围几个人一起讲述如何操作，并现场示范给这个组员看，这样的行为让组员与社工打成一片。

"这个可以设置的，我们耳背就把声音调大了，在手机哪一块儿来。"（组员4）

"怎么加人我还记得点儿，好像是，来，我做一遍给你看。"（组员9）

活动开始时，先进入热身环节，社工带领着组员一起观看视频做手指操，以便让小组成员能够放松下来，提高手指和头脑的灵活度，也使小组气氛活跃起来。这一节活动的主要内容是掌握网络支付软件，让支付变得更便捷。对下载支付软件，如何注册账号，如何绑定银行卡，如何转账、收付款、进行生活缴费等常见问题进行教学，使老年人看到支付软件的强大和便利，更加愿意使用支付软件。讲解结束之后，进行实操练习，让组员两两分组、相互练习。每个人都为身边的组员充1元钱话费，或交1元钱的水电费，或转账1元钱，确保每个人都得到1元钱，也花费1元钱，在这一过程中大家可以看到缴费后和收到费用的信息提醒，更好地了解支付软件的使用。分组之后提高了学习的积极性，而且大多数组员之间相互请教，学习效果会更好，在教别人同时也能够更好地记忆如何使用。

"我学习东西还可以，但是记不牢，大家一起学挺有意思的，我在给别人讲的时候自己又熟悉了好几遍。"（组员1）

组员1是小组中学习能力较强的学员，社工鼓励她将自己的学习感受和操作技巧在组内分享并给予肯定和赞扬，同时鼓励她帮助组内学习进度较慢的组员，统一组员间的步调。

（3）活动小结。小组已经进入到中期，社会工作者不再居于领导者的地位，而是应该扮演引导者的角色。根据优势视角理论，社会工作者需要充分发现小组成员自身的优点，注重对小组成员能力的建设，扩大小组成员的优势，让小组成员能够更好地融入整体。这一次活动中安排的两两之间为一组进行练习，组员分组是有依据的，让一个相对学习能力差的组员和一个接受能力稍微强一点的组员在一起，这样才有组合性。会的组员可以帮助不会的组员，同时也是加深组员对于知识点的记忆力。另外，同辈间的互助对于老年人来讲更容易接受，因为同辈对彼此的理解和认同多于社工对老年群体的认知。此外，社会工作者应该在活动过程中多多鼓励组员，遇到问题不要放弃，可以向周围的人学习。

第四节 小组活动：网络诈骗需谨防

（1）活动过程。

活动时间	活动名称	活动目标	活动内容
5分钟	活动开场	回顾上节活动内容，开启本次活动。	回顾上节活动的内容，向组员介绍本次活动的主题
30分钟	警惕网络诈骗	使老年人了解当前网络诈骗最新骗术，注意自身财产安全。	播放老年人网络诈骗宣传片，让老年人了解网络诈骗的常用骗术和危害性。
20分钟	情景剧	让老年人身临其境，识别网络诈骗的骗局，避免钱财损失。	让组员进行角色扮演，一方扮演诈骗团伙，一方作为被考对方，观察老年人在面对网络诈骗时如何应对。
20分钟	谨防网络诈骗小妙招	为老年人提供谨防网络诈骗的小建议，保护老年人钱财安全。	1. 鼓励老年人只放少量的钱在支付账户中，减少网络诈骗风险。 2. 老年人在支付较多金额时，先与家人商量。 3. 做情绪的主人：不受不法分子情绪挑拨，理性看待问题，避免情绪失控。
15分钟	自由讨论	解答小组成员疑问；确定下次活动时间。	大家畅所欲言，自由讨论，回答小组成员的问题；并与小组成员商量下一次小组活动时间与计划。

（2）小组活动记录。活动开始，社工带领小组成员简要回忆上一节活动的内容，强化组员对于知识的记忆。开始正式内容之前，主持人先播放了警察局制作的小短片《手机中不可忽视的诈骗》，让小组成员知道一些人上当受骗的情况，不要盲目相信手机中的那些信息，视频告诫大家要提高警惕性，遇到与金钱相关的事要三思而后行，避免上当受骗，保护自己的信息财产安全。

社工还邀请组员分享看完视频后的感受，组员说这样的行为经常在新闻里面听到，尤其是里面说的保健品和养生。有组员主动告诉大家曾经就有自己的朋友和亲戚上当受骗，购买了一些没有任何用的保健品。很多时候因为年龄增大了，脑子反应没有那么迅速，手机里面显示的内容又是那么的官方正式，理所当然地觉得没有任何问题。他们说在刷朋友圈的时候也有看到类似的信息，内容写到了自己心坎里去了，自己每一点都符合，感觉就是为自己量身定制的。跟着他们一番操作，就把钱付出去了，就是这样一不小心上当受骗了。然后拿到了之后就觉得相当后悔，想要退货要回钱，可是找不到人了。

"我有个亲戚就是被骗了，买的保健品花了好几千，一点用都没有，那么多钱白扔了，还不敢跟孩子说，老年人上网还是得小心。"（组员10）

情景再现，让组员进行角色扮演，一方扮演诈骗团伙，一方作为被考验方，模拟老年人被骗的过程和观察老年人在面对网络诈骗时应如何应对。把这个展示给大家看，然后请组员给出他们的解决方法，遇到这样的情况应当如何进行防护，避免钱财损失。小组成员对于这种情况真的很熟悉，可以说每一个人都说出了自己的想法，大多数都觉得每一个阶段都有相应的漏洞，需要多多沟通，可能当时一瞬间没有反应过来，和周围的人了解一下就可以。最后，社工总结就是要多问、多想，三思而后行，不要立刻下决定。

（3）活动小结。通过本次小组活动的开展，社工对于老年人的网络安全、信息诈骗等有了进一步的了解。在实务开展过程中，通过引出话题让组员进行自我讨论。因为这次的网络安全主题与大家息息相关，而且个别组员的朋友有亲身经历，主动为其他人分享当时的情况，引起了大家的共鸣、加强了小组的凝聚力。这次活动无论是在情景再现环节还是在自由讨论环节，社工都没有过多干预，这种形式得到老年人的认可，相比于社工直接传授同辈间的互动更舒服、自然。每一位组员都可以表达出自己对于网络诈骗的看法，组员之间可以自然交流、互动，小组成员获得了成长，可以有效地探索网络诈骗技巧，识破网络骗局。对网络和智能技术有更深入的理解，激发探索欲和更高的学习积极性。总体来说，小组目标的达成情况较好。

第五节小组活动：智能生活面面观

（1）活动过程。

活动时间	活动名称	活动目标	活动内容
5分钟	活动开场	回顾上节活动内容，开启本次活动。	回顾上节活动的内容，向组员介绍本次活动的主题。
20分钟	资讯软件介绍	按照分类，帮助老年人了解当前热门新闻传播软件，可以按照不同老年人的喜好，为组员提供不同的软件教学。	社工用ppt向老年人介绍当下较热门的几款新闻资讯软件，例如微博，今日头条，人民网等，让老年人了解基本新闻类型，匹配适合自己的软件，之后开展学习使用。
30分钟	摄像软件教学	帮助老年人掌握摄像软件的使用，实现老年人自己用手机拍出美图记录生活的目标。	按照步骤，教老年人美图秀秀，黄油相机等摄像软件的使用方法，同时针对有拍摄视频需求的老年人，教授抖音、快手等软件的使用方法，鼓励老年人拍摄身边的人或物，进行练习。
30分钟	智能生活体验	激发老年人对智能社会的探索，促进融入智能社会。	智能生活体验与学习：点外卖、取快递、网约车、乘车码、网上购药、预约看病等进行教学。

（2）小组活动记录。第五次小组活动，组员相互之间越来越熟络，小组气氛更加和谐。活动开始，社工带领小组成员简要回忆了上一节活动的内容，强化了组员的防网络诈骗意识，保护个人财产安全。

正式培训环节，此次活动是建立在大家对智能技术有一定的掌握、使用较熟练的基础上的，通过"资讯软件介绍""摄像软件教学""智能生活体验"环节，向老年人教授资讯软件、摄影摄像、网购、预约看病等功能的使用方法，让老年人的生活更加便利，从而激发老年人对智能社会的探索欲，促进融入智能社会。社工教授完内容，紧接着就是组员自由发挥的时间了，组员根据自己感兴趣的内容和想学习的知识进行操作，这次活动老年人无一不表现出极大的热情，学习热情高涨。

"我想学拍视频很久了，看别人发出来的还能带加字幕还能配乐，自己也想拍。"（组员7）

"年轻人怎么用手机打车的，现在的出租车招手都不停，有急事车都打不到。"（组员8）

组员们开始根据社工的讲解自己摸索，遇到不清楚的还会和旁边的组员讨论，实在搞不定才会求助社工。最后是分享总结的环节，组员们纷纷表示这次学习的内容太重要了，正是他们一直想学的，但是苦于子女不在身边或是没有耐心教，很多想学习的内容一直没学成，今天真是收获满满。也有组员表示：现在是记住了，但是有些操作还是不熟悉容易忘，还是要没事儿时多尝试多练习，反复几次才能记牢。

（3）活动小结。通过本次小组活动的开展，组员们对智能生活有了全新的体验。组员们的反馈与前几次相比有了明显的变化，有这样的变化是由于本次小组内容中的专业知识和趣味性内容穿插进行，活动内容都是组员们比较感兴趣的。本次活动中，社会工作者主要担任的是协调者的角色，大多数时候组员们都不需要社工帮助，小组开始逐渐由组员们自行掌控。将一些学习能力较弱的组员聚在一起，继续讲解活动中不懂的地方。对于在小组活动中一直表现突出的组员，推举他们在这个临时建立的小群体作为领袖，带领剩下的组员学习。临时小组就有人带头融入智能手机学习，这个时候社会工作者不需要主导一切，主要负责协调小组成员的作用，同时也发挥一定教导者的作用。

第六节小组活动：珍惜网络这段缘

（1）活动过程。

活动时间	活动名称	活动目标	活动内容
5分钟	活动开场	回顾之前开展的所有活动。	回顾小组开展活动以来的所有活动内容，感谢各位组员们对活动的支持，同时鼓励组员们在今后的生活中多参与活动，结识更多朋友，积极融入智能社会，丰富自己的晚年生活。
20分钟	游戏热身	活跃气氛，缓解组员们的离别情绪。	小游戏：小组员围成一圈，当音乐开始响时，玩偶就开始传，当音乐停时，玩偶到谁手，谁就是"最美者"，就要摆几个可以拍照的动作。表演后，玩偶就从这个"最美者"开始传，节目依此进行。

续表

活动时间	活动名称	活动目标	活动内容
20分钟	时光隧道	巩固小组成果，帮助组员意识到自我成长。引导组员回顾和总结自己的收获与感想。	社会工作者把活动过程的照片和录像制作成 PPT，利用多媒体设备 播放小组过程中的难忘瞬间，回顾小组活动过程。 邀请各组员分享参与小组活动的感受，也可以提出对小组活动的建议，社会工作者给予肯定和鼓励，同时将组员的收获作为评 估材料。
30分钟	真情告白	增进小组成员间的情谊，巩固小组成员的相互支持。	准备留有组员姓名的空白纸，让大家在纸上写出自己对这位组员的祝福和鼓励（不方便书写的老人，可由社工代写）。 最后由社会工作者发放祝福贺卡和礼物。
15分钟	总结、合影	巩固学习成果，合影留念。	1. 告诉活动结束，观察组员的情绪变化，适当进行安抚。 2. 社会工作者进行总结，对整个小组活动进行评价，对组员给予最美好的祝福。

（2）小组活动记录。活动伊始，组员们得知这是最后一次活动，有的组员的情绪显得明显低落、小组气氛也比较沉闷。于是，社工通过开展热身游戏来安抚组员们的情绪，同时也将小组活动的意义重新介绍给大家，让大家了解"天下无不散之筵席"，应该带着积极的心态去面对生活。于是，随着"最美者"游戏的开展，组员的情绪和团队的氛围也开始好转起来。

"时光隧道"让组员们重温几次活动的精彩瞬间，回顾小组过程和自己的变化。在这一环节所有组员表达分享了参加小组以来的改变和收获，组员们感慨自己的变化以及时间流逝，与大家共度了两个月的快乐时光，还对以后提出新的期待。

"真没想到，不知不觉已经学习这么多东西了，都挺实用，我现在出门就带个手机就行，真挺好。"（组员2）

最后是小组活动之"真情告白"，让组员们分享自己在整个小组中的成长感受和经验，同时为即将离别的组员们送上最真诚的祝福，希望大家都能够更好地运用互联网知识和智能技术，使自己的生活质量得以提升。这一环节帮助组员转移分离情绪，引导老年人关注自身的改变和畅想未来，组员也对社会工作者的工作给予了肯定和感谢。

"参加这个学习小组真的太有用了，大家每个周聚在一起聊聊，学些新知识，还能认识同一个小区的人，比在家有意思多了。"（组员10）

"感谢社工每次的用心准备，教会我们那么多知识还特别的耐心，我们学东西慢，真是辛苦你了。"（组员9）

与第一次小组活动相比，大多数组员表现得更加乐观豁达，也从容自信了很多，通过同辈关系自助网，克服老年人恐惧感，同辈之间相互学习交流，共同进步，对智能产品更加认同，基本建立起了适应关系。此外，同辈间的互助学习，使老年人收获了新朋友，改善了人际关系，得以更好地安排赋闲在家的生活。

（3）活动小结。在最后一次小组活动中，大家都表现出了留恋和不舍的情绪，纷纷表示期待下一次的活动，在智能技术培训环节上，表现出了浓厚的兴趣。小组已经进入末期阶段，目标就是巩固组员们在整个小组中的学习成果，处理好组员可能发生的离别不舍情绪，帮助组员顺利离开小组。同时，积极追踪组员们习得能力和实践能力的应用效果，如果组员遇到困难则需要追踪处理。最后，需要评估小组目标的实现效果，在吸取经验和教训的基础上，不断提升社工自身的实务水平。至此，小组工作结束，社会工作者能合理地处理离别情绪，小组工作的开展也基本实现了最初设定的总目标和具体目标。

（四）小组活动效果评估

评估是小组工作方法中非常重要的环节。评估可以检验出小组工作介入的效果，服务对象通过活动取得的进步情况和整个活动目标达成情况。评估的结果也可以用来总结工作经验——社工有哪些方法技巧可以用来提高小组工作的服务效果。从社工的角度来说，进行评估也是总结和反思的过程，可以更好地了解干预方法的有效性、目标的达成情况，不断获得专业技能的提升。小组评估的类型较多、方法各异，本书根据小组活动的3个阶段6次活动的情况和内容，从过程评估、结果评估两个方面进行分析评估。

1. 过程评估

过程评估亦称形成性评估，即对整个小组生命历程进行全程评估。评估的指标包括：组员表现（交流程度、参与度、学习状态）、社工表现和技巧等，过程评估为结果评估提供依据，记录小组成员的变化，更为全面。

（1）小组成员交流程度提高。组员之间的交流情况可以反映出小组的和谐和团结程度，也可以间接表现出小组的效率。在评估组员与组员之间的交流情况时，社工观察发现，在小组的筹备至活动的开展整个过程中，老年人从小心、拘束的状态逐渐转为参与、融入的状态。在第一次的小组活动中，有些老年人甚至不好意思与其他人交流，而随着时间的推移与活动的深入，在个别活跃的老人以及社工的积极鼓励下，大家开始频繁交流，畅所欲言。

（2）小组成员参与度明显提高。在小组活动中，除了交流的频率，参与成员的积极性也至关重要，对小组活动效果有着直接的影响。因此，在本次小组活动中，热身环节和趣味游戏始终穿插其中，旨在增强组员们的融入感和积极性。通过这些环节以及社工的定向鼓励，研究发现有几位老年人逐渐走出了较为沉默的状态，开始发表自己的观点。通过事先观察，社工邀请并鼓励那几位相对沉默的老年人首先参与游戏，并在恰当的时机给予他们一定的肯定，提高他们参与活动的动力。在第三次小组活动后，这几位老年人在小组中的表现越来越活跃。通过评估可见，除了组员间的交流日益密切，参与的积极性不断提高之外，老年人对网络学习的热情和兴趣也有了明显的增强。每次小组活动结束后，都有老年人高兴地表示自己又学会了一项网络技能；也有很多老年人表示通过参与活动，自己已经熟练掌握了和家人语音或视频通话的操作方法，并且想学习更多的网络知识。

（3）小组成员情绪良好，学习状态稳定。组员的情绪能够展示出组员的精神面貌和需求满足的程度。对于情绪低落的组员，社工要给予及时的关注和辅导，而对于情绪过于高涨的老年人，社工也应控制其兴奋的程度，避免产生其他的问题。通过观察，本书发现小组活动中老年人的情绪变化也很值得关注。例如，性格内向的组员6，因为在小组活动中的存在感和参与感较低，从而出现了情绪的低落状态，但经过社工和小组其他成员的鼓励，她逐渐变得积极开朗，展示出了热情的一面。除了像组员6这样逐渐走出低沉情绪的组员外，其他大多数老年人情绪相对稳定，对学习网络知识保持着持续的热情。

（4）社工表现和技巧。小组活动中社会工作者运用共情、鼓励、沟通等技巧来解决组员实际问题、处理离别情绪。社会工作者扮演教育者、支持者、关系协调者的角色，倾听组员的困惑，站在组员的立场沟通问题，给予积极的回应和真诚的鼓励，有利于建立社会工作者和小组组员间的信任。小组活动第二阶段逐渐增加了交流时间：一方面培养同辈间互助解决问题的能力；另一方面有效处理小组活动中组员学习进度不一的问题，调节小组活动进度。小组至尾声时，需要沟通处理小组组员呈现的离别情绪，社会工作者通过文字、小礼物等方式肯定了组员的成长，以观察者的身份向组员表达相处的感受，有利于巩固小组成果，帮助组员接受小组结束的现实。

2. 结果评估

结果评估在小组活动结束后进行，以判断小组工作是否达成目标，通常情况下采取单系统法，同时为了增加研究的信度还要对组员进行必要的访谈，其中所谓的单系统法是以一个案或者一个群体为研究对象，研究者不设立对照组或控制组，而是以时间为考虑标准，通过直接对单一的研究对象进行观察和研究来评估干预对研究对象的影响力，这是一种准实验评估方法，易于社工上手和操作。单系统研究的使用有其范围，一般是用在治疗目标为让案主在行为、态度、感受或其他特性上发生变化的活动中，或者专注于对象行为改变的活动中，单系统研究的目标不在于发现变量之间的关系，而是在于解释干预对服务对象的重要性或者所发生的变化是否与干预目标一致，小组过程评估和结果评估要紧密结合起来。本书采用定性的方法力图将小组的成效真实、全面地展现出来，从社会工作角度介入老年人融入智能社会问题是有效的，小组活动历时近 2 个月，从基本技能提升、心态调整、同辈互助方式引入，穿插专业方法，小组中老年人都有明显改变。其主要体现在以下几方面：

（1）目标达成情况。在最后一节小组活动中，研究者通过对小组成员智能手机使用情况进行观察，90%的小组组员能说出一些手机知识；90%的组员能掌握微信常用的操作方法；80%的组员学会了移动支付；80%的组员学到了一些防骗小技巧；70%的组员能够智能出行，完成扫码乘车、打车、挂号等操作；100%的学员至少加入了一个社交平台。可见，本次小组较好地完成了小组目标。

（2）服务对象前后测水平明显提高。本书以《老年人智能技术掌握情况调查表》作为研究对象前测、后测的工具，并以此采集研究数据。研究对象根据自身实际情况对每个项目分设的两个不同等级（"会""不会"）进行选择。而每一等级都有着对应的分数，评分时"会"记 1 分，"不会"记 0 分。在对该部分的影响评估中，把参加小组活动的 10 人作为研究对象，笔者对这 10 个人进行了区别性的个案编号，通过个案的前后测对比来进一步评估小组活动对老年人融入智能社会的影响程度。前后测的结果汇总如下：

表 8-15　老年人智能技术使用能力前后测结果

组员	前测分数	后测分数
组员 1	10	15
组员 2	9	17
组员 3	12	15
组员 4	7	14
组员 5	9	14
组员 6	11	17
组员 7	13	17
组员 8	8	13
组员 9	7	14
组员 10	8	12

从表格中我们明显可以看出，前测 10 位老人分数在 10 分以下的有 6 位，为 60%；10 分以上的有 4 位，最高分为 13 分，显示了老人们之前是有一定的智能技术使用能力，但是深度和广度都很低。后测 10 位老人的分数均在 10 分以上，甚至有 3 个满分，说明小组的培训是有成效的，老年人的智能产品使用能力得到了明显提高，服务目标基本达成。

（五）总结与建议

1. 研究总结

随着人口老龄化程度的加深和智能社会的飞速发展，老年人在智能社会的融入问题越来越受到重视，部分老年人群体由于生理功能的衰弱、自身受教育程度低、专业机构培训和服务缺位、社会支持不足、智能产品设计没有兼顾老年人、网络诈骗猖獗等因素，在融入智能社会方面存在一些困难。而老年人是否能够较好地融入智能社会对其晚年的生活质量和精神需求有很大影响。面对社会环境的巨大变化，老年人需要在自身行为、思想观念等方面做出相应的改变，帮助老年人做出改变是我们关爱这个群体的实际行动，也是社会工作义不容辞的责任和使命。

实践证明，在老年人融入智能社会的过程中，运用小组工作方法是必要的，并且具有可行性。本书介绍了针对老年人社会融入的过程：心理排异、接受、学习、参与以及享受，在这个过程中，老年人从心理排斥转为欣然接受、主动学习、积极参与，进而享受智能社会的便捷和美好，最终融入智能社会。本书旨在探寻发展小组如何介入老年人融入智能社会的方法，创建老年人融入智能社会的新模式，同时进一步佐证社会工作在社会服务中的独特应用价值。

2. 研究建议

（1）加强老年人智能技术培训。针对老年人在日常生活中的应用困难，组织行业培训机构和专家开展专题培训，提高老年人对智能化应用的操作能力。鼓励亲友、村（居）委会、老年协会、志愿者等为老年人运用智能化产品提供相应的帮助。引导厂商针对老年人常用的产品功能，设计制作专门的简易使用手册和视频教程。开展老年人智能技术教育，将加强老年人运用智能技术能力列为老年教育的重点内容，通过体验学习、尝试应用、经验交流、互助帮扶等，引导老年人了解新事物、体验新科技，积极融入智能社会。推动各类教育机构针对老年人研发全媒体课程体系，通过老年大学（学校）、养老服务机构、社区教育机构等，采取线上线下相结合的方式，帮助老年人提高运用智能技术的能力和水平。

（2）社区连接各方资源。社区是为居民生活提供服务的机构，更是一个资源平台，社区与老年人的关系非常密切，应在老年人融入智能社会问题上发挥积极作用。首先，社区可对老年人智能技术的推广和普及发挥重要作用。社区除了通常通过开课来解决老年人融入智能社会问题，还应该通过开展多样化的活动引导老年人使用智能产品。其次，社区的技术辅导要充分考虑老年人的特点，提升活动的组织管理和教育水平。基于此，社区要努力做好三方面的工作①培训专业教学人员；②洞察老年人需求，及时汇总反馈信息；③搭建相关方沟通机制，保持信息畅通。如果老年人的特点和需求能够得到充分尊重，适老化的产品、"个性化定制"等带有人情味的活动方式会让老年人真正感受到与时俱进的体验，融入智能社会的效率必定提高。

（3）积极研发"适老"智能产品：

第一，培养适老化产品专业人才。适老化改造需要更好地了解老年群体的产品专家和设计人才，智能技术和智能产品要更注重需求管理来适应老年群体。因此，掌握老年心理并能根据老年人的思维习惯构建产品的特殊人才是非常难得的，高校和企业应该尽最大努力为老年人发掘这样的人才。

第二，扩大适老化智能终端产品供给。现有智能产品主要面向年轻人。适合老年人身体状况和操作水平的媒体设备和应用软件很少，老年智能产品市场的潜力尚未得到激发。因此，我们应该挖掘老年群体的实际需求，注重调查意见的反馈，结合老年人的身心特点，为老年群体量身定制操作简单、内容简单、文字清晰的媒体产品。推动手机等智能终端产品适老化改造，使其具备大屏幕、大字体、大音量、大电池容量、操作简单等更多方便老年人使用的特点；积极开发智能辅具、智能家居和健康监测、养老照护等智能化终端产品。APP 的转型方向包括大字体设计、简单易懂的用户界面、高对比度标识等；在人机交互方面，尽量实现一键操作、文本输入提示、语言识别、取消广告插件和各种链接；针对有视力障碍的老年人，提供解决"验证码"操作困难以及按键和图片信息不可读问题的解决方案。

第三，推动智能终端产品适老化改造。推动金融机构、非银行支付机构、网络购物平台等优化用户注册、银行卡绑定和支付流程，打造大字版、语音版、民族语言版、简洁版等适老手机银行 APP，提升手机银行产品的易用性和安全性，便利老年人进行网上购物、订餐、家政、生活缴费等日常消费。平台企业要提供技术措施，保障老年人网上支付安全。

第四，推进互联网应用适老化改造。组织开展互联网网站、移动互联网应用改造专项行动，重点推动与老年人日常生活密切相关的政务服务、社区服务、新闻媒体、社交通信、生活购物、金融服务等互联网网站、移动互联网应用适老化改造，使其更便于老年人获取信息和服务。优化界面交互、内容朗读、操作提示、语音辅助等功能，鼓励企业提供相关应用的"关怀模式""长辈模式"，将无障碍改造纳入日常更新维护。

人口老龄化和智能化这两个趋势将会一直持续下去：一是会产生大量的老年群体；二是智能技术和产品将会越来越普及，与每个人的生活密切相关。

因此，让老年人群体在智能时代不被边缘化，缩小与普通大众之间的"数字鸿沟"，就需要整个社会力量共同去完成。针对发展小组介入老年人融入智能社会的研究，除了充分发挥社会工作的专业优势，在了解老年人需求的基础上，精准定位需求，提供专业化、多元化的服务，还需要个体、社区、企业、社会层面的多方配合，促进多元主体共同参与，促进老年人融入智能社会，享受智能社会的便捷和美好。

第九章

关注老年亚文化群体，探究老年同辈群体
对养老的支持范式

老年亚文化群是老年人重新融入社会的最好方式。在老年亚文化群中，老年人可以找到共同语言，较少感受到年龄歧视，容易认识自我，社会沟通和认同感也会增加。从一定意义上讲，老年亚文化群体就是老年人为了获取社会资源而自发形成的一种"小群体"，是老年人适应社会的必然选择。因此，各类老年组织、老年社团、老年协会对于老年人生活而言很有价值。

一、老龄化带来的养老困境

老龄化的加剧和家庭结构小型化使得我国空巢老人的数量剧增，而工业化带来的生活节奏的加快以及城市化带来的生活方式的转变又使得老年人的生活面临与以往既有相同又有不同的困难。不论是农村还是城市，老年人生活问题都变得越来越严峻。他们的养老困难主要表现在以下几个方面：

（一）空巢现象严重，生活缺乏照料

2015年中国65岁及以上人口占总人口的10.5%。[1]据预测，到21世纪中叶，65岁及以上的老年人口将会达到3亿左右，而空巢老人家庭比例或将达到90%，届时将有超过2亿的空巢老人。[2]生活照料、疾病护理是养老的重要内容。但是，社会转型期，空巢老人的生活照顾问题越来越严重。首先，在计划生育作用下独生子女家庭增多，家庭结构小型化突出；其次，随着年龄增长，老人们的行动越来越不便，生活照料需求逐年增加；再次，老年照顾社会化服务起步较晚，尚处在低端阶段，服务项目少、服务范围窄、服务

---

〔1〕 王陇德主题报告："中国应对老龄化的重点行动——慢病防控关口前移"，2016年8月25日在吉林大学召开的中日韩人口老龄化暨老年保健医学国际论坛。

〔2〕《我国空巢老人有多少》，载 https://zhidao.baidu.com/question/616969015461547612.html，2014年6月23日访问。

费用高、服务水平低是一个普遍的现象，供求矛盾很是严重。目前，老年人生活缺乏照料已经成为养老问题中普遍存在的现象，解决生活照料问题变得迫在眉睫。

（二）社交圈子变窄，精神生活贫乏

精神信仰是老年人生活充实的表征，而适度的社交圈子是其重要保证。老年人群体作为一种特殊的群体，在行动能力不断减弱的同时，与子女的交流也越来越少，特别是那些自身行动不便选择居家养老的老人，经常足不出户，社会参与甚至日常的社会交际也大大减少，这对于老年人健康极为不利。随着生产力水平的提高和社会的进步，老年人的物质需求有所弱化，而他们的精神生活需求正在变得越来越突出。但是，老年人精神生活状况并未引起足够的关注，家庭、社区和社会都不同程度地存在忽视老年人精神健康的问题。家庭内，子女偶尔的看望也常常局限在物质帮扶上，缺乏对老年人心灵和精神寄托的关心；社区内，针对老年人的文体项目较少，而且很多流于形式；社会上，忽视老年人权益甚至歧视老年人的现象依然存在，老年人社会参与的空间有限。所以，老年人精神生活普遍贫乏，不少老年人甚至有"当一天和尚撞一天钟""活一天算一天"的消极思想。

（三）养老环境建设不力，安全感差

老年人安全感差意味着老年人对生存和发展的担忧和焦虑。老年安全是老年人的基本需要，是老年生活质量的基本指标。老年人的不安全感主要受身体因素和环境因素两方面影响，而相比之下，外部环境因素是更重要的因素。社会转型期，各种各样的不孝事例、养老纠纷、虐老案件等会对老人心理产生很多不良影响，致使老年人产生不安全感。近年来，全球约有 4%～6%的老人在家中受到过某种形式的虐待。[1]家庭成员对老年人侮辱、虐待的手段不仅是对老年人拳打脚踢的肢体虐待，还表现为对老年人的冷漠无视等精神虐待，这些都直接损害了老年人的合法权益，给老年人的身心造成了严重创伤。当然，对老年人的社会歧视也是加剧老年人不安全感的重要因素。市场经济更加注重人的实用价值，老年人退休后从工作网络系统中淡出，使很多年轻人认为老年人无用，甚至拖后腿，在社会生活中对老年人持有一种鄙

---

〔1〕　潘基文：《认识虐待老年人问题世界致辞》，载 http://baike.sogou.com/v76139773.htm，2013 年 6 月 15 日访问。

视和嫌弃的态度。这些偏见在无形中增加了老年人的自卑感和无用感，导致老年人心理压力增大甚至自杀。

（四）应急能力不足，安全隐患多

所谓应急能力，就是指面对突发事件的反应能力和应对能力。应急能力涉及老年人财产安全、人身安全甚至生命安全，提升老年人的应急能力是社会进步的重要标识。随着年龄的升高，老年人自身反应开始迟钝，行动能力逐渐退化，因此面对突发事件经常无以应对。例如，不会使用现代通信手段、不会操作灭火器、突发疾病不知如何自救和求救。同时，由于缺乏应急意识，大部分老年人家中几乎不配备灭火器和呼救器等应急设备。应急意识缺乏与应急能力不足并存，这些都构成了老年人的潜在危险。

二、老年同辈群体及其对养老的支持作用

（一）老年同辈群体

同辈群体是由大体相同的社会地位且年龄相仿的一群人自发组织形成的关系亲密的群体，其成员通常在年龄、家庭背景、人生经历、经济地位、志趣爱好、文化程度等方面比较相近，他们交往频繁、自由、广泛，彼此间有着很大影响。生活中最常见的同辈群体是按年龄划分的，比如儿童同辈群体、青少年同辈群体、成人同辈群体以及老年同辈群体等。根据老年人的活动方式和心理基础，老年人同辈群体又可以被分为以下几种类型：

距离临近型。主要是基于居住地点毗邻而结成的，一般出现在同一个社区、同一个村落或者同一个街道。比如，老街坊、老邻居等，他们以地缘为基础可以结成关系密切的朋友圈或小群体。

经历相似型。共同的经历往往意味着共同的人生观、价值观，共同的经历也往往意味着有共同的话题、共同的感受。因此，有共同经历的人比较容易搭建交往的平台，进而结成关系紧密的"小群体"。比如，病友型同辈群体和失独型同辈群体。前者通常是在生病住院时由于彼此"同病相怜"、生活合拍而结成，他们彼此之间可以交流疾病信息、养病心得并互相宽慰和鼓励。后者是由于失去独生子女而成为同病相怜的特殊人群，由于受到巨大打击，他们的心理往往比较脆弱、敏感，不经意的一句话或者无意的一个举动都可能导致心理伤害。所以，失独者更愿意与有同样遭遇的人相处。

团体活动型。基于共同的兴趣爱好，通过参加一些兴趣团体或其他活动

团体频繁互动，由此形成的关系紧密的同辈群体，所以又被称为兴趣相投型同辈群体。

情投意合型。以生活中的彼此吸引为基础而结成的关系紧密的同辈小群体。群体成员彼此有很深的感情和很强的人格吸引力，在一起能够相互愉悦、互相信任、互相尊重。情投意合型同辈群体多为生活中的"真朋友"，他们交往轻松愉快，心理成本很低。

（二）老年同辈群体对养老的支持作用

老年同辈群体是养老的重要支持力量，在老年社会化方面发挥着关键作用。

1. 生活上互相照顾，弥补照顾人手不足

老年照护是养老的重要内容，也是难题。当下，面对养老机构中照护人员不足、市场上照护服务人员专业化水平低、家庭中子女繁忙无暇顾及等问题，老年同辈群体可以起到有效的弥补作用。俗话说"远亲不如近邻"。对于老年人来说，由于生理机能退化、行动迟缓、患慢性病者普遍，因此突发危险的概率高。当老人身边缺乏家人陪护时，一旦疾病突发，同辈群体可以及时发现并提供帮助与支持。相比于其他人群，老年同辈群体内部沟通更容易，对生活中的困难和需求会多一分理解，照顾也更具有针对性。这是同辈群体的好处，也是他们更愿意结伴组群的一种动力。在德国德累斯顿有个名曰"老人之家"的养老机构，是由当地福利机构和政府合资建造的，内设公用大餐厅和厨房，并配备专职人员负责维护和管理；很多单身老人选择到那里结伴而居，他们轮流做饭、相互照顾、结伴出行，面对突发疾病，其他同伴会及时拨打救助电话，既解决了老人无人看护的问题，又节省了机构的照护费用以及生活费用，堪称结伴养老的典范。

2. 促进参与各种社会活动，丰富精神生活

精神生活不可缺少，友谊、情感、归属感等精神需求只有通过人与人的互动才能获得。对于空巢老年人来说，如果其活动空间仅局限于家中，那么生活难免单调。同辈群体，成员之间虽有个体差异，但共同点、相似点、相通处（比如经历、思想、习惯等）还是普遍存在的，所以在他们之间更容易产生团体性娱乐活动。老年人空闲时间多，参加同辈群体组织的团体（比如棋牌小组，广场舞团体等），可以帮助他们充实生活、远离寂寞。福建省福州、泉州、厦门等地的一些小区，老年人结伴养老已经成为基层常见的养老

方式。家住福建省福州市金山区的刘大妈有一儿一女，女儿在北京创业，儿子在加拿大工作，她与老伴都已经退休，赋闲在家。为了减少晚年生活的孤寂与不便，她和老伴邀请部分亲朋好友一道买房，结伴养老。老人们经常结伴旅游、结伴晨练、结伴购物，还经常组织大家一起举办文化娱乐活动，极大地丰富了晚年闲暇生活。当遇到不顺心的事时，他们就约朋友来聊一聊、侃一侃，一阵说笑之后一切都烟消云散，生活得不亦乐乎。类似的还有广东潮汕地区的老人组，是老年人自发组织的社会团体，不仅参与村政管理，还组织祭祖、娱乐等活动。显然，老年人同辈群体是丰富老人精神生活十分重要的资源。

3. 促进老年人再社会化，实现角色顺利转换

社会化过程伴随人的一生，要求人们不断地调整自我以适应新环境。老年人需要再社会化，如果再社会化不成功，迟迟不适应老年角色，处处格格不入，晚年生活幸福感会大打折扣。现实生活中，离退休以后，不少老年人交际圈子逐渐变窄，生活态度消极，有"当一天和尚撞一天钟"的想法，一些老年人因为生活方式的改变而变得焦虑、暴躁、愤怒、自卑、厌世，甚至还有老年人产生了自杀倾向。这些现象都是老年角色转换失败的结果。显然，这些均不利于晚年生活的幸福。同辈群体是实现社会化的重要途径，老年同辈群体对于老年人再社会化同样具有重要意义。一方面，通过同辈群体内部互动，老年人能够更好地自我认知，较快地进行价值定位并找到自己的心理归属，平稳心态，接受自己地位的变化，从而实现角色的顺利转换；[1]另一方面，与同辈群体的接触、交流和沟通，可以帮助老人们跳出家庭的小圈子，学会到外部大环境中扮演新角色，实现老有所为，找回价值感。

4. 建构社会支持网络，增强老年安全感

安全感是一种基本的需要，但是，增龄和患病风险增大会让老年人安全感下降，而子女不在身边，缺少陪护则会加大在家养老的老年人的不安全感，即使是在养老机构养老的老人，也会因为对工作人员的不信任同样存在不安全感。编制一个社会支持网络，充分发挥各类社会设置的功能可以增强老年人的安全感。同辈群体是过去被忽视的一种养老资源，它的存在首先可以给老年人以新的支点，成为可以依赖的一种资源，甚至是值得信赖的依靠。[2]

---

〔1〕 刘华：《加强同辈群体交往，促进人格健康发展》，载《科教文汇》2008 年第 32 期。

〔2〕 邓暑芳等：《自助互助护理模式对社区老年居民心理健康及生活质量的影响》，载《中国老年学杂志》2014 年第 18 期。

其次，在与同辈群体的相处中，老年人不仅可以交流养生知识健康信息，缓解身心压力，还可以收获情感体验、友谊与尊重，从而重建自身的安全感。最后，生活不能自理的老人还可获得身边朋友的关注、看护，并可及时求助求援。显然，同辈群体参与养老有助于增强老年人生活的安全性。

5. 促进老年人融入社会，增强社会融入感

人是社会人，社会性是人的基本属性。老年人虽然已退出工作岗位，但仍然是社会人，仍然需要融入社会，而且从某种程度上讲，能否融入社会不仅是老年健康和老年生活质量的重要指标，而且是社会进步、社会文明程度的重要指标。可以这样认为，老年人的社会融入感越强，老年人幸福指数就越高；老年人社会融入度和融入感越高，社会就越和谐。同辈群体是一个特殊的"社会场"，成员按照其特有的规则进行互动，在互动中找回自我，在合作中学会角色转换，在交往中增进情感，在矛盾中学习化解技巧。总之，老年人同辈群体是"社会场"的延展，是老年人社会属性得以延续的重要载体。只有这个载体充分发挥作用，老年人才不会因衰老而看轻自己的存在价值，被动边缘化和主动边缘化的现象才能被遏制，老年人的社会融入度才会提升。

三、老年同辈群体支持养老的范式

我国传统的家庭养老观念和模式影响深远。在老年人口激增，老龄化问题日益突出的情势下，我们必须解放思想，转变传统依靠子女养老的观念，整合与利用各种养老资源，缓解养老问题。[1] 基于上文同辈群体对养老的作用，笔者期望创新思路，利用社区这一平台，促进老年人的参与热情，培养老年人互助的观念意识，更好地实现养老目标。

（一）社区内结伴互助老年照顾模式

1. 社区内结伴互助模式的内涵

所谓社区内结伴互助模式是指依托社区，以吸引或者信任为基础，以感情为纽带，以自愿为前提，由老年人自己根据需要在社区朋友圈中寻觅合适的伙伴，并结成互助合作小组以实现快乐养老的模式。这种老年照顾模式在汲取现有老年照顾模式经验的基础上博采众长，同时又是充分考虑中国社会

---

〔1〕 朱海龙、欧阳盼：《中国人养老观念的转变与思考》，载《湖南师范大学社会科学学报》2015年第1期。

结构特征和文化传统提出来的。其模式设计大致如下：

（1）社区内结伴互助模式适用于身体健康、生活能够自理的在本区内养老的老年人。社区内结伴互助模式是在人口老龄化程度加剧、家庭结构小型化、老年照顾资源短缺的形势下提出来的，意在让老年人参与养老服务，增强老年人的积极养老意识，发挥老年人自身在养老中的作用。这不仅是破解老年照顾困境的方法，更是老年人力资源开发的途径。因此，身体健康、有生活自理能力自然而然就是介入该模式的基本条件。

（2）社区内结伴互助遵循自愿、信任、合作的原则。社区内结伴互助模式是以老年伙伴群（老年朋友圈、老年同辈群体）为基础的，是老年伙伴群社会价值延伸的方式。老年伙伴群属于初级社会群体的范畴，在老年伙伴群体内，成员之间互动频繁、关系亲密。一般而言，坚持自愿、信任、合作的原则是老年伙伴群建立的必要条件，也是结伴者互助合作能否顺利进行的重要基础。

（3）社区内结伴互助模式的最终目的是互助互惠、快乐养老。社区内互助模式是期望借助老年伙伴群满足养老需求的方式，是期望通过推动老年社会参与实现快乐养老的探索。社区内结伴互助：一方面可以促进老年参与社会服务，发挥余热，实现老有所为；另一方面可以借助老年伙伴群丰富文化生活，加强情感沟通，减少老年孤独寂寞感，满足精神慰藉需要，实现老有所乐。其实，老有所乐与老有所为是分不开的，而社区内结伴互助模式正好把二者有机地结合了起来。

（4）社区内结伴互助模式在服务方法上可以实现内部互助服务和外部优惠服务的有机结合。内部互助服务是群内互助，外部优惠服务是社区提供的一些帮助和支持，比如引领社区志愿者上门服务，帮助解决某些自主解决不了的困难。内部互助服务是主要的，组员的服务主要有四类：一是服务区域内（一般是短距离，大约一小时路程）的交通服务，组员司机（必须培训合格）可送组员预约看诊、递送处方、往返购物、参加社区活动等，单次服务里程常在 30 英里 ~ 50 英里之间。二是个人服务，组员生病时的餐食递送、代管宠物、每日电话问候等；对卧床或不便外出的组员，互助小组会定期入户拜访、陪聊，满足失能组员的精神及社交需求。三是家事协助，帮组员做简单的房屋及家具修理、清扫等。四是社交活动，组织聚会、文体活动、老年教育。外部服务是次要的，主要是解决内部服务难以做到的事情，只有进行社区注册的互助小组才能获得此类帮助。它包括：由社区医院或者医疗机构提供的专业医疗护理、由志愿者或者义工提供的家庭卫生服务、由技术人员提供的居家安全评估、由专业工人提供的大规模家庭维修、汽车维修、宜居住宅改建、远距离交通及理财咨询等互助小组不能提供的专业性服务，组员可选择社区提供的服务商，并以优惠价直接付费给服务商。此外，部分驻社超市、商场也可加入服务提供商，将生活品低价销售给"互助小组"组员。

（5）社区内结伴互助模式遵循一定的组织程序。首先，由社区倡导。通过宣传，促进居民转变养老观念，充分发掘个人能力和社区潜在资源，变被动养老为主动养老，让老年人以积极心态迎接养老的挑战。其次，个人邀伴。个人邀伴是由老年人在居住社区内自主选择合适协作伙伴的过程。结伴养老看重的是伙伴关系，讲究的是感情，伙伴关系状况决定着合作的态度和水平，因此，邀伴要坚持自愿原则，以此实现"心甘情愿""不计得失"的互助目标。值得注意的是，结伴规模要控制在一定的范围内，不宜过多也不宜太少。过多，容易导致互助合作复杂化；过少，又会导致互助合作平面化简单化，难以形成"气场"。因此，我们认为，比较适宜的规模是 3 户（人）~5 户（人）。再次，达成一致。在邀约的基础上进行磋商，就互助合作内容达成共识，明确彼此的权利义务。最后，社区注册。社区注册的目的在于把结伴互助模式规范化，强化结伴互助者的权利意识和责任意识。同时，社区注册意味着社区的嵌入，而社区嵌入意味着社区可以在必要的时候给结伴互助小组提供适当的援助或者支持。也就是说，社区注册是互助小组获得社区支持（包括提供义工、开展老年活动条件等）的资格。当然，社区注册的另一个作用在于对互助小组的运转进行监督，进而起到督促作用。

2. 社区内结伴互助模式的特征

结伴互助模式使个体化分散化的民间互助行为呈现组织化形态，通过群体互助为空巢老年人尽可能长久地生活在自己家中提供了可能性。其核心特征主要体现在以下方面。

（1）在满足成员需求上，以互助自助为主，成本较低。互助小组基于成员"在地养老"的需求，将老年参与与养老服务相结合，把无偿的互助性基本养老服务与有偿的专业性外部服务相结合，形成多元主体参与、内外结合的服务网，使其成为中低收入者"乐意选择"且又"支付得起"的养老方式。无偿性的互助服务是指小组成员志愿提供的内部服务。而有偿性的专业服务属于外部服务，由互助小组充当中介，将经过审查、价格优惠的外部服务商名单（按消费者评价高低排列）提供给成员，使其自由选择并直接付费给偏好的服务商以满足专业性服务需求。不管是内部服务还是外部服务，结伴互助在家养老都可以节省人力、物力，不仅是最经济的服务方式，而且也是一种文化传统，社区内结伴互助模式符合文化习惯，迎合民众心理，还可降低心理成本。

（2）在组织管理上，以自我组织、自我管理为主。社区内结伴互助小组乃自愿组合，每个成员既是互助合作小组的服务人员，又是互助小组的管理人员。作为服务人员，其直接参与内部志愿服务活动，作为管理人员，其可以通过一定的方式（比如协商）争取社区内资源并对来自外部的支持帮助进行合理配置。值得注意的是，互助合作小组与社区管理部门仍然存在一定的隶属关系，确认这种隶属关系不是为了否定互助合作小组的自组织原则，而是发挥社区监督和帮助小组解决困难的作用。显然，这种特殊的隶属关系既可以通过监督增强互助小组成员的责任感和凝聚力，又可以通过社区对互助小组的困难回应提升成员的社区归属与互助责任感，促进社会融合和社会资本的聚拢。

（3）在服务方式上，以自我服务为主，注重老年人的社会参与。社区内结伴互助模式尊重邻里互助传统，将互助行为作为社会关系的纽带，自发形成以"伙伴群"和"小团体"为形式的合作小组。这种"小团体主义"特征与我国社会倡导的"集体主义"自然吻合，无疑会增强成员的互助意识、服务意识和责任意识。

社区参与是社区照顾的核心原则之一，社区居民的非正式支持网络则是社区照顾网络的最终倚靠力量。只有社区居民（包括老人）热心社区养老问题，广泛参与社区养老事务，并为社区中有需求的老年人提供服务，社区照顾的价值理念才能实现，社区照顾也才能真正付诸实施。而从群体动力学的角度看，自愿结伴的互助小组往往具有较强的内聚力、吸引力，成员愿意参与团体活动，出勤率较高；高出勤率会增加交往频率，高交往率又会提升亲密程度，增进感情；亲密感情又会增强责任意识，由此形成一个良性循环。显然，这与社会转型期大力倡导社区参与、重建社区精神、发扬互助传统、增强社会责任感的宣传相一致。另外，老年人是社区建设的重要力量，也是养老系统中的重要组成部分。作为前者，老年人社会参与可以促进发挥老年人余热，支援社区建设；作为后者，老年人社会参与又是提升晚年生活质量和养老质量的必要条件。

（4）在服务质量上，结伴互助模式富有人情味，情感慰藉效果更好。首先，结伴互助模式把亲密的伙伴关系看作建立互助小组的基础，感情是成员最重要的纽带，责任意识被亲密关系和深厚感情所强化，甚至内化为自己的行为机制。于是，互助小组恰似一个"命运共同体"，一荣俱荣、一损俱损，这对于少子、空巢的老人来讲是最好的情感慰藉途径。其次，频繁交往、亲密关系可以让互助服务更具有针对性，做到细致周到。另外，结伴互助还可以促进老年人主动参与，积极进行社会交往。这是驱赶孤独寂寞，快乐养老的必要条件。总之，结伴互助模式是满足精神需求，提升养老质量的有效途径。

（5）在运作模式上，完成正式支持与非正式支持的有机结合。养老服务是一项涉及面广且复杂的居民服务，多方的协调和配合是提高服务质量的必要条件。老年支持有正式支持和非正式支持两类，正式支持是指有政府的直接干预性行为，而非正式支持则是指没有政府的直接干预性行为。非正式支持从资源的角度可以分为家庭成员（主要指子女）、亲属（兄弟姐妹、远亲、姻亲等）和非亲属三类。非亲属又分为两类：一类是邻居、朋友、同事等；另一类则是慈善机构、非政府组织和社区志愿者等。在养老中，这两种支持往往不可或缺。补充理论（Supplemental Model）强调，非正式照顾是首要的，正式照顾则被归为附属的，正式照顾唯有在非正式资源无法符合老人需求时才会被使用到。正式网络是用于补充非正式网络照顾的不足，非正式网络则有赖于正式网络的服务来增强，而非取代其照顾的工作。这种观点强调的是正式支持和非正式支持网络的相互依赖。层级补充理论认为，多数的老人往往是可以独立自主地生活的，当他们的日常生活需要他人协助时，传统上会先向成年子女及其他亲戚、朋友和邻居求助。当然，这些非正式支持网络也会获得各种正式支持的补充。值得注意的是，对非技术性的居家照顾工作，正式支持服务是最不需要的，反而是那些具有支持动力的配偶或其他近亲是较适当的。而对于一些需要特别训练或设备需求者而言，正式支持服务才是较为适当的。社区内结伴互助模式中，结伴的互助小组是一种非正式支持主体，社区则是一种正式支持主体，二者在服务内容、服务方式以及服务机制上虽有不同，但由于目标一致，因而是统一的。社区内结伴互助模式强调了老年人自身在养老中的作用，肯定了老年人自身在养老中的地位，探索了老年人参与养老服务的机制和方式，这对于推动养老服务多元化发展、完善养老服务体系可谓是一个有益的尝试。

3. 社区内结伴互助模式的背景和基础

（1）社区照顾是老年照顾的发展方向，但仍需创新。照顾是一种复杂的人类行为，就其要素而言有照顾主体（who）、照顾客体（whom）、照顾内容（what）、照顾方式（how）、照顾地点（where）以及照顾质量等。所谓老年照顾模式就是以上各个照顾要素结成一定的组合方式，帮助老年人进行正常生活的模式。生产方式决定生活方式，在不同的社会生产方式、不同的文化背景下，老年照顾的模式有所不同。从古到今，世界上老年照顾的模式主要有家庭照顾、机构照顾和社区照顾。

家庭照顾就是指由家庭成员（主要是配偶和子女）在家庭内向老人提供照顾服务的模式。家庭照顾是传统家庭养老的一部分，是与传统的生产方式和生活方式相适应的照顾模式。与其他照顾模式相比，家庭照顾具有照顾内容全面、照顾方式灵活、照顾成本低廉等特点。但是，随着经济社会的发展，家庭照顾也面临着诸多挑战。首先，家庭照顾的成本增大。老年照顾是一种时间密集型劳动，对照顾者的时间要求高，而随着现代社会生活节奏的加快，照顾的时间价格提高，从而导致照顾老人的时间成本不断增加。其次，照顾人手不足。传统家庭是大家庭，一般规模较大、人手多，老年照顾容易在家庭实现。现代社会，家庭规模小型化，核心家庭居多，子女少，需要照顾时无人可用。最后，现代社会生活节奏快，生存竞争激烈，即使子女有照顾之心也难有照顾之力。一旦老人健康状况恶化，少子女家庭往往会陷入窘境。调查发现：家庭照顾最令人担忧的是疾病的竟高达52%，而认为是经济困难的占22%，认为是人手不足的占25%。[1] 显然，家庭照顾在人口老龄化的今天面临着越来越多的挑战。

机构照顾（Institutional care）是指社会（主要是政府）把老年人集中到老年公寓、养老院等养老机构，向其提供专业化、标准化照顾服务的模式。机构照顾是社会养老的集中表现，是与工业社会以来日益社会化的生产方式

---

〔1〕 鲁东大学法学院于2011年7月在山东农村的养老需求调查，调查地区涉及临沂、东营、淄博、潍坊、日照、烟台、济宁等8市，发放问卷300份，回收有效问卷293份，回收率97.7%；调查目的是了解山东农村老年人的养老需求状况。

和生活方式相适应的一种照顾模式。机构照顾对于老年人本人和老年人家庭而言有许多好处。诸如，减轻子女的负担、有效避免由代沟引发的代际冲突、消除孤独感等。但是，机构照顾也有缺点：其一，机构照顾的思想渊源是疾病理论。该理论认为，老人的个人问题主要是由个人生理或心理失衡造成的，因此，机构照顾容易给被照顾者带来一些后遗症，比如对专业人员的依赖性增加、与家庭及社区的接触减少、自我形象变得衰弱等。其二，机构照顾的服务标准化也会损害照顾服务的个性化和针对性，从而使个别老人的需要得不到相应的满足。

社区照顾就是通过在社区内提供小型院舍，或者在老人自己的居所内，由政府、专业人士、家人、朋友、邻居及社区志愿者等组成的社会支持网络向有需要的老人提供照顾，帮助他们独立地、有尊严地在社区中继续生活的行为过程。它是一种运用社区资源开展的老人照顾方式。社区照顾有三种形式：由社区照顾（by community）、在社区照顾（in community）、为社区照顾（for community）。

与机构照顾相比，社区照顾的突出优势在于：第一，社区照顾坚持照顾主体多元化的原则，让更多的组织、个人参与到照顾之中，有效地解决了家庭照顾人手不足的难题。第二，被照顾者不需要离开自己熟悉的社区环境，不需要改变自己正常的生活习惯，熟悉的环境使照顾更富有人情味，有利于减少孤独感，提升老年人的幸福感。社区是居民的栖息地，是一种生活共同体，出入相扶、守望相助、互相支持、富有感情是社区的属性。社区照顾以社区为平台，不仅会给被照顾者以方便，而且会给被照顾者以温暖，迎合情感需要。第三，社区照顾一改机构照顾将老人视为弱者的局面，尊重老年人的需要，照顾趋于人性化，有利于提升老年人的价值感和受尊重感。社区照顾提倡自助和互助精神，注重培养社区居民独立自主的意识，使被照顾者在社区照顾的过程中减少依赖性，克服因接受照顾而机能退化的消极倾向，重新认识和提升自我价值，不断得到增能。第四，社区照顾还强调"正式与非正式的照顾（formal care and informal care）互相配合"。以社区为基础的有效照顾网络既可以区分不同网络所具有的功能，又可以为社区居民提供不同种类、不同层次的服务与支持，使受助者的困难真正能够在社区内得到解决。第五，社区照顾既有宏观性、全局性，又不失微观性、针对性。其宏观性和全局性主要体现在作为依托和平台的作用，具有资源整合的功能；而微观性和针对性主要体现在它可以从受助者的实际出发，根据他们的实际需要确定照顾方案，使计划切实可行，进而有效地满足受助者的需要。显然，社区照顾是介于家庭照顾和机构照顾或者院舍照顾之间的老人照顾方式，而且越来越受到欢迎，因为在实践中，社区照顾规避了家庭照顾和机构照顾的缺点，集中了家庭照顾和机构照顾的优点，是一种令人乐意接受的照顾方式，是老年照顾发展的方向。

但是，由于受经济、体制和文化等多种因素的影响，我国现有的社区照顾并非完美，尚存在不少问题。第一，社区建设起步较晚，发展相对落后。社区在西方国家首先发展起来，迄今为止已有百年历史，已经形成了非常完善的运行机制和管理体系，社区观念早已深入人心，扎根群众，人们已经习惯于以社区思维解决生活难题，其中就包括老年照顾问题。目前我国社区建设相对滞后，农村社区更是如此，社区组织、社区管理尚在探索之中，社区文化、社区思维还有待发展，独立开展老龄工作的能力有限。第二，社区自治化程度不高，行政化倾向普遍。社区自治是市民社会的内在要求，也是提升社区管理和社区服务质量的重要条件。受官本位思想的影响，社区管理中行政化色彩依然存在，有的地方还比较严重，社区管理的行政化容易滋生官僚主义作风，而官僚主义作风则会抑制社区社会服务的积极性和创造性。第三，由于社区照顾面对的服务对象人数较多，对老人需求的了解也可能存在相对肤浅或者表面化的问题，再加上社区主要是扮演服务平台或者协调者的角色，具体而细致的照顾服务人员往往是社区委派的，感情投入与否或者投入多少都具有不确定性。因此，照顾服务与照顾需求要做到无缝对接是有难度的。

总之，老年照顾模式受社会条件的制约，是时代发展的产物。各种照顾模式各有所长又各有所短。当今社会转型、人口转变、价值观转变交织在一起，单一模式独立完成老年照顾的任务是不现实的。基于社区优势以及老年照顾的社区化发展方向，本书提出社区内结对互助的照顾模式以期发挥非正式支持在老年照顾中的作用，进而破解当下中国的养老难题。

（2）熟人社会和个人生活的小圈子是社会基础。从社会结构的特点看，中国社会仍是个熟人社会，更通俗地讲就是"小圈子"社会，注重亲缘和地缘关系、讲究亲疏远近、信任有别、遵循特殊主义原则是熟人社会的典型特征，尽管熟人社会在公共事务中存在破坏法制、任人唯亲、徇私舞弊等弊端，但是，正如灵魂医学（soul medicine）理论认为的那样：熟人以及所谓"熟人社会"现象是生物尤其是人类原始生存本能所导致的自然现象，符合生物利己三定律、生物适应与诱导定律。换言之，熟人以及"熟人社会"是人类原始本能的具体体现，是人类社会的正常现象，只存在发展完善，不存在消失。社区就是具有熟人社会特征的聚居区，地域性是社区的典型特征：一方面，社区的地域性可以强化本来就较强的地缘意识；另一方面，地域性又促进社区居民频繁交往，进而培养和增强互助意识。更重要的是，熟人社区不仅可以给居民生活带来诸多方便，还可以给人们以必要的情感慰藉。在中国，社会结构属于差序格局，社会关系有亲疏远近之分，相应地，权利义务、责任情感也有差别，信任度也不同。这就决定了每个人都有自己生活的小圈子，都有自己信任和依赖的朋友圈，在这个小圈子里，互助更容易实现。

从老年人社会交往的特点来看，由于个体社会老龄化的影响，老年人社会交往的突出特点是：社会交往空间变得狭窄，与邻居交往多于与同事、同学、朋友交往。这是社区内结伴互助养老模式建立的基础之一。邻里关系是一种关系，属于初级社会群体的范畴，邻里之间注重感情交往，讲究互帮互助；邻里之间一般交往频繁，互相熟悉互相了解，可以根据对方需求进行有针对性的帮助。另外，从亲疏远近方面看，对邻居的信任度并不亚于对某些亲戚，"远亲不如近邻"就是对邻居在人们生活中价值或者地位的充分肯定。而且，中国自古以来就有借助邻里关系开展老年照顾的范例。比如，南宋时期，失能老人面临无子女照顾的窘境时，人们就用绳子把失能老人同邻居连接起来，绳子的一头系在失能老人床头，一头系在邻居那边，并与铃铛连在一起。这样，铃声一响，邻居便会前往提供帮助。这再次印证了邻居在互助服务中的优势。

从老年照顾行为方面看，老年照顾是一种复杂的、特殊的服务行为，老年照顾要达到预期的效果，需要同时具备内部驱动和外部监督两个条件：内部驱动要么是深厚的感情驱动，要么是丰厚的报酬驱动；外部监督主要是道德、法律等，以此规范照顾者的行为。内部驱动加外部监督（情感加孝道或者报酬加职业操守）是破解老年照顾难题的两条路径，除此之外，几乎不存在第三条道路。在中国，很多人受经济条件的限制，出于降低照顾成本的考虑，选择前者的可能性较大。所以，主打感情牌、低成本的社区内结伴互助模式就有了生存的空间。

熟人社区强大的内在监督能力是发展结伴互助模式的重要保障条件。社区内结伴互助模式是由身体健康具有生活自理能力的老年人自愿结伴形成的互助合作小组，其目的是提供日常生活上的互助并享受其中的精神慰藉和情感满足。它是老年照顾的非正式支持，在互助合作中，内部服务的责任主要是道德责任而非法律责任，外部服务中的责任可视具体情况确定责任主体和责任大小。因互助服务是朋友间你情我愿的助人行为，所以理论上不存在计较的可能性，否则就会违背自愿结伴、互相帮助、快乐养老的初衷，即使互助服务中存在一些意外或者某些不尽如人意之事，也比较容易得到相关方的理解。另外，社区注册是把结伴互助服务推向组织化的方法，除了发挥争取外部支持的功能外，更重要的是，它还能借助熟人社区的力量加强彼此的责任。

与陌生人社会不同，熟人社区看重民俗乡约，看重脸面、畏惧社会舆论是熟人社区的突出特点。在熟人社区里，违反民俗乡约的人很容易被议论、被谴责，甚至被排斥被孤立。正因为这一点，熟人社区才具有了超强的监督力度。对于"结盟"的成员来讲，虽然互助小组不是正规的组织，但也是一份公认的"契约"，既然相互的责任已经确立，毁约或者出勤不出力消极行为就会很容易遭到非议或指责。这对于当事人来讲无疑是一种压力，更是一种监督的懈怠。

（3）国内开展的互助养老提供的经验可以借鉴。通过自助互助开展养老的范式已有不少。比如，时间储蓄和互助养老幸福园。"时间储蓄"直译为"时间银行（Time Bank）"，在中国，这一模式被运用到低龄老人为高龄老人的服务之中，它把服务者为他人提供的服务换算成时间，进行记录、存档，待服务者自己需要时，再由其他服务者为其提供相应的服务，实质上是一种"我为人人，人人为我"的接力式互助养老模式。由于邻里之间守望相助在中国拥有深厚的传统基础，所以，"时间储蓄"式养老服务在中国的推广具有一定的社会基础，在一定程度上可以弥补独生子女家庭照料功能的弱化。上海市提篮桥街道晋阳居委会最早在养老领域开展"时间储蓄"的试点，[1]意在实现低龄老人照顾高龄老人。此后，北京潘家园街道、南京的鼓楼社区也进

---

〔1〕"时间储蓄"是从西方引入而来的，早在1997年，上海市晋阳居委会最早明确使用了这个概念。

行了尝试。尽管因为组织管理问题、信用问题、风险防范问题、兑现问题没有得到很好的解决，其发展远不及后来发展起来的一些其他志愿活动，但是它仍然留下了一些宝贵经验。比如，参与者有偏好熟人和亲密伙伴的倾向、服务项目多为日常性的服务等。

社会养老机构中的互助幸福园也是开展老年人互助服务的一个范式。它主要是把五保户、低保危房户、无房户和困难户等人群集中起来，组织他们抱团养老、互相照应，因地制宜地解决农村老人生活照料、精神慰藉、文化活动问题。这是一种"离家不离村"养老模式。在当下，它主要存在于农村，上杭泮境乡农村互助幸福园堪称典型。实践告诉我们：自助互助是社会养老的需要，也是快乐养老的必要条件；互助合乎人性，是老年人的需要，互助是资源开发，也是社会的需要。

（二）志愿组团机构养老

志愿组团机构养老是指若干具有同辈群体背景的老年人达成一致共识，志愿去养老院或者老年公寓"抱团"养老的范式。这里，具有同辈群体背景一般是指那些来自同一个社区或者村庄，或是老同事、老同学，老街坊、老邻居，或者是习性相近、兴趣相投，价值认同、志同道合。同辈群体背景是组团的条件和基础。关系密切、志趣一致、彼此信任是组团的关键和纽带。快乐养老是共同目标。互助，是组团老人的核心特征。组团的老年人会形成一个"同呼吸共患难"的小群体，每个老人都是团体的一部分，"一荣俱荣、一损俱损"。在日常生活中，团内老人相互关心、相互照应、相互帮助。从这个意义上讲，志愿组团机构养老就是一种互助养老。

与传统机构养老相比，组团机构养老可以帮助老人更加轻松自如地安排生活，比如一起吃饭、一起散步、一起打牌、一起唱歌、一起跳舞等，也可以组织或参与一些群众性文化娱乐活动，甚至走出养老院开展一些社会公益活动，通过这些群体性活动让沉默寡言者开口、让孤僻者合群、让百无聊赖者有所寄托、让无所事事者重拾生活信心和目标。

更重要的是，志愿组团机构养老还可以促进养老机构改善管理，提高服务质量，有效维护老年权益，提高老年人的安全感。社会转型期，养老机构管理落后，服务理念不强是一个比较普遍的现象，养老院的老人合法权益得不到维护，甚至连受虐待的情况也时有发生，但由于老年人与养老机构及服务人员地位不对等、信息不对称，老年人总是处于弱势地位，当服务质量下降、权益受到侵犯甚至遭受虐待时也不敢声张，只能忍气吞声以求自保，如此则又可能导致这种现象愈演愈烈，形成恶性循环。组团机构养老可以有效抑制这种现象的发生，原因在于组团的老人力量变强，在与养老机构或者服务人员的"博弈"中至少不占劣势，可以大胆地提出建议表达诉求，而作为养老机构的一方也会迫于影响或者压力积极考虑和采纳"客户"意见，主动采取措施，提高管理水平。

(三) 结伴休闲基地养老

结伴休闲基地养老是在城市周边生态环境优美，交通便利，趋于建造大规模的单元结构的休闲养老基地，供结伴养老的老年人合租养老的模式。结伴休闲基地养老主要适合于城市收入较高、身体健康、喜欢热闹、爱好休闲、注重生活品质的老年人。

毋庸置疑，结伴休闲基地养老的老年人一般志同道合、情感亲密、关系融洽，可以一起活动、一起旅游，谈天说地、说古论今，远离无所事事的孤独苦闷，还可以在小群体生活中互相帮助、互相鼓励，体验人间温情，以此满足休闲养老快乐养老的目的。[1] 但是，他们仍然需要私人空间，适当的距离，恰当的私人空间、适当的距离是保持良好朋友关系的条件。所以，养老基地的建设要规划成复合式结构的单元住宅，集生活、居住、休闲于一体，每套单元住宅设计有 4 户相对独立的套房，每套都有独立的居室、卫生间和厨房。同时，还设有一个公共厨房，一个公共餐厅、会客室以及至少两个小型的娱乐室（比如乒乓球室、瑜伽室）。这样结伴群体可以进行独立的生活，也可以按照需要进行内部分工合作，共同生活。

休闲养老基地还是一个功能齐全的综合服务园，设有医疗站、超市，以及其他生活服务部门，以满足基地养老的各种日常生活需要。当然，这些服务部门都采取市场化运作模式，服务项目、服务范围、服务标准都要公开公正，而且要接受相关管理部门的监督，确保基地老年人的权益不受侵害。

休闲养老基地的服务有自我服务和社会服务两种方式，在基地养老期间，居所内可以开展自我服务，以节省一部分生活开支。当然，内部服务也可以外包给园内专业服务人员；居所以外的服务需求（比如用车、保健、医疗等）属于社会服务内容，采用市场化运作模式。

---

〔1〕 李强：《社会支持与个体心理健康》，载《天津社会科学》1998 年第 1 期。

　　休闲养老基地坚持民营官助的原则，由民间力量开发建设，把民间资本引入养老领域；官助是指政府给养老基地开发商优惠政策，比如划拨用地、减免税收、资金补贴、服务补贴等。养老事业是公益事业，政府和民间力量的共同参与对于解决养老难题大有帮助。

　　一般而言，结伴休闲基地养老往往具有间歇性和季节性，比如有些人喜欢春暖花开，赏花踏春；有些人喜欢夏季扶风，避暑乘凉；有些人喜欢秋高气爽，林园清香；有些人则喜欢在隆冬时节觅穴取暖。因此，养老基地的经营管理要适应这种间歇性和季节性，灵活安排，合理开发。

　　综上，中国已经进入老龄化的高速阶段，养老问题日益严峻，整合民间力量和社会资源进行养老逐渐成为解决养老困境的有效手段。作为一种重要的社会资源，老年同辈群体将成为养老的重要力量。重视老年同辈群体资源开发，利用老年人之间的互帮互助全新养老服务模式，鼓励老年人自主选择、开发和整合自身、家庭及社区的关系资源，是满足老年人尤其是空巢老年人情感和照料需求以至于自身价值实现的重要途径。基于同辈群体建设起来的养老服务模式将是正式支持和非正式支持有机结合的重要实践，它不只是一种养老观念创新，也会成为一种基层的养老体系的重要组成部分。当然，它的发展还需要进一步规范化和制度化。

第十章

弘扬文化传统，创新邻里参与独居老人安全保护机制

中国人"家"的观念很强，居家生活是国人的首要选择。独居老人是避险能力较低的群体，常常成为风险的最先受害者，独居老人的居家安全必须得到保证。中国社会是熟人社会，历来注重地缘关系，注重邻里互助，"远亲不如近邻"就是最好的诠释。新时代，弘扬文化传统、创新思路推动邻里互助是保护独居老人居家安全的可靠路径。

一、独居老人及其居家安全问题

（一）独居老人发展概况

独居老人即"独自一人居住的老人"，包括三种类型：①独自居住一直未婚的老人；②没有子女的丧偶或离异老人；③有子女但子女不在身边且无配偶相伴的空巢老人。"独自居住"和"高龄化"是这一群体的显著特征，也是这一群体面临高风险的主要原因。

表 10-1　老年人独居比例与独居老人城乡分布

年份	老年人独居比例（%）				独居老年人分布（%）			
	城市	镇	乡村	全体	城市	镇	乡村	合计
2000	9.70	10.10	8.40	8.90	24.20	12.90	62.90	100
2010	11.80	12.50	12.20	12.10	25.40	18.40	56.20	100
2020	13.88	15.66	16.97	15.70	32.49	20.11	47.40	100
2010 比 2000 增加	2.10	2.40	3.80	3.20	1.20	5.50	-6.70	0
2020 比 2010 增加	2.08	3.16	4.77	3.60	-2.91	1.71	-8.80	0

资料来源：根据《中国 2000 年人口普查资料数据》《中国 2010 年人口普查资料数据》

和《中国2020年人口普查资料数据》计算而得。

表10-1的数据显示：2000年第五次人口普查时，全国65岁及以上老年人有88 035 292人，其中独居老人人数为7 835 141人，占65岁及以上老年人口的比例为8.90%；2010年第六次人口普查时，全国65岁及以上老年人数为116 449 073人，其中独居老人达到14 439 685人，占全国65岁及以上老年人口的12.10%；相比于2000年，2010年独居老人数量增加了6 604 544人，占比增加了3.20%，数量和比例则分别是2000年的1.84倍和1.30倍。

第七次人口普查汇总数据显示：2020年全国65岁及以上老年人有190 635 280人，其中独居老人29 938 545人，占全国65岁及以上老年人口的比例为15.71%，相比于2010年，独居老人数量增加了15 498 860人，占比增加了3.60%，数量和比例分别是2010年的2.07倍和1.30倍。

从城乡分布看，2000年至2010年间，居住在乡村的独居老人比例已经开始下降，但是2010年仍然有超过一半的独居老人居住在乡村，比例为56.20%；2010年之后，居住在乡村的独居老人占比继续下降，2020年乡村独居老人占比为47.40%，已不足全国的一半，而同期城市和镇的独居老人占比分别为32.49%和20.11%。可见，独居老人仍然主要分布在乡村。

从老人独居比例看，从2000年到2020年，城市、镇和乡村老年独居比例都在增加，但是，老年独居比例增加幅度存在明显差异，其中城市老年独居比从9.70%增加到13.88%，增加了4.18%，镇老年独居比从10.10%增加到15.66%，增加了5.56%，乡村老年独居比从8.40%增加到16.97%，增加了8.57%。显然，乡村老年独居比增长最快，是老年独居比最高的地区。

（二）农村独居老人的居家安全问题

独居老人居家安全问题是指独居老人居家生活中面临的各种意外风险或威胁，包括人身安全、财产安全和心理安全。人身安全包括跌倒、中毒中暑、猝死及其他各种意外伤害等；财产安全主要是指被骗被盗被抢等；心理安全则是指老年孤独、老年焦虑、老年抑郁、孤独死和自杀等。在老年安全领域，独居老人是安全事件发生的重点人群。自20世纪70年代日本出现独居老人"孤独死"以来，独居老人居家安全问题就有扩展之势。2015年东京都监察医务院在东京的调查发现，65岁以上的独居老人中，在家"孤独死"的达

3116 人，为 10 年前的将近 2 倍。[1]我国近些年来，独居老人居家安全事件屡见报端，也引起了政府和社会各界的广泛关注。毋庸置疑，个体老龄化导致的生理机能衰退是独居老人居家安全风险增大的基础性原因，但是，导致独居老人居家安全问题的原因还有很多，外部表现也很复杂。本书综合分析各类安全事件，把独居老人的居家安全问题划分以下五种：

（1）慢性病引发的安全问题。慢性病是引发独居老人安全问题的重要原因。调查显示，农村空巢老人的慢性病患病率在 80% 以上，甚至有 50% 以上的老人患有两种以上的慢性疾病。[2]慢性病具有突发性强、发病预兆不明显且病情发展迅速等特点，一旦病发时无人发现或者发现不及时，就极有可能导致重大伤害甚至死亡。值得注意的是，心脑血管疾病是威胁独居老人安全的重大慢性疾病，堪称独居老人的头号杀手。

（2）自身行为不当引发的安全问题。自身行为不当表现在很多方面，比如，用药失当、膳食不当、活动不当、用电用气不当等。用药失当是指老人吃错药、误食过期药物的现象。膳食不当是指饮食习惯不科学、不规律，暴饮暴食，营养不良或者营养过剩等，食物中毒属于此类。活动不当是指老年人体育锻炼不量力而行，娱乐活动随性放纵、不节制。用电用气不当是指老年人使用电器燃气时不慎重，甚至违规操作。上述不当行为或因文化水平低、记忆力下降，或因保健意识薄差、行为粗枝大叶，或因积习难改、习惯成自然。

（3）家庭硬件设施缺失或者故障引发的安全问题。它包括家居室内室外通行障碍物处理情况、地面防滑处理情况、应急呼救设备安装情况、消防设施是否完善等。室内室外的无障碍化处理以及地面防滑处理对于腿脚不便的老年人而言很重要，可以在一定程度上减少跌倒、滑倒等意外事故的发生。电话以及应急呼救求助设备是西方发达国家常用的老年安全措施，特别是卫生间的呼救装置可为危险时刻的及时救援提供有力支持。另外，缺少消防设施也会产生安全隐患。比如，当前农村做饭取暖多用柴、煤、电，由此引发火灾甚至葬身火海的例子不在少数。学者张亚楠做的一项调查显示：农村空巢老人家中火灾发生原因中"烧柴"和"用电"同占 40%。一氧化碳中毒

---

〔1〕 日本内阁府：「平成 26 年版高齢社会白書」. 日経印刷（2015）39 頁。

〔2〕 张亚楠：《苏州市独居老人面临的社会问题以及对策分析——以苏州市南环第一社区为例》，载《当代经济》2017 年第 14 期。

当然也属此类安全问题，在当下中国广大农村，一氧化碳中毒事件仍时有发生，独居老人更是引发煤气中毒的一大群体。

（4）精神抑郁引发的安全问题。抑郁是独居老人最典型的心理失调表现，抑郁症状主要包括情绪低落、思维迟缓和行为活动减少三个主要方面。一般而言，随着年龄的增大，抑郁会加重，当抑郁心理发展到一定程度时，自卑、自闭甚至自杀的概率就会急剧提升。导致老年人精神抑郁的原因有多种，诸如机能衰退、疾病缠身、经济窘迫、丧偶、家庭不和以及孤独等。其中，孤独是导致抑郁症和死亡的重要原因。美国医学家詹姆斯等对老年人进行了长达 14 年的调查研究，发现：独居者患病的概率为正常人的 1.6 倍，死亡的可能性是爱交往者的 2 倍。孤独感是很多老年人患抑郁症的前兆，自杀、孤独死与精神抑郁是分不开的。我国上海的一项调查发现：60 岁~70 岁的老人中有孤独感的占 1/3 左右，80 岁以上者占到 60% 左右。[1]

（5）外部侵害引发的安全问题。外部侵害引发的安全问题包括两种：一是外源性疾病或者病毒的感染；二是不法分子实施诈骗、入室盗窃、入室抢劫等造成的财产损失或者人身伤害。在新冠肺炎疫情期间，面对新冠病毒，老年人由于免疫力差，往往是易感人群。2022 年，在 12 月 8 日国务院联防联控机制召开的发布会上，国家疾控局卫生免疫司司长夏刚介绍：65 岁以上老年人、75 岁以上老年人、85 岁以上的老年人相比年轻人而言，感染新冠肺炎以后重症风险分别为 5 倍、7 倍、9 倍，死亡风险分别为 90 倍、220 倍、570 倍。意大利国家卫生研究所的数据显示：58% 的新冠肺炎死者年龄在 80 岁以上，所有死者的平均年龄为 81 岁。[2]无独有偶，美国首份死亡率报告也显示：85 岁以上的患者死亡率最高，为 10%~27%，其次是 65 岁~84 岁的患者，死亡率为 3%~11%，55 岁~64 岁患者的死亡率为 1%~3%，20 岁~54 岁患者的死亡率小于 1%，19 岁以下患者无死亡病例。[3]独居老人遭黑夜入室盗窃、

〔1〕《老年孤独感如何应对》，载 https：//wenku. baidu. com/view/ebd07d5027284b73f3425023. html，2019 年 6 月 16 日访问。

〔2〕 中国疫控中心：《新冠肺炎流行病学特征分析数据报告》，载 https：//mp. weixin. qq. com/s? src = 11&timestamp = 1593498202&ver = 2431&signature = 4E8o＊－B1gfJseNnnxSmRoQBMKdAUHAkMJY3meTCJrqyN11Sla4Gh05THwwcfekOUGWxntY9yHdZWcIHblHbp－NJJjQdpk9b＊hvcROB0Kt3e1cD438JpTnd8zYFWkSUQP&new = 1，2020 年 2 月 21 日访问。

〔3〕《全国 9 省市已深度老龄化 这里竟比意大利还 "老"？》，载 https：//www. thepaper. cn/newsDetail_ forward_ 6878345，2020 年 4 月 11 日访问。

抢劫等事件在农村也仍然存在，财产损失会对收入有限的独居老人的生活带来严重的不良影响，更严重的是还有不法分子在入室盗抢老人救命钱之余，甚至对高龄老人实施性侵，恶行实在令人发指。

二、邻里参与独居老人居家安全保护的社会基础和独特优势

（一）邻里是人类重要的生活共同体

共同体的概念来源于德国社会学家滕尼斯于 1887 年出版的著作《共同体与社会》，共同体在德文里写作"gemeinschaft"，意为由同质人口 [1] 组成的具有共同的价值观念、关系密切、出入相扶、守望相助的富有人情味的社会群体。共同体是人类生活的基本形态，是人类本性在生活中的体现。早期的社会学家认为，人是爱好群居的动物，为了生存和发展，建立各种形式的群体是人们的内在需要。于是，家庭、邻里、村落、部落等形态不一的生活共同体就产生了。显而易见，温情、亲密、互助、互济是生活共同体的基本属性。

时代在发展、社会在进步，生活共同体的内涵也变得更加丰富。目前，中国倡导社会治理重心向基层转移，鼓励公众参与，促进公民社会建设，在此背景下，生活共同体作为一种社会设置，除了上述基本属性以外，还增加了新特征。

第一，共生共存性。柏拉图认为，社会是一个包含着分工和不平等的统一体。共同体作为微型社会，分工依然是共同体进步的基础，发达的分工在提升社会生产能力的同时，也加强了个体之间的联系，使彼此之间的相互依存性增强。而且，社会越是发达，个体之间的相互依存性就越强。

第二，共治共建性。社会进步的重要表征之一就是社会成员或者个体主体地位的提升和公民自治能力的增强。同样，共同体的进步必然伴有共同体成员自治意识、合作精神的增强，体现在生活中就是参与共同体建设的积极性提高、自治空间的扩大以及自治能力的提升。

第三，共荣共享性。共同体是一个统一性整体，共同体成员的命运是一致的；一荣俱荣、一损俱损，同呼吸、共命运是共同体的活动原则，共享文

---

〔1〕 同质人口是指具有相同的社会性质（如相同的职业、文化背景、生活经验、价值观念等）的人群。

明成果是共同体彰显全民性和公平性的内在要求。

邻里是一种地缘性生活共同体。居所毗邻是形成邻里共同体的基本条件，在此基础上，邻里之间守望相助、疾病相扶、患难相恤，形成了唇齿相依、关系亲密的社会群体。值得注意的是，邻里不仅是人类生活的共同体，而且是人类永恒的共同体。历史发展的实践证明，邻居是轻易搬不走的，邻居的作用是抹不掉的。

在现代社会，邻里还是基层社区治理的自然基础和重要元素。家庭是基层社区组织的细胞，而家庭又是根植于邻里关系之中的，若干家庭构成邻里，若干邻里构成一个乡村社区。因此，邻里和基层社区组织存在着内在联系，邻里既是基层社区组织的工作对象，又是开展社区各项工作必须依赖的重要力量。比如，在新冠肺炎疫情期间，邻里互助为基层社区顺利开展疫情防控工作提供了有力支持，邻里共同体的价值得到充分彰显。从这个意义上讲，邻里共同体就是社会治理特别是基层社区治理的重要资源。

邻里关系是农村社会非常重视的社会关系，中国历来有重视邻里互助的传统，有"远亲不如近邻"的说法。目前，中国社会进入新时代，促进公众参与，实现政府一元化管理向多元化社会治理转变已经成为时代趋势。中共二十大报告会上习近平总书记提出并阐述了中国式现代化的概念，明确指出中国式现代化是兼有现代化普遍性和中国元素的现代化，是区别于英美现代化的具有中国特色的现代化。看重邻里关系、和睦邻里是实实在在的中国传统，甚至被写入家训家规，成了人人遵守的"规矩"，邻里互助早已成为一种全民性的习惯。总之，看重邻里价值是中国的文化传统、是共同体意识的体现，也是中国式现代化的应有之义。

（二）邻里参与独居老人居家安全保护的独特优势

邻里参与独居老人居家安全保护属于邻里互助的范畴，是邻里互助的一种表现形式。其具有以下几个优势：

第一，方便、及时。居所毗邻为建立交往频繁而亲密的互助关系提供了便利，也使邻里互助具有方便、及时的优势。历史上，邻里之间通过拴有铃铛的绳索提供求助信号来实施救助的做法令人称道，现实中通过安装爱心门铃启动邻居"注意"功能，同样也是基于邻里之间互帮互助的方便与及时的优势。

第二，针对性。邻里之间交往频繁，彼此互相熟悉，邻里的生活习惯、社会关系、健康状况、心理特点、习性偏好甚至短期内的服务需求等都彼此比较了解，这为邻里之间开展针对性的互助服务指明了目标，从而使得居家安全保护措施更加严谨，免于疏漏。

第三，富有人情味和安全感。邻里之间最重要的是互为情感资源，邻里参与居家安全保护可以联络和增进邻里间的感情，在一定程度上满足情感慰藉需要。在很多情况下，邻里的互帮互助、彼此问候和照顾可让大家都感受到社区关爱和温情关怀，进而提升生活满意度和幸福感。另外，在中国，人们的信任客观上存在层级，具有差异性，亲属之外，邻里是熟人社会信任度较高的人群，知根知底，彼此信任会增强独居老人的安全感。

第四，节约性。首先，邻里互助实际上是补彼此所缺，基本上不需要专门设施和专门场地，也基本上不需要互助双方支付劳务费用。其次，邻里互助很多情况下是人们"随手而做""顺便而动"的附带性行为，是"举手之劳"，不需要花费专门精力，可以节约时间成本。最后，邻里互助还可以充分利用闲置劳动力和老年人，提高人力资源利用效率。显然，低成本是邻里互助的一大优势。

三、邻里参与独居老人居家安全保护的现状

在旧的社会治理体制下，作为关系资源的邻里资源虽然可以为独居老人提供居家安全方面的保护，但是这种资源并没有得到充分利用，独居老人的居家安全保护总体上是一种低水平的互助行为。这主要表现在以下方面：

（一）邻里参与主动性较差

邻里是地缘性的生活共同体，互动频繁、关系亲密、互帮互助是其基本特征。但现代化过程中，随着个体主义、独立意识的增强以及社会化服务体系的不断完善，人们对地缘关系的依赖和重视程度有所减弱，作为熟人社会的农村当然也在一定程度上受到了冲击，邻里互助的主动性有所减弱。另外，社会转型期信任缺失、人心不古的现实催生了人们的怀疑心理，戒备之心，有时候一些助人之举非但没有得到肯定，反倒遭人白眼，落一身不是，甚至"引火烧身"，承担"罪责"，进而使得邻里互助的积极性下降。

（二）邻里参与随意性强

目前，邻里互助还停留在低水平志愿服务状态，尚未建立持久运行的机制，"打冷枪""放冷炮"的现象突出。所谓打冷枪、放冷炮就是指没有长远

规划，也没有短期计划，互助服务随性而作、随意而为。在服务时间安排上，不是以服务需要为导向，而是以自己方便为主；在服务内容上，以好恶为准，乐意做的就做，不乐意做的就不做；有些事情敷衍塞责，只管了事，不闻效果。显然，这种具有随意性、突兀性的做法和零敲碎打式的服务很难取得良好的效果。

（三）邻里参与缺乏组织性

邻里互助是基于利他主义而生的志愿活动，带有很强的自发性。在农村社区，虽然有村委会行使管理职能，但是像邻里互助这类志愿性活动，属于管理者倡导的内容，一直没有被纳入管理范围，更没有制度化的设计。另外，老年协会等农村民间组织发展还很滞后，通过自治组织推动志愿服务规范化发展的实践尚无值得借鉴的方案。因此，农村的邻里互助基本上还处于无秩序、无规范的状态。

（四）邻里参与带有片面性

邻里作为一种资源可以为老年人提供支持，但是邻里只是一种辅助性资源，只能解决老年人的部分需求，绝不是万能的。一般而言，邻里互助往往在提供精神慰藉、生活照料等方面发挥一定的补充作用。即便如此，在现代化过程中，随着人们个体意识的增强，人情趋淡，邻居在情感慰藉、生活照料方面的功能也在不断弱化。另外，随着科技的发展，养老智能化水平也在提高，有些问题寄托于邻里互助是不靠谱的，必须向专业人员和机构求助。

综上所述，零敲碎打又带有片面性的邻里互助对独居老人居家安全保护的支持颇为有限，效果并不尽如人意。对此，服务对象比较普遍的评价是"作用不大"或者"无关痛痒"。[1]总之，目前的邻里互助颇有点鸡肋之意，亟须改进。

四、构建嵌入机制，形成新型关系模式

构建嵌入机制，就是依托社区，在社会工作与邻里之间架起桥梁，推动社会工作立足熟人关系，面向制度社会，将制度化要素嵌入邻里互助关系，

---

〔1〕　桂世勋：《独居老人广义居家养老保障状况及其精准关爱——基于中国大城市城区 70 岁及以上独居老人的问卷调查》，载《华东师范大学学报（哲学社会科学版）》2019 年第 3 期。

把邻居变为"限制性社区志愿者",[1]使邻里互助行为组织化、服务过程制度化。

首先，创新基层社区建设，赋予社区居民"限制性志愿者"的身份。基层社区是邻里互助平台，创新基层社区建设既是社区治理现代化的要求，也是邻里共同体的要求。基层社区要本着社区居民人人皆为志愿者的原则，"人人为我，我为人人"，加大教育和宣传力度，弘扬中国邻里互助的文化传统，培养居民的"生活共同体"精神，增强居民开展互助服务的意识和社会责任感；基层社区要努力抓好和谐社区建设，推动邻里良性互动，创设互助合作的社区环境；基层社区要在建设和谐邻里关系的基础上，以自愿为前提，开展邻里结对、邻里结伴工作，探索邻里深度合作的模式；基层社区还要对结对或结伴邻里做好登记备案，为邻里服务的规范化管理和持续性发展创造条件。

其次，社会工作者利用项目服务，把邻里的"限制性志愿者"身份变为"社工助手"身份。当老年安全保护服务项目获得立项并落户社区的时候，社区居民、所有的"限制性志愿者"便都成了社会工作者可以连接的潜在资源，社会工作者根据独居老人的具体情况，制定服务计划和实施方案，指导作为志愿者的邻居开展有针对性的安全保护服务活动，此刻的邻居就转化为了"社工助手"。之所以称之为"社工助手"是因为：其一，"社工助手"开展的互助服务此时已经成为项目服务的一部分，属于社会工作服务范畴；其二，在项目活动中，"社工助手"必须接受社工的指导，听从社工的安排，协助社工完成服务任务；其三，"社工助手"是临时的，当该服务项目完成之后，"社工助手"的身份就会自动结束。值得注意的是，虽然邻居的"社工助手"身份因社工项目完成而终结，但是由项目活动训练和培养起来的服务模式非但没有终结，反而成了邻里互助的可靠方案，邻里仍将继续按照这种模式开展服务工作。这就是嵌入机制的制度化成效，也是本书的初衷。

由于社会工作是政府购买的社会服务行为，所以"社工助理"在待遇上要依法按照劳动贡献获得一定的经济补贴。比如，在其服务期间可以给予初级社会工作师月工资的2/3或者1/2。当然，这些费用都要从社工服务项目中

---

[1] 之所以称之为"限制性社区志愿者"，是基于志愿服务对象的选择性，即志愿帮助的对象仅限于邻里邻居，对于同社区的其他居民则未必有服务意愿。

支付。支付给"社工助手"一定的"薪酬"对于深度开展邻里互助服务是非常有促进作用的。第一，邻里在熟人社会里本身就承担着互助的道义性责任，不履行这种责任会产生一定的舆论压力，时下扮演"社工助手"，既履行了道义责任又可获取一定报酬，可谓双赢。第二，"社工助手"可以把独居老人的情况和特点提供给社工，为社工制定更加科学合理的服务方案提供依据。第三，这种方案可以刺激更多的社区居民参与志愿者，既有助于扩大社区志愿者队伍，又有助于促进邻里关系和谐。

再次，把邻里互助服务纳入社会工作服务计划，以项目服务促进邻里互助呈现组织化形态。社会工作连接关系资源的目的并不仅仅是弥补资源不足，更重要的是寻求一种能满足独居者个性化需求的"特殊资源"，这种资源有时候是其他资源无法替代的。比如，独居老人对亲情、友情的需要往往指向邻居、街坊、朋友等非正式支持主体。社会工作者作为专业服务人员根据案主的需求设计服务方案，制定服务计划，并结合案主的邻里关系特点及实际情况，变邻里为"社工助手"，把邻里互助服务纳入项目服务计划。

社会工作者依照项目服务计划，给"社工助手"分派具体任务。当然，分派任务要坚持适切性和可行性原则，充分考虑邻里关系的属性和邻里互助行为的特点。从居家安全角度看，邻里互助主要发挥邻里在安全检查、安全监控、危险应急、情感慰藉等方面的功能。邻里服务的内容集中在望、闻、问、警、救五个问题上。望，就是观察，包括独居老人的气色、动作及居家环境有无异常；闻，就是听说话、听动静、嗅气味有无异常；问，就是问需要、问情况；警，就是提醒注意、警惕危险；救，就是应急救助，当危急情况出现时及时采取施救措施。还要进行专业指导，结合国内外案例，传授相关经验和技巧。

最后，建立督导和评估制度，强化邻里互助的制度化范式。督导是对专业服务行为和过程进行技术监督和技术指导，以保证服务的科学性。督导是社会工作的必要环节，邻里互助一旦被纳入项目服务计划就需要接受督导。邻里承担的望、闻、问、警、救的任务看似简单，但如何把握时间节点、如何洞察异常信息、如何把握细节、如何及时施救有效施救，均需要技术指导和监督检查。效果评估对于专业服务同样重要，评估是查缺补漏完善工作流程的必要手段。要建立由案主、社工、社区管理者共同参与的三方评估制度，并以评估结果作为向邻里支付"薪酬"的依据。报酬与绩效挂钩，有利于调动积极性，起到更好的督促作用。

对邻里互助服务的督导评估包括前后两个阶段：项目监督评估和常规监督评估。项目督导评估贯穿项目活动的全过程，在项目活动中，社会工作者居于主导地位，"社工助手"处于从属地位，社工有向"助手"提供专业性指导、技术性支持的责任，也有管理"助手"的权力，督导评估是项目计划的一部分。当然，在项目服务中，社工是督导评估的主导者，报酬支出的来源是项目经费。常规督导评估是指项目活动结束后对延续的邻里互助服务进行督导评估。其目的有二：其一，对邻里互助服务本身进行质量评估，考察服务者的态度以及服务对象的满意度；其二，对邻里互助服务规范化、制度化成果进行评估，主要考察嵌入制度因素后邻里互助服务开展是否持续、有没有需要改进的地方、怎样改进等。从这个意义上讲，常规监督评估是项目监督评估的延续。当然，在常规督导评估中，社区管理者是主导者，社会工作者是参与者，报酬支出的来源是基层社区。

嵌入机制推动社会工作与社区居民形成"连接-指导"关系，并在区、社工机构与邻里之间建立一种新型关系模式，在这种新型关系中，社会工作扮演关键角色，它连接并指导邻里参与独居老人居家安全保护工作；社区作为基层管理者，关注居民需求，鼓励邻里互助，引导邻里参与居家安全保护；社区与社会工作机构之间是互助合作关系，互相支持、相互配合、共同谋求发展（参照图 10-1）。

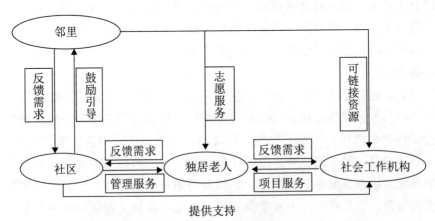

图 10-1　社区、社会工作机构和邻里的新型关系模式

从参与主体角度看：一方面，嵌入机制有利于改变邻里参与独居老人居家安全保护的"无序"状态，使独居老人居家安全保护更加规范、更加严谨；另一方面，正式的制度安排会增强服务者的责任心，促进其有效履责。志愿者身份，社工助手以及相应的"待遇"既是一种"印章"和荣誉，又是一种约束和激励，有利于激发服务的积极性。

从独居老人角度看，嵌入机制为解决独居老人的情感慰藉问题提供了重大支持。独居老人的情感和精神慰藉问题是社会工作者在实际服务中遇到的棘手问题，难以招募到合适的服务者。一般而言，正式支持较适合于处理需要特殊技术和技巧的例行性需求，而非正式支持更适合于满足特殊性的需求。[1]作为非正式支持主体，邻里参与可以有效弥合上述不足，最大限度地满足独居老人的心理安全需要。

从社会工作发展角度看，嵌入机制不仅有利于推进独居老人居家安全保护系统的专业化发展，而且拓展了社会工作连接资源的范围，在一定程度上解决了社会工作服务中资源不足的难题。

从社区发展角度看，嵌入机制把邻里互助导入社区管理系统，并注入制度化元素，促进居民参与社区服务，契合就地取材发掘潜力的社区建设原则，可以在一定程度上推动社区管理向社区治理转变，提高社区自我服务、自我发展能力。

---

[1] R. R. Wacker, K. A. Roberto and L. E Piper, *Community Resources for Older Adults － programs and Services in an Era of Change*, California：Pine Forge Press, 1998.

第十一章

理顺代际关系，转变养老观念，防儿啃老

养儿防老，是中国延续数千年的文化传统，然而时至今日似乎"不灵了"，社会上普遍存在的"啃老"现象直接或间接导致不少老人生活质量下降，甚至陷入养老危机，面对这种窘境，不少人发出了"防儿啃老""养老防儿"的感叹。从养儿防老到防儿啃老，这种变化是怎么来的、它折射了什么正是本书要探讨的问题。

一、传统社会养儿可以防老的内在逻辑

（一）传统社会的农业生产方式从根本上确立了养儿防老的经济基础

传统社会，家庭是基本的生产单位，农耕技术是农业生产的关键。值得注意的是，尽管在6世纪至7世纪就出现了雕版印刷，9世纪初就出现了刻字印刷，但能够读书识字者毕竟是少数人，绝大多数百姓家的子女依然要通过家庭教育（特别是父母的耳提面命）掌握农业技术知识。老年人虽然体力日衰，但其日积月累的农耕经验与建家立业的成就是年轻人无法取代的。于是，老年人成了知识的化身，成了农业生产的核心，也成了家庭的权威。作为一家之长，老年人对家产拥有无可争议的支配权，对家庭生活也有绝对的控制权，使养儿防老成为可能。

（二）传统社会的宗法制度为养儿防老奠定了政治基础

以家长制为特征的宗法制度是中国几千年来最重要的社会制度之一，宗法制度涵盖社会生活的方方面面，而且具有强大的权威。在"家天下"的政权模式下，统治者为确保统治，将"孝"扩展到政治关系方面，并从"孝"中派生出了"忠"的伦理规范。在家奉孝、在国尽忠，忠与孝彼此呼应、互相强化，形成了特色鲜明的宗法制度。这种家国一体的宗法制度从国家法律和制度层面确定了老年人的政治地位和家庭地位，同时也为养儿防老提供了

政治条件。

（三）传统孝道文化夯实了养儿防老的思想基础

以孝道为核心的家庭道德是养儿防老得以实现的必要条件。"孝道"作为子女对父母、晚辈对长辈的伦理道德规范，在中国有几千年的历史，是最具中国特色的文化现象之一。历朝统治者基于巩固自身统治地位的需要，把孝抬到了极高的地位，使得孝成了一切道德观念和道德行为的起点，是封建伦理纲常的基础，行孝甚至被无限扩大，不仅包括子女对父母所做的一切，而且还包括子女的全部行为。数千年来，《孝经》被视为金科玉律，上至帝王将相，下至平民百姓，无不对其推崇备至。在封建教化和社会风尚影响下，孝道逐渐成了中国家庭养老的动力保障。

二、啃老及其对养老产生的冲击

（一）啃老和啃老族

啃老，是指已经成年且离开学校，生活完全可以自立但又不自立，仍然全部或者部分依靠父母，从而导致经济资源由父辈不平衡地流向子辈的社会现象。啃老有几个基本的构成要件：第一，年满 18 周岁，即必须是发生在成年人身上的行为。"啃老"现象主要发生在年轻人身上，诸如"80 后""90 后"等，但是，年轻人不是啃老族的全部，其他年龄人群中也存在"啃老"现象。第二，可以自立但又不自立。可以自立是指属于正常人，具有独立谋生的能力，经济上完全可以不依赖父母，但实际情况是仍然部分或者全部依赖父母的行为。当然，在我国，在校学生一般不被视作有谋生能力，因此不被列入啃老一族。第三，经济资源持续不断地从父辈向子辈倾斜，也就是说，父辈处于"净亏"的状态。一般而言，子女成长过程中父母抚育子女，家庭财富由父辈流向子辈；子女成年后，家庭财富由子辈流向父辈，从而体现着子女对父母的赡养。这种代际交换是家庭保障的合理选择，更是中国的历史传统。正是从这个意义上讲，代际交换中父辈的"财富净亏"是本书"啃老"的根本标志。

啃老者习惯上被称为"啃老族"，也称"傍老族"或"新失业群体"等，在英国使用"NEET"（Not in Education, Employment, or Training）一词，是指那些不升学、不就业、不进修或参加就业辅导，终日无所事事的族群。[1]
美国称之为"归巢族"，法国称之为"袋鼠族"。

（二）啃老类型

现实中，"啃老"现象五花八门，反映出了啃老行为的多样性以及啃老者内心世界的复杂性。研究方便起见，我们把各种各样的啃老行为归纳为五种类型。虽然这五种类型并不一定囊括所有的啃老行为，但也可以通过它了解一个大概（参见表11-1）。

1. 生活减压型啃老

它是成年子女面临各种生活困难时而把目光转向父母，以期通过对父母的经济依赖而在一定程度上改善生活条件的行为。比如，社会转型期，可能会出现一些失业或半失业人员，他们没有收入或收入水平低，又缺乏保障，对父母一定程度的经济依赖可能就成为一部分人的一种无奈之举。虽然这种行为在情感上是可以被理解的，但是它仍然是一种啃老行为。

2. 无偿劳务型啃老

它是指成年子女过度免费使用老人的劳动，长年累月地让父母为自己收拾家务、打扫卫生、照看孩子等，不管老人愿意不愿意。中国社会注重血缘亲情，父母对子女更是全心全意，甘愿付出，但有些子女把父母的帮助视为理所当然，甚至还有人用亲情绑架老人。从法律上看，父母帮助子女带孩子、收拾家务等并非义务，子女无权强加于父母；从家庭角度看，上述帮助行为是家庭内部的代际交换，隐含着养儿防老的契约。因此，父母的帮子行为可以被认为是一种代际合作。在这个意义上，自愿和公平是父母帮做家务的前提，感恩和尊重是子女对父母应有的回馈。基于此，那种违背父母意愿和公平原则、长年累月且无偿使唤父母的行为就是一种变相的啃老行为，更是一种不孝行为。

3. 世俗习惯型啃老

它是基于传统习俗产生的，是传统家族主义思维在现代代际关系上的异化或歪曲反映。本来，传统的家族主义思想规定了父辈与子辈的双向责任，即父慈子孝、养儿防老、传宗接代，但是，在当今社会，父母对子女的责任却被绝对化，甚至扩大化，子女结婚，让父母购房买车置办家具等似乎成了

---

[1] 王燕锋、陈国泉：《城郊农村 NEET 族问题探析》，载《中州学刊》2010 年第 2 期。

父母的"绝对义务"，而且演化成了一种习惯或风气，很多人甚至还把它作为"公理良俗"，心安理得地"从众"而为。不可否认，操办婚事是很多父母乐意为之的事，出钱出力乃情理之事。但是，不少子女借操办婚事之机，不考虑老人负担能力和感受，向老人过分索取，包括房产、嫁妆、聘金、彩礼甚至改口费等。另外，借机用父母的钱大摆宴席、大宴宾朋的铺张浪费之举在本书中也被视为啃老行为。

4. 享乐奢侈型啃老

它是指成年子女用父母的钱进行奢侈性消费以满足其享乐或虚荣心的啃老行为。面子文化、虚荣心理和享乐主义会催生奢侈性消费。生活中，此类人不在少数，他们穿名牌、挎名包、开豪车、住豪宅、讲排场、出国旅游、出入高档寓所等，却由父母买单。这是一种不健康的消费方式。值得注意的是，虽然这种情况多发生在富二代、官二代、星二代身上，但在非高收入群体中也不乏其人，而且这种啃老对非高收入家庭的危害更大。

5. 理所当然型啃老

把啃老看作天经地义的事情，认为子女对父母的经济依赖是理所当然的。说到底，这是一个价值观问题，这类人从来不会把自食其力、自强自立视为美德，反而会把以自我为中心、唯我独尊、不劳而获视为时尚价值观。于是，啃老变得心安理得、实属平常。如果说前4种啃老族还有点啃老"借口"，那么理所当然型啃老就是一种赤裸裸的啃老行为。相比而言，它的危害性更大，堪称"恶瘤"，不仅会带来不敬老、不孝老，甚至虐老等现实问题，还会像不良基因一样遗传给下一代。

表 11-1　不同啃老类型的内涵、主要行为表现及其心理特点

类型	内涵界定	主要行为表现	主要心理特点
生活减压型	成年子女为减轻个人生活压力而对父母的经济依赖行为	长年累月到父母家蹭饭；克扣老人的赡养费；让老人交纳水电费、托幼费、教育费等	背靠大树好乘凉；占便宜
无偿劳务型	成年子女过分无偿使用父母劳动的行为	常年让老人照看孩子；常年让老人买菜做饭；常年让老人收拾家务等	亲情绑架心理

续表

类型	内涵界定	主要行为表现	主要心理特点
世俗习惯型	成年子女在某些事情上基于习俗而对父母的经济"盘剥"行为	子女要求父母包办婚宴；向老人索要过分的聘金彩礼；要求父母必须置办婚房嫁妆等	从众心理
享乐奢侈型	成年子女花费父母的钱进行奢侈性消费以求享乐或满足虚荣心理的行为	拿父母的钱购买各种非生活必需品，出入高档场所，买高档商品、奢侈品等	享乐、虚荣，炫耀
理所当然型	成年子女把对父母的经济依赖视为天经地义的行为	随心所欲向父母要钱；坦然占用父母的财物；肆意指使父母做事等	以自我为中心

值得注意的是，五种啃老类型并不是泾渭分明的，它们之间或多或少地存在一些交叉。比如，生活减压型与无偿劳务型、世俗习惯型与理所当然型、无偿劳务型与世俗习惯型、享乐奢侈型与世俗习惯型之间都互有交叉重合，难以完全割裂。这也从另一个侧面形象地反映了"啃老"现象的复杂性和多样性。但是，五种啃老现象在成因上还是存在一些共同性的：第一，啃老者不愿自立，主观上或多或少地存有对父母的经济依赖心理，是人性使然，也与教育有关。第二，父母容忍、默许甚至纵容子女对自己的依赖，"周瑜打黄盖，一个愿打一个愿挨"，两相情愿的情况也是存在的，是亲情使然，但父母责任不可推卸。第三，社会上的"啃老文化"长期存在。所谓"啃老文化"是指社会对成年子女在经济上依赖父母的行为予以肯定、认可甚至支持的思想和看法。世界各国对啃老的看法各异。在中国，啃老文化是在中国家庭代际关系的演进中逐步形成的，是对以家族利益为中心的中国家庭关系和代际互动模式的反映。这种啃老文化其实是只顾家庭短期利益而忽视家庭长远利益的文化，它会让子女丧失进取心和奋斗精神，一味追求安逸享乐，最终导致家族衰落直至泯灭，"富不过三代"就是啃老家族的生动写照。更为重要的是，这种啃老文化甚至会纵容人性中"恶"的萌生，致使子女毫无感恩之心，让天下父母心寒至极，"养老防儿""养儿不如养狗"便是一些啃老受害者发出的无奈感叹。啃老文化对啃老行为有重要影响，一个奉行啃老文化的社会必然会使"啃老"现象愈演愈烈。

（三）啃老的不良后果

首先，啃老违反代际交换原则，埋下了破坏代际关系的祸根。社会交换理论认为，社会交换要受社会规范的制约，而最基本的规范就是公平互惠。互惠规范自始至终制约着人们的互动，公平规范则直接制约着人们对获得报酬的期待程度。如果在交换中不能实现公平互惠，就会出现一方对另一方的依赖行为，或者交换中断。养老就是发生在代际之间的交换行为，同样遵循公平原则。但是，从社会交换视角看，啃老却是对社会交换原则的破坏，它只讲索取不讲回报，或者索取远远多于回报，使财富过多地由父辈流向子辈，进而导致代际关系失调。

其次，啃老直接导致养老金或退休金被"侵占"，降低老年人的生活质量。于宁一项有关上海的研究发现：约31%的退休人员需要从自己有限的养老金收入中取出一部分用以补贴子女甚至第三代的生活，而这正是导致其退休生活满意度不高的重要原因所在。[1]不少父母辛苦一辈子，本指望颐养天年，然而因为子女啃老而不得不勒紧裤腰带过日子，省吃俭用，严重影响生活质量；有的甚至缺医少药，威胁生存。

再次，啃老还往往导致老人合法权益被侵害。从啃老族一方看，啃老行为的背后是个人主义价值观，自私自利是啃老族的价值追求，当私欲过度膨胀时，他们会不顾一切地"侵占"老人财产，甚至干预老年人的生活，践踏老年人合法权利，比如再婚、旅游、公益活动等。近些年来，老年人合法权益遭侵害的家庭诉讼案件中，多半都是子女侵占父母财产所致。

最后，啃老现象蔓延还会滋生啃老文化，恶化养老环境。啃老是一种利益反转、责任倒挂的不公平的代际交换行为。单纯从利益角度看，年轻人是利益受益方，虽然不合情理，但符合人性。在利益驱使之下，啃老行为很容易被人效仿，直至蔓延，进而形成一种文化习惯。啃老文化一旦形成：一方面，会助长啃老族的啃老气焰，让他们产生啃老有理，甚至啃老光荣的心态；另一方面，啃老文化与亲情交织在一起，被啃者的心态也容易发生变化，似乎反对啃老就不对，甚至就是罪过，从而迎合、放任甚至纵容啃老行为。久而久之，养老环境将急剧恶化。

---

〔1〕　于宁：《养老金水平与退休生活质量："啃老"现象、影响与对策研究——基于上海的实证调查》，载《上海经济研究》2007年第6期。

三、当下中国的啃老状况

当前，"啃老"已从单一的家庭问题演变为普遍的社会问题，从而备受关注。中国老龄科学研究中心的一项调查发现：城市大约有 30% 的年轻人靠"啃老"过活，65% 的家庭存在"啃老"问题；[1]徐安琪的调查发现，成年未婚子女中，约有 85% 仍需要父母支付部分乃至全部生活费。[2]显然，以上调查研究可以在一定程度上反映当前中国"啃老"的普遍性，但是这些研究还比较笼统，特别是没有描绘出啃老的"花样"。本书在划分啃老类型的基础上，通过问卷调查获得了第一手数据，以期对啃老的普遍性和多样性进行更全面、更清晰的描绘。

需要指出的是，由于啃老行为具有私人隐私的特点，更涉及被调查者的自尊，直接的调查数据很难获得，因此目前也没有权威的数据库。基于此，笔者是根据平常的观察进行的，对啃老类型的划分也是基于观察到的"社会事实"归纳总结做出的。

既然直接调查非常困难，笔者便采取迂回策略对中国啃老状况进行分析，即通过对各类调查对象啃老行为及其发生频度的判断结果，间接推测啃老的状况。这样做尽管不能直接反映问题，但也可以清晰地折射出啃老的状况。

本次调查[3]的问卷包括三部分内容：第一部分是被调查者基本信息如年龄、性别、文化程度和职业等；第二部分是啃老状况；第三部分则是养老观念。问卷中涉及啃老频次的调查指标有 5 个，分别是"成家子女经常向父母伸手要钱""子女长年累月到父母家蹭饭吃""让父母包办子女婚事所需的各种费用""花父母的钱购买高档消费品""让老人承担照看抚养孩子的责任"，5 项指标分别对应理所当然型、生活减压型、世俗习惯型、享乐奢侈型、无偿劳务型；每项指标的考查分为 5 种态度：很常见、比较常见、不大

---

〔1〕 伍海霞：《啃老还是养老？亲子同居家庭中的代际支持研究——基于七省区调查数据的分析》，载《社会科学》2015 年第 11 期。

〔2〕 徐安琪：《孩子的经济成本：转型期的结构变化和优化》，载《青年研究》2004 年第 12 期。

〔3〕 "代际关系与养老观念调查问卷"是鲁东大学社会保障研究所先后 2 次组织开展的社会调查。调查时间分别为 2017 年 3 月 1 日至 4 月 30 日和 2019 年 3 月 1 日至 4 月 30 日；调查地点为烟台市芝罘区下辖的世回尧街道、凤凰台街道、毓璜顶街道、奇山街道、东山街道、白石街道、通伸街道、幸福街道等 8 个街道；调查共发放问卷 500 份，回收 472 份，回收率 94.4%。对 472 份问卷进行汇总形成表2。

常见、很不常见、说不好。

表 11-2　各种啃老现象发生频次调查数据汇总

啃老行为或现象	很常见	比较常见	不太常见	很不常见	说不好	共计
成家子女经常向父母伸手要钱	27 5.7%	155 32.8%	176 37.3%	95 20.1%	19 4.1%	472 100%
子女长年累月到父母家蹭饭吃	177 37.5%	182 38.6%	62 13.1%	39 8.3%	12 2.6%	472 100%
让父母包办子女婚事所需的各种费用	200 42.4%	192 40.7%	43 9.1%	29 6.1%	8 1.7%	472 100%
花父母的钱购买高档消费品	50 10.6%	139 29.5%	131 27.8%	124 26.3%	28 6.9%	472 100%
让老人承担照看抚养孩子的责任	100 21.2%	158 33.5%	134 28.4%	64 13.6%	16 3.4%	472 100%

资料来源：根据 2017 年、2019 年鲁东大学社会保障研究所"代际关系与养老观念调查问卷"相关数据汇总而得。

表 11-2 数据显示，对"成家子女经常向父母伸手要钱"回答"很常见"的比例为 5.7%，回答"比较常见"的占 32.8%，二者合计占比 38.5%，即有 1/3 还多的成家子女存在理所当然型啃老行为。

对"子女长年累月到父母家蹭饭吃"回答"很常见"的比例为 37.5%，回答"比较常见"的比例为 38.6%，二者合计占比 76.1%，即近 80% 的成年子女都存在生活减压型啃老行为。

对"让父母包办子女婚事所需的各种费用"回答"很常见"的比例为 42.4%，回答"比较常见"的比例为 40.7%，二者合计占比 83.1%，即有 80% 以上的成年子女存在世俗习惯型啃老行为。

对"花父母的钱购买高档消费品"回答"很常见"的比例为 10.6%，回答"比较常见"的比例为 29.5%，二者合计占比 40.1%，即有四成左右的成年子女存在享乐奢侈型啃老行为。

对"让老人承担照看抚养孩子的责任"回答"很常见"的比例为 31.8%，回答"比较常见"的比例为 45.5%，二者合计占比 77.3%，即大多数成年子女程度不同地存在无偿劳务型啃老行为。

从以上几种啃老类型发生的频次看，五种类型的排序是：世俗习惯型、无偿劳务型、生活减压型、享乐奢侈型、理所当然型。其中，世俗习惯型超过80%，无偿劳务型和生活减压型都接近80%，一方面说明啃老现象具有普遍性，另一方面进一步印证了中国的家庭传统对啃老行为有纵容之嫌。享乐奢侈型啃老所占比例达到40.1%，有四成之多，这与享乐思想、虚荣心理、炫耀心理有密切关系。理所当然型啃老虽然排在最后，但也远超过了1/3，这与当前中国社会转型期的自我中心主义思想有关。如前所述，如果把理所当然型啃老视为"啃老恶瘤"的话，那么有远超1/3的人患有此症，堪称"社会危机"。

四、"防儿啃老"折射代际关系和养老观念的变化

如前所述，啃老是对社会交换原则的破坏，把互惠对等的责任关系扭曲为单向倾斜的责任关系，导致代际关系失调，不仅会引发代际矛盾还会危害晚年生活。正所谓有触动才会有感悟，有感悟才会有改变。"防儿啃老"就是一些啃老受害者无奈的感叹，也是老年人应付不对等交换、维护合法利益的理性选择。当然，这种选择所折射的是代际关系和养老观念的变迁。

表11-3　老年人养老观念调查情况表[1]

养老观	很同意	比较同意	不太同意	不同意	说不清	共计
积谷能防饥，养儿定防老	12 6.0%	43 21.6%	94 47.2%	45 22.6%	6 3.0%	199 100%
时过境迁，养儿未必能养老	43 21.6%	98 48.5%	45 22.5%	3 2.0%	10 5.4%	199 100%
未来社会，老人必须进养老院养老	67 33.7%	58 29.2%	45 22.6%	23 11.6%	6 3.0%	199 100%
"居住在家+社会化服务"养老模式最好	65 32.7%	85 42.7%	19 9.5%	4 2.0%	26 13.1%	199 100%

---

〔1〕 2017年3月1日至4月30日和2019年3月1日至4月30日鲁东大学社会保障研究所先后两次开展的"代际关系与养老观念调查问卷"中，60岁以上老年人回答的问卷199份，汇总后形成表11-3。

续表

养老观	很同意	比较同意	不太同意	不同意	说不清	共计
当今社会，儿女越多负担越重	75 37.7%	82 41.2%	28 14.1%	5 2.5%	9 4.5%	199 100%
传统社会重老轻幼；现代社会重幼轻老	63 32.0%	59 29.9%	40 20.3%	13 6.6%	22 11.2%	197 100%
儿孙自有儿孙福，不用父母做马牛	69 35.0%	65 33.0%	30 15.2%	8 4.1%	5 2.5%	197 100%

（一）从依附型养老向自主型养老转变

依附型养老是把晚年生活、晚年幸福寄托在家庭（主要是子女）的养老方式，是被动养老。自主型养老是指老年人在理性认识社会发展趋势和养老条件基础上，克服原有的依附心理，自主选择适合的方式实现养老。自主性体现在两方面：其一是有足够的经济实力；其二是有经济自主权。前者是基础，后者是保证。

传统社会，代际交换原则是依附型养老得以实现的前提，即父母对子女有养育之恩，子女当然以孝老为回报。但在现代社会，随着人们价值观的改变，这种恩德换回报的社会基础和保障条件有所削弱，依附型养老风险陡增。面对这种趋势，人们开始由依附型养老转向自主型养老，以扭转养老的被动局面。表11-3的数据显示：对"积谷能防饥，养儿定防老"，回答"很同意"的比例为6.0%，回答"不同意"的比例为22.6%，后者几乎是前者的4倍；回答"比较同意"的比例为21.6%，回答"不大同意"的比例为47.2%，后者是前者的2倍多。同样，对"时过境迁，养儿未必能养老"回答"很同意"的比例为21.6%，回答"不同意"的比例为2.0%，回答"比较同意"的比例为48.5%，回答"不大同意"的比例为22.5%。两个指标的数据对比说明，被调查者对养儿防老已经信心不足，养儿防老的传统观念正在改变。正因为养儿未必防老，所以越来越多的人开始看淡对子女养老的依赖，主动养老的意识增强。近年来，一些大城市（如北京、上海）的社会化养老机构床位紧缺的事实可以说明这一点。

（二）从单一化的家庭养老向多元化的社会养老转变

传统社会，养老主体比较单一，家庭几乎是唯一的养老承担者。现代社会，养老社会化是破解养老困境的理性选择，也是养老的发展趋势。目前，虽然家庭养老仍占相当比例，但随着社会养老服务体系的不断完善，越来越多的老年人目睹或者亲身体会到多种社会化养老的实惠，逐步接受社会养老。值得注意的是，这里的社会养老是指社会化的养老，除了养老机构、养老公寓外，还有社区养老、社区服务型居家养老等。表11-3的数据中，在对待"未来社会，老人必须进养老院养老"的问题上，回答"很同意"的比例为33.7%，回答"比较同意"的比例为29.2%，而回答"不太同意"的为22.6%，回答"不同意"的仅占11.6%。在"'居住在家+社会化服务'养老模式最好"的问题上，回答"很同意"的比例为32.7%，回答"比较同意"的比例为42.7%，而回答"不同意"的仅占2.0%。显然，社会养老已经为越来越被老年人接受。

（三）从反哺式养老向接力式养老转变

反哺式养老是代际之间的社会交换行为，父母生养子女的直接目的就是期待子女赡养并照顾丧失劳动能力的父母，即养儿防老。中国历史上一直推崇反哺式养老，养儿防老甚至成了中国文化的一部分，刻入骨髓、根深蒂固。

反哺式养老是由传统社会的生产方式决定的，它以注重子女保障价值为前提。H. 莱宾斯坦指出，子女的效用有多种，诸如消费效用、劳动-经济效用、经济风险效用、老年保障效用、维持家庭地位的效用、对家庭的扩大和维持做贡献的效用等。其中，老年保障效用是父母决定生养孩子的重要影响因素，养儿防老正是对子女保障价值的充分肯定。但是，随着经济发展和人们收入水平不断提高，除子女的消费效用保持不变以外，其他效用以及子女的养老保障效用都会下降。所以，西方国家生育子女，只是为了情感和精神慰藉，不是为了防老，于是产生了所谓的"接力养老"模式。由此可见，"接力"模式和"反哺"模式的区分与文化背景有关，更与生产力发展的水平和阶段有关，是一个普遍发展过程中的两个不同阶段。换言之，养儿防老不是永恒不变的，未来，接力式养老将会取代反哺式养老成为主流的养老模式。近年来，我国居民对子女的效用和价值的认识也在悄然发生变化。根据表11-3，在"当今社会，儿女越多负担越重"的问题上，回答"很同意"的比例为37.7%，回答"比较同意"的比例为41.2%，二者合计为78.9%，相反，回答"不大同意"和"不同意"的比例分别占14.1%和2.5%。可见，子女保障效用的下降逐步成为一种社会共识，老年人对子女养老的期待降低，自主养老、合理规划消费支出的意识增强。当然，"防儿啃老"的戒备心理也会随之增强。

（四）从家庭本位型养老向个人本位型养老转变

传统社会，家庭利益重于个人利益，个人追求服从家庭发展，个人幸福让位于家庭未来。在家庭至上的文化背景下，啃老，即使不为社会认可，也有存续的空间，一些老人甚至宁愿降低自己的生活质量、牺牲个人幸福也在所不惜。显然，家庭本位型养老是个人幸福让位于家庭未来的结果。家庭本位型养老意味着对啃老的宽容，意味着老年人对家庭延续的妥协，表现为老年人牺牲晚年生活幸福而对子女"过度关爱"。

现代社会，生产力发展和社会进步为个人的生存和发展提供了充足的条件和广阔的空间，家庭对个人发展的影响力下降，人们，当然也包括老年人实现个人价值追求个人自由幸福的倾向增强。老年人不仅要生存，还要发展，不仅要享受，还要实现个人价值，这样的晚年生活即为个人本位型养老。从家庭本位向个人本位的转变意味着老年人越来越注重晚年生活质量，意味着老年人越来越注重个人的保障条件。于是，"适当"的被啃可能会被接受，但是，啃老一旦影响到老年人生活质量，拒绝被啃便可能会成为现实。表 11-3的数据显示：在"传统社会重老轻幼，现代社会重幼轻老"的问题上，回答"很同意"的比例为 32.0%，回答"比较同意"的比例为 29.9%，二者合计61.9%，而回答"不大同意"的比例为 20.3%，"不同意"的比例仅仅占6.6%。在"儿孙自有儿孙福，不用父母做马牛"的问题上，回答"很同意"的比例为 35.0%，回答"比较同意"的比例也为 33.0%，而回答"不同意"的比例仅仅为 4.1%。由此可见，重家庭轻个人、一心只为家族和子孙后代的传统思想已逐渐被追求个人幸福实现个人价值的现代观念所取代。

综上，养儿防老是一种家庭代际交换行为，是一种文化传统，更是特定时代社会条件的产物。啃老，是对家庭代际交换原则的违反或破坏，会对养老和家庭和谐产生不良影响。"防儿啃老"是老年人应对代际关系变化及其不利后果的理性选择。从养儿防老到防儿啃老，是人们对公平互惠的家庭代际交换原则的认可和坚持，是老年人自主意识和维权意识的觉醒，更是现代社会人们养老观念与时俱进的体现。

参考文献

[1] 姚远:《中国家庭养老研究》,中国人口出版社 2001 年版。

[2] 李竞能:《当代西方人口学说》,山西人民出版社 1992 年版。

[3] [美] 贝克尔:"生育率的经济分析",载《控制人口与经济发展》,北京大学出版社 1985 年版。

[4] 顾宝昌:《社会人口学的视野》,商务印书馆 1992 年版。

[5] 郑雄飞:《从"他物权"看"土地换保障——一个法社会学的分析"》,载《社会学研究》2009 年第 3 期。

[6] 赵之枫:《城市化背景下农村宅基地有偿使用和转让制度初探》,载《农村经济问题》2001 年第 1 期。

[7] 王净净、谢丽丽:《以房养老——虽小众但必不可少》,载《学理论》2014 年第 32 期。

[8] 范子文:《以房养老:住房反向抵押贷款的国际经验与我国的现实选择》,中国金融出版社 2006 年版。

[9] 王新:《走出"以房养老"困局之对策》,载《现代经济探讨》2014 年第 2 期。

[10] 韩芳:《农村土地养老保障功能研究》,知识产权出版社 2010 年版。

[11] 陈银娥:《社会福利》,中国人民大学出版社 2004 年版。

[12] 陈少峰:《正义与公平》,人民出版社 2009 年版。

[13] 易开刚:《现代化养老服务业的发展战略、模式与对策研究》,浙江工商大学出版社 2014 年版。

[14] 姚玲珍:《德国社会保障制度》,上海人民出版社 2011 年版。

[15] 郭爱妹:《多学科视角下的老年社会保障研究》,中山大学出版社 2011 年版。

[16] 林嘉:《社会保障法的理念、实践与创新》,中国人民大学出版社 2002 年版。

[17] 陈功:《我国养老方式研究》,北京大学出版社 2003 年版。

[18] 李超:《虐待老人问题的跨文化研究》,载《人口研究》2004 年第 4 期。

[19] 伍小兰、李晶:《中国虐待老人问题现状及原因探析》,载《人口与发展》2013 年第 3 期。

[20] 黄金旺:《虐老事件频发下的思考(下)》,载《中国工人》2013 年第 11 期。

［21］邬沧萍：《社会老年学》，中国人民大学出版社 1999 年版。

［22］王舜华：《老年人权益的法律保障》，经济管理出版社 1995 年版。

［23］吴华、张韧韧：《老年社会工作》，北京大学出版社 2011 年版。

［24］马倩、张术松：《老年人社会参与困境及政府责任研究》，载《江淮论坛》2015 年第 2 期。

［25］薛小建：《论社会保障权》，中国法制出版社 2010 年版。

［26］A Qusn-Haase et al.，"Revisiting the Privacy Paradox：Concerns and Protection Strategies in the Social Media Experiences of Older Adults"，*ACM Journals*，2018（18）.

［27］N. Mumporeze and M. Prieler，"Gender Digital Divide in Rwanda：A Qualitative Analysis of Socioeconomic Factors"，*Telematies and Informatics*，2017（7）.

［28］FCruz Jesus et al.，"The Global Digital Divide Evidence and Drivers"，*Journal of Global Information Management*，2018（2）.

［29］Zhang Xiaoqun，"Income Disparity and Digital Divide：The Internet Consumption Model and Cross-Country Empirical Research"，*Telecommunications Policy*，2013（7）.

［30］叶光辉、杨国枢：《中国人的孝道——心理学的分析》，重庆大学出版社 2009 年版。

［31］姚远：《养老：一种特定的传统文化》，载《人口研究》1996 年第 6 期。

［32］潘金洪：《独生子女家庭风险研究》，科学教育出版社 2006 年版。

［33］杨淑娥、孙宝庆：《中国养老文化面临的现实问题与出路》，载《河北学刊》2010 年第 5 期。

［34］李辉：《论建立现代养老体系与弘扬传统养老文化》，载《人口学刊》2001 年第 1 期。

［35］刘喜珍：《老龄伦理研究》，中国社会科学出版社 2009 年版。

［36］桂雄：《当前我国社会养老服务体系建设存在的问题和建议》，载《经济纵横》2015 年第 6 期。

［37］田北海：《香港与内地老年社会福利模式比较》，北京大学出版社 2008 年版。

［38］刘金华：《中国养老模式选择研究——基于老年生活质量视角》，西南财经大学出版社 2011 年版。

［39］丁元竹等：《中国志愿服务研究》，北京大学出版社 2007 年版。

［40］［俄］克鲁泡特金：《互助论》，李平沤译，商务印书馆 1984 年版。

［41］穆光宗：《家庭养老面临的挑战及社会对策问题：中国的养老之路》，中国劳动出版社 1998 年版。

［42］王德文、谢良地：《社区老年人口养老照护现状与发展对策》，厦门大学出版社 2013 年版。

［43］张敏杰：《新中国 60 年人口老龄化与养老制度研究》，浙江工商大学出版社 2009 年版。

[44] 许方:《北京社区老年支持体系研究》, 中国建筑工业出版社 2013 年版。

[45] 赵曼、吕国营:《城乡养老保障模式比较研究》, 中国劳动社会保障出版社 2010 年版。

[46] 江立华等:《空间变动与"老漂族"的社会适应》, 载《中国特色社会主义研究》2016 年第 5 期。

[47]] 彭希哲等:《使用互联网会让老年人感到更幸福吗?》, 载《南京社会科学》2019 年第 10 期。

[48] 杨菊华:《空间理论视角下老年流动人口的社会适应》, 载《社会学研究》2021 年第 3 期。

[49] 邬沧萍等:《社会老年学》, 中国人民大学出版 2003 年版。

[50] 杨宗传:《再论老年人口的社会参与》, 载《武汉大学学报》2000 年第 1 期。

[51] 段世江、张辉:《老年人社会参与的概念和理论基础研究》, 载《河北大学成人教育学院学报》2008 年第 10 期。

[52] 李宗华:《近 30 年来关于老年人社会参与研究的综述》, 载《东岳论丛》2009 年第 8 期。

[53] 袁缉辉、张钟汝:《社会老年学教程》, 复旦大学出版社 1998 年版。

[54] 马倩、张术松:《老年人社会参与困境及政府责任研究》, 载《江淮论坛》2015 年第 2 期。

[55] 陈金罗、刘培峰:《转型社会中的非营利组织监管》, 社会科学文献出版社 2010 年版。

[56] 上海慈善基础会、上海慈善事业发展研究中心:《慈善理念与社会责任》, 上海社会科学院出版社 2008 年版。

[57] 王俊秋:《中国慈善与救济》, 中国社会科学出版社 2008 年版。

[58] [美] 布鲁克斯:《谁会真正关心慈善? ——保守主义令人称奇的富于同情心的真相》, 王青山译, 社会科学文献出版社 2008 年版。

[59] 廖爱军:《大学生志愿服务的作用与志愿体系构建的思考》, 载《思想政治教育研究》2009 年第 10 期。

[60] 王立:《大学生在高校家庭养老中发挥作用的探讨》, 载《学理论》2009 年第 2 期。

[61] 胡春风:《宗教与社会》, 上海科学普及出版社 2006 年版。

[62] 熊坤新:《宗教理论与宗教政策》, 中央民族大学出版社 2008 年版。

[63] 戴康生、彭耀:《宗教社会学》, 社会科学文献出版社 2007 年版。

[64] 郭树深、释纯一:《宗教与构建和谐社会》, 江西人民出版社 2009 年版。

[65] 鲍云霞、文春艳:《某社区高龄老人意外伤害情况现状分析》, 载《中华保健医学杂志》2016 年第 6 期。

[66] 任秋芝、赵薇:《独居老人意外伤害护理》, 载《实用医药杂志》2008 年第 7 期。

［67］曹缨：《社区独居老人防治意外伤害知晓率干预效果分析》，载《上海医药》2010 年第 2 期。

［68］高菱宜、王蒙：《独居与非独居老年人抑郁和总体幸福感现状调查》，载《中国健康心理学杂志》2014 年第 1 期。

［69］黄润龙、杨春：《我国孤寡独居老人的构成及其生活状况研究》，载《人口与社会》2021 年第 5 期。

［70］秦俭：《农村独居老人养老困境及其化解之道－以社会支持网络理论为分析视角》，载《湖南社会科学》2013 年第 3 期。

［71］万秋萍：《80 岁以上独居老人居家致跌环境干预效果评估》，载《中国健康教育》2012 年第 4 期。

［72］刘亚娜：《社区视角下老漂族社会融入困境及对策——基于北京社区"北漂老人"的质性研究》，载《社会保障研究》2016 年第 4 期。

［73］俞婕等：《智能时代下老年人边缘化现象的根源——以南京、苏州、无锡为例》，载《经济研究导刊》2019 年第 6 期。

［74］曹庆新、方晓烁：《社会工作介入城市老人新媒体使用能力提升问题初探——以 Y 社区"时尚银发"项目为例》，载《法制博览》2019 年第 35 期。

［75］M. Karavidas, N. K. Lim and S. L. Katsikas, "The effects of computerson older adult users", *Computers in Human Behavior*, 5（2005）.

［76］G. Nimrod,"The Fun Culture in Seniors' Online Communities, Gerontologist, Combination：The Gerontologist", *The Journals of Gerontology：Series A, & The Journals of Gerontology：Series B）New*, 2（2011）.

［77］Paul C. Glick, "The Family Cycle", *American Sociological Review*, 1947.

［78］Sergio et al., "Everyday Use of Computer-Mediated Communication Tools and Its Evolution over Time：an Ethnographical Study with Older People", *Interacting with Computers*, 2011.

［79］Pitirim A. Sorokin, "A Systematic Source Book in Rural Sociology", *Library Quarterly Information Community Policy*, 1931.

［80］V. Toepoel, "Ageing, Leisure, and Social Connectedness：How Could Leisure Help Reduce Social Isolation of Older People?", *Social Indicators Research*, 1（2013）.

［81］石明兰：《同辈群体对青少年发展的积极作用》，载《太原师范学院学报（社会科学报）》2006 年第 1 期。

［82］夏学銮主编：《社区照顾的理论、政策与实践》，北京大学出版社 1996 年版。

［83］刘华：《加强同辈群体交往，促进人格健康发展》，载《科教文汇》2008 年第 32 期。

［84］蔡清辉：《结伴养老》，载《老同志之友》2006 年第 7 期。

［85］王玉龙：《德国的互助式养老》，载《保健医苑》2013 年第 1 期。

［86］谢欣、鄂明月：《社区老年群体互助养老的必要性》，载《现代交际》2015年第3期。

［87］陈静、江海霞：《"互助"与"自助"：老年社会工作视角下"互助养老"模式探析》，载《北京青年政治学院学报》2013年第4期。

［88］邓暑芳等：《自助互助护理模式对社区老年居民心理健康及生活质量的影响》，载《中国老年学杂志》2014年第18期。

［89］国家统计局编：《国民经济和社会发展统计公报2015》，中国统计出版社2015年版。

［90］国家卫生计生委家庭司编：《中国家庭发展报告2015》，中国人口出版社2015年版。

［91］王磊：《中国独居老人及其养老年问题分析——基于2000、2010年全国人口普查汇总数据的初步考察》，载《老年科学研究》2017年第7期。

［92］日本内閣府：「平成26年版高齢社会白書」，日経印刷（2015）39頁。

［93］侯钧生：《西方社会学理论教程》，南开大学出版社2011年版。

［94］费孝通：《乡土中国》，生活·读书·新知三联出版社1985年版。

［95］R. R. Wacker, K. A. Roberto and L. E Piper, *Community Resources for Older Adults – programs and Services in an Era of Change*, California：Pine Forge Press, 1998.

［96］［美］彼德·布劳：《社会生活中的交换与权力》，孙非、张黎勤 译，华夏出版社1998年版。

［97］袁要武：《从养儿防老到养儿"啃老"，老年人的悲哀——浅析"啃老族"显子昂》，载《中国老年学学会2006年老年学学术高峰论坛论文集》2006年。

［98］王雪莲等：《城市"啃老"现象考察———湖北H市X区W街道的个案访谈》，载《中国青年研究》2005年第8期。

［99］耿羽：《农村"啃老"现象及其内在逻辑——基于河南Y村的考察》，载《中国青年研究》2010年第12期。

［100］庞龙玉、简小鹰：《个人主义视域下农村青年婚姻"啃老"现象探究———以黑龙江省D村为例》，载《西北人口》2013年第3期。

［101］宋健、戚晶晶：《"啃老"：事实还是偏见———基于中国4城市青年调查数据的实证分析》，载《人口与发展》2011年第5期。

［102］李虹：《当代中国"啃老族"现象审视》，载《太原师范学院学报（社会科学版）》，2006年第2期。

［103］周满钰：《浅析"啃老"现象与老年人心理状况》，载《今日南国》2010年第7期。

［104］王娟：《审视当代中国的"啃老族"现象》，载《科技信息》2010年第16期。

后 记

时光如白驹过隙，转瞬即逝，不知不觉，35 年的三尺讲台生涯已成过去，自己也即将面临退休。回首 50 年风风雨雨，没有峥嵘岁月，只有平凡日常，阅人间百态，观世界万象，虽无大作为，但也安然从容，并无遗憾。

或许是因为社会时代进步，科研工作要求，也或许是受中国传统价值观"立德、立言、立功"的影响，不知从几何起，这个时代掀起了出书热。但纵观古今大作，往往是一生之积累，一世之沉淀，言能尽其道，说能明其理，多的是真知灼见，有感而发，少的是空洞无物，无病呻吟，所以，许多经典流传至今实乃必然。吾虽既无古人之才，也无意效仿古人，只是想借离开工作岗位之前，能把多年在专业上的一些浅薄之思分享有缘人。

自从吉林大学人口学专业毕业任教以来，我一直致力于人口老龄化与养老保障方面的研究，先后公开发表专业论文 60 余篇，主持省部级课题多项，对养老保障问题积累了些个人观点看法。目前我国人口老龄化程度不断加深，养老问题越来越突出，亟须构建完备的社会支持体系。值得注意的是，以往研究多侧重于正式支持方面，其实，养老服务体系建设不仅需要正式支持还需要非正式支持，二者不可或缺，相辅相成。2017 年《公平视域下多元－层级养老服务体系研究》获山东省社会科学规划基金立项，以此课题为依托，形成了关于我国老年人社会支持的系统性研究。

基于此，笔者希望通过出版此书与学界同仁共同探讨关于养老保障的基础理论问题，为我国的养老服务体系建设添砖加瓦，书中阐发的学术观点也希望得到学界同仁的批评指正。

由于视力障碍严重，从课题立项到结项，从问卷设计到社会调查，从撰写阶段性论文到最后形成书稿，历经诸多煎熬和困难，幸运的是，在我最需要帮助的时候，有亲人和朋友弟子给予我莫大的支持。

首先感谢的是我亲爱的夫人，在我完成本项研究的整个过程中，她都全力支持我，任劳任怨，无怨无悔。记不清多少个日夜，是夫人在书桌前帮我录入数据信息，在图书馆帮我查阅资料，牺牲休闲时间为我校对文稿。可以说，没有夫人的支持，就没有本书的出版。借此机会谨向我的夫人表示最衷心的感谢！

另外，在本书出版过程中，我的研究生衣玉华、张凌云、张建虎，以及徐涛、王志茹、孔明林、纪雅心等都为统稿工作做了不少努力，借此机会也一并向他们表示诚挚谢意。

2024 年 3 月于烟台